Zu diesem Buch

Orientiert vorwiegend an der Marxschen Ideologiekritik und gestützt auf eine Fülle von historischem Material wird die gesellschaftliche Funktion von Theologie und Kirche – mächtigen Komplicen des Establishments – aufgedeckt: herrschende Übel religiös zu rechtfertigen oder zu verharmlosen.

Mit besonderer Aufmerksamkeit wird die moderne Theologie, das heißt namentlich das Enthmythologisierungsprogramm Rudolf Bultmanns, analysiert. Entgegen der weitverbreiteten apologetischen Behauptung, die zeitgenössische Glaubenslehre sei immun gegen wissenschaftliche Kritik, wird nachgewiesen, daß auch sie dem Dogmatismus-Vorwurf verfällt.

Unter dem Stichwort «Postchristliche Perspektiven» fordert der Autor als Minimalprogramm eine strikte Trennung von Staat und Kirchen, die unter anderem auch die Abschaffung der theologischen Fakultäten an den Universitäten einschließen müßte.

Übersetzungen dieses Bandes liegen inzwischen in Holländisch, Italienisch, Englisch und Japanisch vor.

Joachim Kahl, geb. 1941, promovierte an der Philipps-Universität Marburg zum Doktor der Theologie mit der Arbeit «Philosophie und Christologie im Denken Friedrich Gogartens». Nach seinem Austritt aus der Kirche 1967 führte er ein Zweitstudium in den Fächern Philosophie, Soziologie, Politik durch, das er 1975 mit der Promotion zum Doktor der Philosophie beendete (Buchausgabe der Dissertation: «Positivismus als Konservatismus. Eine philosophische Studie zu Struktur und Funktion der positivistischen Denkweise am Beispiel Ernst Topitsch», 1976). Zu dem vorliegenden Buch, das inzwischen zu einem Klassiker der Religionskritik in der Bundesrepublik Deutschland geworden ist, hat Kahl inzwischen einen weiterführenden selbstkritischen Buchbeitrag veröffentlicht: «Warum ich Atheist bin», in: Karlheinz Deschner (Hg.), «Warum ich Christ/Atheist/Agnostiker bin», 1977.

JOACHIM KAHL

Das Elend des Christentums oder Plädoyer für eine Humanität ohne Gott

Mit einer Einführung
von
Gerhard Szczesny

rororo

ROWOHLT

rororo aktuell – Herausgegeben von Freimut Duve
(vormals Fritz J. Raddatz)

1.– 25.	Tausend	November 1968
26.– 35.	Tausend	Dezember 1968
36.– 45.	Tausend	Februar 1969
46.– 55.	Tausend	März 1969
56.– 75.	Tausend	Mai 1969
76.– 95.	Tausend	Dezember 1969
96.–108.	Tausend	Juni 1971
109.–113.	Tausend	Mai 1973
114.–116.	Tausend	September 1976
117.–120.	Tausend	Dezember 1977
121.–124.	Tausend	August 1980

Erstausgabe
Veröffentlicht im Rowohlt Taschenbuch Verlag GmbH,
Reinbek bei Hamburg, November 1968
Umschlagentwurf Werner Rebhuhn
Das abgebildete Foto zeigt Francis Kardinal Spellmann von New York
1965 in Vietnam (Ullstein Bilderdienst)

Gesetzt aus der Linotype-Aldus-Buchschrift
und der Palatino (D. Stempel AG)
Gesamtherstellung Clausen & Bosse, Leck
Printed in Germany
580-ISBN 3 499 11093 8

Inhaltsverzeichnis

Zur Einführung

Hier greift einer, der es wissen muß, das Christentum an: seine Dogmen, seine Moral, seine Einrichtungen. Heftig. Manchmal rabiat.

Er nimmt es also wichtig.

Kann man es noch wichtig nehmen? Von den Rückzugsgefechten um letzte gesellschaftliche Machtpositionen abgesehen: stört das Christentum noch irgend jemanden? Hat es noch Einfluß auf unser Leben? Interessiert sich das Publikum, einschließlich des gebildeten, ernstlich für den Streit zwischen Fundamentalisten und Entmythologisierern? Kaum. Nicht nur für die Nicht-Christen, sondern auch für die große Mehrzahl der Kirchensteuer-Christen scheint das «Chaos im Dogma», wie unser Autor es nennt, so erheblich oder unerheblich zu sein wie die alljährlichen Meldungen über den Schneemenschen. Gibt es ihn: gut. Gibt es ihn nicht: auch gut.

Außer den am Dogmen-Kampf unmittelbar Beteiligten selbst erwartet also niemand von den Christen, daß sie für diese oder jene Theologie auf die Barrikaden steigen. Was man sich inzwischen angewöhnt hat, von ihnen zu erwarten, und was sie offenbar von sich selbst – als Christen – erwarten, ist etwas ganz anderes. Daß sie gegen den Libertinismus oder für die Pille sind, daß sie Autorität und Ordnung für gottgegeben oder für unevangelisch halten, daß sie den Lenin-Orden kriegen oder dem amerikanischen Einsatz in Vietnam ihren Segen geben. Joachim Kahl spricht hier einprägsam von der «Anarchie im Ethos». Und es ist gut, daß er uns auch wieder an die von den Christen praktizierte Moral erinnert, an die selbst für Zeitgenossen von Hitler und Stalin ungeheuerlichen Greueltaten, die im Namen der Religion der Nächstenliebe begangen worden sind. Natürlich spricht das Versagen der christlichen Moral nicht unbedingt gegen die mögliche Wahrheit des christlichen Glaubens. Aber auch nicht dafür. Wem die folgende Abrechnung zu grob erscheint, möge jedenfalls die «Realbilanz der Kirchengeschichte» sorgfältig studieren: die Heiden und Ketzer haben noch viele solcher Pamphlete (ihre Übertreibungen und Ungerechtigkeiten einbegriffen) gut.

Das Resümee der «Anarchie im Ethos»: die Christen sollten, wenn sie Moral predigen oder Politik machen, ihren Glauben aus dem Spiel lassen. Er trägt weder zum Verständnis noch zur Rechtfertigung ihrer diesbezüglichen Positionen etwas bei, sondern bläht schlicht-weltliche Entscheidungen, die auch anders- und ungläubige Geschichtsteilnehmer treffen müssen und treffen, zu kosmischen Ereignissen auf.

Das alles ist ärgerlich, vor allem für die miteinander hadernden Christen selbst. Was aber, so fragen wir noch einmal, könnte denn heute noch, immer noch, immer wieder, den Unwillen auch der Ungläubigen erregen?

Joachim Kahl läßt uns nicht im Zweifel. Es sind Anmaßung und Unredlichkeit, die ihn zornig machen. Der Anspruch, den das offizielle Christentum geistig, moralisch und politisch bis zur Stunde erhebt, ist in der Tat unbegründet. Jedermann weiß, daß die Zahl derer, die dieses oder jenes Christentum wirklich glauben, eine kleine Minderheit darstellt, und dennoch ist des großspurigen Redens von der westlichen Welt, vom Abendland, von der Bundesrepublik, die christlich zu sein hätten, kein Ende. Niemand nimmt an, daß das Apostolische und Nizänische Glaubensbekenntnis heute noch irgend etwas bedeuten und bewirken in Philosophie, Literatur, Kunst und Leben (sie taten es schon gestern nicht mehr), und dennoch gefällt sich die Theologie weiter in der Rolle des Spiritus rector.

Schlimmer noch als Anmaßung und Unredlichkeit der Christen ist die Tatsache, daß diejenigen, die keine Christen sind, solches hinnehmen. Immer neue Generationen wachsen in die große Kulturlüge hinein und halten es für selbstverständlich, Bekenntnisse als Dekoration zu benutzen, hinter großen Worten kleine oder keine Taten zu verbergen, Mitglieder einer Glaubensbewegung, in die sie ohne ihr Zutun hineingetauft wurden, zu bleiben, um ein für allemal Ruhe vor dem zu haben, was der Glaube da bewegen soll.

Damit stoßen wir auf den Kern des Übels. Weil man sich nicht entschließen kann hinwegzuräumen, was man nicht mehr glaubt, kann auch nicht sichtbar werden, ob die Fragen, auf die die christliche Botschaft einst eine Antwort sein wollte, auch für uns noch Fragen sein könnten. Erst wenn der Dogmen-, Ideologie- und Phrasen-Schutt, den ein leergebranntes Christentum uns hinterlassen hat, abgetragen würde, ließe sich feststellen, was er verbirgt. Manche vermuten: nichts. Manche meinen, daß dort das letzte Stück Wahrheit und Wirklichkeit der Eroberung durch die Vernunft harre. Vielleicht aber zeigt sich weder das Nichts noch ein neues der Wissenschaft und Politik zu erschließendes Terrain. Vielleicht tut sich ein Horizont auf, der unseren Blicken lange entzogen wurde: das Reich jener Fragen, die stellen zu können ein Vorzug des Menschen ist, auch wenn er sie niemals beantworten, sondern immer wieder nur neu und anders artikulieren kann.

Wäre dies das Ergebnis der großen Räum-Aktion, hätte auch der biblische Glaube dort einen Platz. Wir fänden dann ein remythologisiertes, ein in Chiffren, Gleichnisse, Bilder zurückverwandeltes Christentum, eine der vielen Geschichten, in denen die Menschen von ihren Hoffnungen und von ihrem Elend sprechen.

Dem Leser wird ein solcher Aspekt in der vorliegenden Schrift ausdrücklich nicht eröffnet. Aber ich denke, daß es der Meinung und Absicht des Autors nicht widerspricht, wenn man bei der Lektüre gelegentlich bedenkt, daß Feuerbachs These von der Theologie, deren Geheimnis die Anthropologie sei, auch zugunsten der Religion ausgelegt werden kann.

München, im August 1968 *Gerhard Szczesny*

Einleitung

«Für Deutschland ist die Kritik der Religion im wesentlichen beendigt» – so schrieb bereits Karl Marx vor mehr als hundert Jahren in seiner «Kritik der Hegelschen Rechtsphilosophie». In der Tat muß heute jeder, der das Christentum in die Schranken fordert, den Traum seiner eigenen Originalität preisgeben. Was kann noch grundlegend Neues gedacht und gesagt werden, nachdem Celsus und Porphyrius, die französischen und die englischen Aufklärer, Reimarus, Feuerbach, Marx, Nietzsche, Overbeck, Freud in ihren Schriften die Religion entzauberten? Nur bestochene Ignoranten plappern die Papageienweisheit nach, dies alles sei verstaubt, längst von theologischer Gegenkritik widerlegt.

Die Notwendigkeit, Christentum und Theologie gleichwohl aufs neue zu kritisieren, ergibt sich aus der simplen Tatsache, daß sie fortbestehen – fortbestehen trotz aller Verwüstungen, die die genannten Autoren in ihrem Gehege anrichteten. Der Strahl der Vernunft muß erneut gegen die heutigen Repräsentanten der Religion gerichtet werden, die vom universalen Trend zum Vergessen profitieren. Dem gängigen Vorwurf, der Kritiker orientiere sich an Zerrbildern und am Forschungsstand einer vergangenen Epoche, muß dabei der Anschein der Berechtigung entzogen werden.

Dieses Buch antwortet öffentlich auf einen Appell, wie ihn zuerst die Kölner Theologin Dorothee Sölle – «stellvertretend» für viele ehemalige Weggefährten – an mich richtete. Nachdem ich ihr meine Absicht geäußert hatte, aus der Kirche auszutreten, gab sie mir in einem beschwörenden Brief das Bert-Brecht-Gedicht zu bedenken «Wer aber ist die Partei?», das einen Abtrünnigen anredet:

> «Zeige uns den Weg, den wir gehen sollen, und wir
> Werden ihn gehen wie du, aber
> Gehe nicht ohne uns den richtigen Weg.
> Ohne uns ist er
> Der falscheste.
> Trenne dich nicht von uns!
> Wir können irren, und du kannst recht haben, also
> Trenne dich nicht von uns ...»

Der richtige Weg ist der nicht-christliche Weg, wie er heute umfassend in der kritisch-atheistischen Theorie etwa bei Herbert Marcuse oder dem jüngeren Max Horkheimer analysiert wird.

Das Ziel dieses Buches ist demgegenüber bescheiden. Es beschränkt sich auf einige Einfälle und Streiflichter zum Thema Religion und Humanität, von denen ich vermute, daß sie geeignet sind, eine Reihe von Lesern dem Christentum abspenstig zu machen, indem sie ihr diffuses Unbehagen auf den Begriff bringen.

Dies Buch ist ein Pamphlet. Es kann und will seine polemische Absicht nicht verhehlen. Es entstand in einem langanhaltenden Anfall von intellektuellem Waschzwang. Das bürgerliche Vorurteil, rationale Kritik könne nur unterkühlt und distanziert vorgetragen werden, teile ich nicht. Ich habe nicht sine ira et studio geschrieben, sondern cum ira et cum studio, wobei der Zorn nach genügend gründlichem Studium sich von selbst einstellte. Wer sich über das Christentum nicht empört, kennt es nicht.

Trotz alles Stichwortartigen und Bruchstückhaften, das den folgenden Darlegungen anhaftet, werden doch – wie ich hoffe – alle entscheidenden Aspekte des christlichen Glaubens erörtert. Allerdings möchte ich etwaige zu hoch gespannte Erwartungen dämpfen: eine umfassende historisch-gesellschaftliche Ableitung des Christentums liefere ich nicht. Solche Studien will das Buch nicht ersetzen, sondern dazu will es anregen.

Was wenden bereits an dieser Stelle meine kirchlichen Gegner ein?

Meine Absage an die Theologie sei eine Kurzschlußreaktion, erwachsen und verständlich aus der chaotischen Situation der protestantischen Universitätstheologie. Es sei ebenso vermessen wie überstürzt, als blutjunger Mensch ein schlankes Nein zu einem so komplexen Phänomen wie dem Christentum zu sagen. Antwort: Wie man blutjungen Pfarrern zubilligt, nach einem siebenjährigen Studium der Theologie wüßten sie, worauf sie sich einlassen, genauso möge man mir zubilligen, daß ich beurteilen kann, worauf ich mich nicht länger einlasse.

So sehr ich von Franz Overbecks Arbeiten gelernt habe: sein persönliches Schicksal schreckt mich. Am Ende seiner Tätigkeit als Theologieprofessor in Basel gestand er: «Ich darf wohl sagen, daß mich das Christentum mein Leben gekostet hat. Sofern ich, wiewohl ich es nie besaß und nur durch ‹Mißverständnis› Theologe wurde, mein Leben gebraucht habe, um es ganz loszuwerden.»[1] Soll sich das fortpflanzen? Das Christentum hat schon zu viele Menschen um ihr Leben betrogen. Ich möchte es daher bereits heute abstreifen.

Diese Sätze werden die Theologen in ihrem Verdacht bestärken, ich wüßte gar nicht, was wahrer christlicher Glaube sei. Gemäß dem Wort Gerhard Ebelings «Denn auch von dem, der sich wissentlich dem Evangelium versagt, gilt, daß er es letztlich nicht versteht»[2] wird unterstellt, ich mißverstünde den Glauben als eine Art Denksportaufgabe und spräche wie der Blinde von der Farbe. Gegen diesen nahezu unfehlbaren Trick, sich vor unerwünschter Kritik abzuschirmen, sei immerhin ein Doppeltes angemerkt.

Zum Persönlichen: Nicht ohne inneres Engagement («Glauben») ging ich über acht Jahre regelmäßig und freiwillig kirchlichen Aktivitäten nach: leitete Jugendgruppen, half im Kindergottesdienst, hielt etliche Predigten.

Zum Sachlichen: Ein Nichtchrist kann sehr wohl das Evangelium verstehen, ernst nehmen und – negieren. Gewiß strotzt die Kritik mancher Freigeister und Altatheisten von Plattheit und Ignoranz – etwa gewisse Passagen bei Bertrand Russell. Aber muß das so sein? Die wirklich brisante Kritik argwöhnt nicht sofort in jedem Theologen einen Dunkelmann, wittert nicht überall schnöden Priesterbetrug und klerikales Machtstreben. Sie nimmt die christliche Botschaft genau beim Wort und überprüft, ob das Evangelium tatsächlich «Frieden auf Erden und den Menschen ein Wohlgefallen» brachte, ob Jesus Christus wirklich die «Mühseligen und Beladenen erquickt» und «alles neu» gemacht hat.

Diese soziologische Methode der Ideologiekritik mißt die untersuchten Phänomene an ihrem eigenen Anspruch. In konkreten Einzelanalysen dringt sie darauf, den wirklichen Sachverhalt von seinem ideologischen Schleier zu unterscheiden. Religion wird so zunächst nicht von außen aufgeknackt, sondern aus dem seinerseits problematischen Bedürfnis begriffen und immanent kritisiert: auf ihrem Felde, wenn auch nicht mit ihren Waffen geschlagen. In diesem Prozeß der Wahrheitsfindung allerdings schlägt die immanente Kritik schließlich um in eine solche, die den christlichen Bezugsrahmen sprengt und auch die theologische Begrifflichkeit selbst in ihrer ideologischen Beschränktheit aufdeckt. So wird beispielsweise die «Sorge um das Heil des Menschen» verwandelt in eine Strategie und Taktik für eine emanzipierte Gesellschaft.

Um dem Leser zusätzlich zum Inhaltsverzeichnis einen weiteren Leitfaden dessen an die Hand zu geben, was ihn erwartet, seien zum Schluß dieser Einleitung einige vorläufige Bemerkungen über die Situation des Christentums in der Gegenwart angefügt.

Zwar wäre es zur Zeit verfrüht und zu stark vereinfacht, wollte man formulieren: Das Christentum ist heute ein Leichnam, der nur noch dank der künstlichen Sauerstoffzufuhr seitens interessierter Politiker, Theologen und Kirchenfunktionäre den Anschein von Lebendigkeit zu erwekken vermag. Dennoch läßt sich der immer größer werdende Substanz- und Funktionsverlust des Christentums schwerlich übersehen. Je mehr die Glaubwürdigkeit und Motivationskraft der tröstlichen Mythologeme schwand, um so mehr gewann der kulturelle Apparat der Gesellschaft an Bedeutung. Die Frustrationen einer inhumanen Arbeitswelt werden heute vorwiegend nicht mehr mit Hilfe religiöser Illusionen ertragen, sondern unter dem betäubenden Schwall einer allgegenwärtigen Bewußtseins- und Vergnügungsindustrie.

Gleichwohl gelang es unter dem Kapitalismus bisher nur wenigen Individuen, sich völlig aus dem Bann der überkommenen religiösen Rituale und Mysterien zu befreien. Zwar beteiligen sich die meisten Menschen nicht mehr aktiv und regelmäßig am kirchlichen Betrieb, treten aber andererseits nicht aus der Kirche aus und erhoffen immer noch bewußt oder unbewußt etwas vom Christentum. Dieser Erwartungshorizont reicht vom Wunsch, gewisse Lebensdaten festlich gerahmt zu sehen – der Pfarrer als ehrwürdiger Zeremonienmeister –, bis zum Verlangen, das Abendland vor dem Kommunismus zu bewahren – die Kirche als Gralshüterin von Sitte und Ordnung. Diese frommen Flausen sind der subjektive Niederschlag einer Gesellschaftsordnung, die die Menschen zur Ohnmacht verdammt und sie nach allem greifen läßt, was irgendwie Halt verheißt.

Welch tröstliches Gefühl der Sicherheit verleiht es ichschwachen und beschädigten Individuen, einer weltumspannenden und jahrtausendealten Organisation anzugehören! Sozialpsychologisch geurteilt, handelt es sich um ein Entlastungsphänomen: um eine Ersparnis an neuer Überlegung und neuer Entscheidung. Begünstigt und gerechtfertigt wird dieses Verhalten durch die traditionelle Gedankenlosigkeit, Christentum und Humanität kurzerhand zu identifizieren, wie das gängige Lippenbekenntnis zum vermeintlich so hohen Ethos der Bergpredigt beweist.

Wie reagieren die bestallten Theologen auf den skizzierten Substanz- und Funktionsschwund der Religion im Leben der Massen seit etwa zweihundert Jahren? Sofern sie sich nicht trotzig auf die alten Dogmen versteifen und vorgeblich dem Zeitgeist abschwören (Konfessionalismus, Fundamentalismus, Antimodernismus), geben sie sich aufgeschlossen und weltoffen. Sie bedienen sich zeitgenössischer wissenschaftlicher Erkenntnisse und können sich geschickt zu heutigen Fragen äußern. Aber einmal vergeuden sie viel Zeit und Kraft auf den – meist unredlichen und stets autoritätshörigen – Versuch nachzuweisen, daß irgendeine heutige Gegebenheit oder Bewegung im Grunde ganz biblisch und gut christlich sei: etwa Fragen des Weltbildes, der Frauengleichberechtigung, der Sexualethik, der Autonomie der Vernunft. Zum andern sind ihre Arbeiten meist nur ein milder Aufguß der dienstbar gemachten Disziplinen und stets nur ein christlich präparierter dazu – wie sich exemplarisch an Paul Tillichs oder Jürgen Moltmanns soziologischen, psychologischen und philosophischen Analysen zeigen ließe.

Einer fortgeschrittenen kritisch-atheistischen Theorie hat keine noch so modern oder revolutionär sich gebärdende Theologie etwas Neues zu sagen. Im Gegenteil. Bestenfalls bestätigt sie nur die Einsicht Franz Overbecks, daß die Theologie als Parasit von einer Tafel speist, die andere gedeckt haben.

I Von der Unmöglichkeit, inhaltlich eindeutig und verbindlich zu bestimmen, was christlich ist

Wer immer bisher das Christentum kritisierte, mußte den Vorwurf hören, er streite gegen eine Karikatur. Fahrlässig oder böswillig entstellt, einseitig, vorurteilsvoll sei sein Bild von ihm. Das wahre Christentum sei ganz anders und werde von der Kritik nicht betroffen.

Um diesem apologetischen Manöver ein für allemal den Anschein der Legitimität zu entziehen, muß der Kritiker darauf verzichten, selber das Wesen des Christentums bestimmen zu wollen, und den Theologen folgen, die da sagen: «Was Christentum ist, bestimmen wir.»

Die Methode, von dem auszugehen, was die Christen selber als christlich ausgeben, scheint in eine unaufhebbare Verlegenheit zu führen: Die Christen wissen selber nicht, was christlich ist. Was die einen als heiligsten Willen Gottes befolgen, gilt anderen als dämonischer Irrweg.

Woran soll der Nichtchrist sich halten? Will er gerecht sein, darf er keine Gruppe ignorieren. So wird er sich an alle halten und erkennen: Es gibt nicht *das* Christentum, sondern nur eine Fülle von Christentümern. Religionswissenschaftlich formuliert: Das Christentum ist eine synkretistische Religion. Ideologiekritisch gewendet: Die Theologie ist eine Ansammlung von Leerformeln, die mit beliebigem Inhalt aufgefüllt werden können. Materiale Kritik an *dem* Christentum ist unmöglich, weil es *das* Christentum nicht gibt und noch nie gab. Es gibt keinen einheitlichen christlichen Gottesbegriff, nicht *die* christliche Stellung zum Krieg. Alles Christliche ist bereits vielfach innerchristlich bestritten.

Muß also, wer das Christentum als Ganzes kritisieren will, sämtliche Christentümer einzeln widerlegen? Gibt es nichts, was alle Christen teilen? Herrscht nicht doch eine gewisse Einheit heute und ein gewisser Zusammenhang mit den Glaubensvätern? Wie ich ausführlich zeigen werde, nicht immer im Inhalt, wohl aber in der Struktur der Gedanken und Lebensäußerungen. Was die systematischen Schriften Rudolf Bultmanns mit den Traktaten der Zeugen Jehovas verbindet, was die griechischen Kirchenväter mit Martin Niemöller teilen, ist die gleiche Struktur der Aussagen. Jeder Christ beruft sich auf Autorität und bietet maximale Inhalte an. Jeder theologische Satz ist irgendwo irrational und bricht die Reflexion an einem bestimmten Punkt ab.

Insofern kann man doch von *dem* Christentum und *der* Theologie sprechen und sie gerade in dem, was sie eint, aufsprengen.

Spreche ich hier und im folgenden von «Christen», so meine ich damit unterschiedslos alle Menschen, die sich selbst als solche bezeichnen und als solche gelten wollen: also auch jene, die aus der Sicht der großen Kirchen als Sekten oder Ketzer bezeichnet werden. Dieser Weg ist für eine wissenschaftliche Analyse unumgänglich. Das Christentum schneidet dabei in gewisser Hinsicht sogar vorteilhaft ab, da wenigstens die Einzelgänger und Minderheiten ihm einen Hauch Humanität verleihen. Ihrem Selbstverständnis nach sind die kleinen Gruppen keine Ketzer, sondern die wahren Christen. Der Außenstehende hat dies zur Kenntnis zu nehmen und darf nicht dem Aberglauben der großen Zahl verfallen, den die Großkirchen so gerne begünstigen.

1 Die Realbilanz der Kirchengeschichte: Anarchie im Ethos

Christliche Politiker pflegen heutzutage mit vollmundigem Pathos die «unaufgebbaren christlichen Kultur- und Sittlichkeitswerte» zu beschwören, welche allein uns vor dem altbösen Feind aus dem Osten bewahren könnten. Christliche Theologen pflegen heutzutage nahezu sämtliche Errungenschaften der Geschichte (etwa die Entfaltung der Naturwissenschaften) auf eine «letztlich christliche Wurzel» zurückzuführen.

Angesichts dieser Blindheit gegen die eigene Vorgeschichte und im Hinblick auf den heutigen Trend zum ahistorischen Bewußtsein überhaupt ist es angebracht, das umfangreiche Sündenregister der Christenheit zu vergegenwärtigen. Nicht sollen willkürlich monströse Greuel – an denen die Kirchengeschichte wahrlich nicht arm ist – zusammenhanglos aneinandergereiht werden, sondern begriffene Geschichte soll ein rationales Urteil über den christlichen Glauben vorbereiten.

Ganz im Widerspruch zu vielen Theologen, die – verständlicherweise – die Kirchengeschichte verharmlosen und ihr jede Beweiskraft absprechen wollen, ist an der Erkenntnis Franz Overbecks festzuhalten, daß die Geschichte des Christentums die beste Schule des Atheismus sei.[3] Was bedeutet es – so ist zu fragen –, daß die Religion, die mit der Nächstenliebe hausieren geht, seit ihren Anfängen bis heute im Namen Gottes, im Namen Jesu Christi und unter Berufung auf die Bibel die ungeheuerlichsten Unmenschlichkeiten und Bluttaten geduldet, begünstigt und selber begangen hat? Was besagt es, daß die Christen unerhörte Grausamkeiten mit jeweils gutem Gewissen und einem detaillierten theologischen Alibi verüben konnten und können?

Die Kirche als Skavenhalterin[4]

Soweit wir die Geschichte der Menschheit zurückverfolgen können, hat es immer zwei Gruppen von Menschen gegeben: Herrschende und Dienende, Reiche und Arme, Befehlende und Ausgebeutete. Diese Klassenstruktur, die in der Antike in der Sklavenwirtschaft ihren deutlichsten Ausdruck fand, wurde vom Christentum als fraglose Gegebenheit übernommen.

Während in der vor- und außerchristlichen Antike (nicht im Alten Testament) vereinzelt Zweifel an der Rechtmäßigkeit der Sklaverei laut wurden, in einigen griechischen Sozialutopien sogar eine sklavenfreie Menschheit gedacht werden konnte und unter dem Einfluß der Stoa die römischen Sklavengesetze humanisiert und liberalisiert wurden, findet sich im Neuen Testament nichts dergleichen.

Das Neue Testament polemisiert zwar in scharfen Worten gegen Beischlaf ohne Lizenz, gegen Homosexualität, gegen kurze Haare bei Frauen. Daß aber unzählige Menschen als lebendige Arbeitsgeräte von wenigen anderen ausgebeutet und als Waren verhökert werden, wird nicht angeprangert oder gar verboten. Nicht einmal der Gedanke, daß die Sklaverei im Prinzip verwerflich sei und nur wegen der Machtverhältnisse noch nicht abgeschafft werden könne, taucht auf. Im Gegenteil.

Die Gleichnisse, die die Evangelien Jesus in den Mund legen, setzen ohne ein Wort der Kritik die Sklaverei voraus, ja, verklären sie zum Modell des Verhältnisses Gott–Mensch: Matthäus 18, 23 ff («Deshalb ist das Reich der Himmel gleich einem König, der mit seinen Sklaven abrechnen wollte»); 25, 14 ff; Markus 13, 34; Lukas 12, 42 ff; 17, 7 ff.

Auch Paulus nimmt die Sklaverei nicht nur als selbstverständlich hin, sondern bestätigt sie ausdrücklich. Den entlaufenen Sklaven Onesimus, den er bekehrt hat, schickt er an seinen christlichen Herrn Philemon zurück (Philemonbrief). Wie wenig der Apostel an Emanzipation denkt, geht aus den Worten hervor: «Jeder bleibe in dem Stand, in dem er berufen worden ist. Bist du als Sklave berufen worden, so mache dir keine Sorge, sondern wenn du auch frei werden kannst, so bleibe um so lieber (in deinem Stand). Denn wer im Herrn als Sklave berufen worden ist, der ist ein Freigelassener des Herrn; desgleichen, wer als Freier berufen worden ist, der ist ein Sklave Christi» (1. Korinther 7, 20–22). Welch ungeheuerlicher Zynismus hinter diesen Worten steckt, machen sich die christlichen Bibelleser schwerlich bewußt. Mit Hilfe eines sprachlichen Roßtäuschertricks – indem den beiden Begriffen Sklave und Freier ein doppelter Sinn unterlegt wird – werden die Gequälten übertölpelt. Unter der religiösen Fiktion, sie seien Freigelassene Christi, wird ihnen ihre reale Unfreiheit als gleichgültig eingeredet. Zugleich tauft Paulus die

Sklavenbesitzer zu Sklaven Christi um: Die bestehende Ungerechtigkeit ist verschleiert und als Wille Gottes gerechtfertigt.

Das Klima der Menschenverachtung, das das gesamte Neue Testament durchzieht, manifestiert sich vor allem in den sogenannten Haustafeln, «ethischen» Katalogen für Sklaven, Sklavenbesitzer, Frauen, Staatsbürger. Die Predigt an die Sklaven lautet überall: Unterwerft euch willig in demütigem Gehorsam, «damit nicht der Name Gottes und die Lehre gelästert wird» (1. Tim. 6, 1), «damit sie [die Sklaven] der Lehre Gottes, unseres Heilandes, in allen Stücken zur Zierde gereichen» (Tit. 2, 10); «wie Sklaven Christi, die den Willen Gottes von Herzen tun, die mit Willigkeit dienen als dem Herrn und nicht Menschen» (Eph. 6, 6 f); «weil ihr wißt, daß ihr vom Herrn als Vergeltung das Erbe empfangen werdet» (Kol. 3, 24).

Alle diese Zitate überführen das Urchristentum als Agentur einer repressiven Gesellschaft. Vorgegebene Machtestablishments werden mit göttlicher Glorie umhüllt, gesellschaftliche Zwänge durch religiöse Gebote im Willen der Menschen selbst befestigt: Das mit Gewalt Erpreßte soll aus freiem Antrieb getan werden. Unterwerfung unter menschliche Herrschaft wird als Akt der Unterwerfung unter Gott verklärt. Der psychische Mechanismus der Selbstbestrafung, das schlechte Gewissen, reglementiert schließlich alle individuellen Regungen: Verinnerlichte Gewalt erscheint als Resultat freien Entschlusses. Ohnehin bestehendes Leid wird religiös überhöht: ontologisiert, nicht kritisiert.

Das Neue Testament ist ein Manifest der Unmenschlichkeit, ein groß angelegter Massenbetrug; es verdummt die Menschen, statt sie über ihre objektiven Interessen aufzuklären.

Welche fatale ideologische Funktion das Hauptthema des Neuen Testamentes, das unschuldige Leiden und Sterben Jesu, in diesem Zusammenhang einnimmt, ergibt sich aus einer Passage im ersten Petrusbrief (2, 18 ff). Unter Hinweis auf Jesu Passion werden die Sklaven aufgefordert, auch bösartigen Herrn willig zu gehorchen, sich auch unschuldig züchtigen zu lassen. Die besonders von Protestanten so hochgerühmte «theologia crucis» («Theologie des Kreuzes») enthüllt hier erstmals deutlich ihr wahres Gesicht: Christi Leiden dient als Alibi und als illusionärer Trost für das unschuldige Leiden anderer Menschen.

Was ist das Kreuz Jesu Christi überhaupt anderes als der Inbegriff sadomasochistischer Schmerzverherrlichung? Könnte man je einem solchen Folterinstrument einen Sinn abgewinnen, so allenfalls jenen Kreuzen entlang der Via Latina zwischen Rom und Capua, an die im Jahre 71 vor Christus 6 000 Sklaven, sozialrevolutionäre Anhänger des Spartakus, geschlagen wurden. Ihr Blut floß wenigstens für reales, wenn auch vereiteltes menschliches Glück.

Die alte Kirche behielt die Stellung des Neuen Testamentes zur Sklaverei bei. Aus der religiösen Gleichheit aller Menschen vor Gott, die auch andere antike Religionen lehrten, wurde mitnichten die politische und soziale Gleichheit der Menschen gefolgert. Tauchte der Gedanke an reale Emanzipation auf, wurde er strikt abgewiesen. Bischof Ignatius von Antiochia verbietet christlichen Sklaven, ihren Freikauf auf Gemeindekosten zu verlangen. Im Barnabasbrief werden die Sklaven angewiesen, ihre Besitzer als «Abbild Gottes» zu verehren. Kirchenvater Tertullian will den Sklaven weismachen, Freiheit und Knechtschaft in der Welt seien bedeutungsloser Schein – verglichen mit der wahren Freiheit in Christus, die von der Knechtschaft unter der Sünde befreit. Schärfer kann menschlichem Glück alles Begehrenswerte nicht abgesprochen werden. Die dualistische Anthropologie, die diesen Stellungnahmen zugrunde liegt, wird besonders deutlich in den Worten des Laktanz: «Denn da wir alle menschlichen Dinge nicht mit dem Maßstabe des Leibes, sondern mit dem des Geistes messen, so sind unsere Sklaven, wiewohl sie dem Leibe nach anders gestellt sind, doch unsere Sklaven nicht, sondern wir halten sie wie Brüder im Geiste und Mitsklaven in der Religion und nennen sie so.»[5] Eine wirkliche, leibliche Abschaffung der Sklaverei hat die alte Kirche nie ins Auge gefaßt. Ließen hin und wieder christliche Großgrundbesitzer einzelne Sklaven frei, so nicht, weil sie ein Recht auf politische und soziale Freiheit anerkannt hätten, sondern weil sie ein «gutes Werk» zugunsten ihres Seelenheiles zu tun sich bemüßigt fühlten.

Von Anfang an stabilisierte die christliche Predigt die Sklaverei. Wie vorzüglich die neue Religion als Schmieröl in der Herrschaftsmaschinerie funktionierte, zeigt Augustin, der die Reichen zur Dankbarkeit auffordern konnte: zur Dankbarkeit dafür, daß Christus und seine Kirche aus Sklaven nicht Freie, sondern aus schlechten Sklaven gute Sklaven machten.

Im 4. Jahrhundert endlich wurde die bedenkenlos opportunistische Anpassung an die sozialen und politischen Machtverhältnisse honoriert. Die Kaiser – als Exponenten der römischen Feudalschicht – adelten das Christentum zur Staatsreligion. Konstantin begann 313 mit der Privilegierung; Gratianus und Theodosius vollendeten sie 380.

Aristokratie und höherer Klerus begannen schnell sich zu verfilzen: Zu Bischöfen wurden vornehmlich Reiche gewählt. Viele Adlige sicherten ihr ewiges Seelenheil, indem sie der Kirche große Gebiete Land schenkten. Wenige Jahrzehnte später war der «Leib Christi» zum reichsten Großgrundbesitzer mit dem größten Sklavenbestand im Imperium angeschwollen. Wie alle Ausbeuter nutzte auch die Kirche ihr Gewaltverhältnis schonungslos aus, so daß sich die Lage der in ihren Besitz übergegangenen Sklaven zusehends verschlechterte. Während die außerchristliche Antike immerhin den Begriff eines unantastbaren Menschenrechts auf Freiheit entwarf, schuf die Christenheit ein unverlierbares Recht auf

Unfreiheit. Die Freilassung von Kirchensklaven wurde für grundsätzlich unmöglich erklärt, da nicht der Klerus, sondern Gott über die Eigentumsrechte verfüge und Eigentum nur durch seinen Herren veräußert werden könne (gesetzlich niedergelegt im «Decretum Gratiani» um 1140 mit Bezug auf die Klostersklaven).

Der häufige Versuch moderner Apologeten, in der kirchlichen Stellung zur Sklaverei wenigstens keimhaft das «Selbstbestimmungsrecht des Individuums» angelegt zu finden, läßt sich in keiner Weise halten. Der Hohn auf jedes freiheitliche Räuspern verdichtete sich vor allem im Mönchtum. «Spricht doch der antike Staat dem Sklaven kein persönliches Recht ab, welches die Klosterregel nicht auch dem Mönch abspräche, und konnte sich doch, indem der willenloseste Gehorsam gegen Abt und Regel die höchste Mönchstugend wird, auch für den Sklaven mit seinem Eintritt ins Kloster nur die Art seiner Sklaverei verändern.»[6]

Die Sklaverei bestand während des gesamten christlichen Mittelalters und fand in den führenden Scholastikern ihre Verteidiger (Thomas von Aquin, Albertus Magnus, Duns Scotus). Thomas übernahm die Auffassung des Aristoteles, der einen Sklaven als «beseeltes Werkzeug seines Herrn» und als «Nicht-Mitglied der Gesellschaft» bezeichnet hatte. Päpste und Bischöfe, Prälaten und Klöster verfügten über Tausende von Sklavinnen und Sklaven, die die riesigen Güter beackern mußten. Entflohene wurden unerbittlich gefangen und zurückgebracht. Als «fugitivi» («Entlaufene») erhielten sie eiserne Halsringe mit christlichen Symbolen. Das Kirchenrecht führte alle Sklaven als Gegenstände unter der Rubrik «Kirchengut» auf (Menschenmaterial). Von kirchlichen Ämtern waren sie ausgeschlossen. Sklaverei wurde auch als Kirchenzuchtmaßnahme verhängt. 655 erklärte die Synode in Toledo alle Kinder von Priestern zu Sklaven (erneuert in Pavia 1022, aufgenommen in das Decretum Gratiani um 1140). 1179 wurde auf dem III. Laterankonzil allen Gegnern des römischen Papsttums die Sklaverei angedroht. So verhängten die Päpste 1309, 1482, 1506 gegen Venedig, 1376 gegen Florenz und 1508 gegen ganz England die Sklaverei, wenn auch die Strafen nicht durchgeführt werden konnten.

Am Ende des Mittelalters blühte mit den frisch eroberten Überseekolonien Spaniens und Portugals der Sklavenhandel erneut auf. Papst Nikolaus V. sanktionierte 1454 in der Bulle «Romanus Pontifex» die Praxis, alle unterworfenen Völker zu versklaven. 1487 nahm Innozenz VIII. eine große Anzahl Sklaven aus Malaga von Isabella von Spanien als Geschenk an. 1493 teilte Alexander VI. den Erdball unter Spaniern und Portugiesen auf und bestätigte die übliche koloniale Zwangsarbeit in ihrer Rechtmäßigkeit. 1548 sprach Paul III. allen Menschen, auch Klerikern, das Recht zu, Sklaven zu halten. Päpstliche Galeeren zogen auf Menschenfang aus, und unzählige inbrünstige Dankgebete stiegen zu

Gott empor, wenn wieder ein reicher Fang von «beseelten Werkzeugen» geglückt war.

Ernsthaft konnten christliche Theologen über das «Problem» diskutieren, ob ein Taschenspiegel ein gerechter Preis für einen Neger sei. Während das Jesuitenkolleg im Kongo 1666 zwölftausend Sklaven besaß und die Päpste bis zum Ende des 18. Jahrhunderts im Kirchenstaat sich ihrer Dienste erfreuten, hielten die Benediktiner in Brasilien noch bis 1864 Sklaven.

Der Protestantismus ging von Anfang an in den gleichen Bahnen, nachdem Luther Leibeigenschaft und Sklaverei theologisch gerechtfertigt hatte. Bis weit ins 19. Jahrhundert trieben evangelische Staaten unter der theologischen Billigung der Missionare Sklavenhandel und gingen auf Sklavenjagd.

Auch heute noch im 20. Jahrhundert gehen christliche Äthiopier auf Menschenjagd und verkaufen ihre Beute auf Sklavenmärkten.

Der bisherige knappe Überblick zeigt, daß das Christentum nicht erst im 19. Jahrhundert vor der sozialen Frage erbärmlich versagt hat – was wenigstens einsichtige Theologen heute zugeben –, sondern daß es von Anfang an mit den ökonomisch herrschenden Mächten paktierte. Bis zum 4. Jahrhundert schmiegte sich die Kirche als ideologischer Handlanger den bestehenden Machteliten an. Später plünderte der höhere Klerus die Volksmassen, vor allem die Bauern, selber aus. Die Kirche war völlig in das mittelalterliche Feudalsystem integriert: Die führenden kirchlichen Posten wurden nur mit Adligen besetzt, in der Regel mit den Sekundogenituren der regierenden Herrscherhäuser. Der älteste Sohn erbte die väterlichen Rechte; der zweitgeborene (secundogenitus) wurde Geistlicher und erhielt ein Amt als Bischof oder Abt. Für Äbte wurden oftmals Adelsnachweise über mehrere Generationen hinweg verlangt. Über die Verteilung der Pfarrpfründe wachte der Landesherr als Patron (Eigenkirchentum), wobei er selbstverständlich die Angehörigen der eigenen Familie bevorzugte.

Dank ständiger Eroberungskriege und eines ausgeklügelten Steuersystems hatte sich das Papsttum im ausgehenden Mittelalter zur reichsten Finanzmacht Europas hochgeräubert. Papst Johannes XXII. (1316 bis 1334) beispielsweise verbrauchte seine Einnahmen wie folgt: 63,7 % für seine Kriege, 12,7 % für Beamtengehälter, 7,16 % für Almosen, wozu auch kirchliche Neubauten und Mission zählten, 3,35 % für Kleidung, 0,17 % für Schmuck, 2,9 % für Bauten, 2,5 % für Küche und Keller, 4 % für Freunde und Verwandte.[7]

Ohne die bekannte bauernfeindliche Haltung Luthers zu erörtern, der – wie der gesamte ihm folgende Protestantismus – die bestehenden Klassenprivilegien religiös rechtfertigte, sei noch ein Blick geworfen auf die Position der Kirchen im kapitalistischen System des 19. Jahrhunderts.

Das unbeschreibliche Elend, das der Kapitalismus über die Massen brachte, kann hier nicht im mindesten angemessen verdeutlicht werden. «1840 beträgt die durchschnittliche Lebensdauer der Arbeiter in Liverpool 15 Jahre. In Manchester sterben 57 v.H. der Arbeiterkinder vor dem fünften Jahr. Neun- bis Zehnjährige arbeiten nicht selten 24 und 36 Stunden ununterbrochen. Sie werden nachts an die Arbeit getrieben und mit Peitschen wachgehalten. Noch 1860 ersucht man in öffentlichen Eingaben um eine Beschränkung der Arbeitszeit auf 18 Stunden. Kinder von drei und vier Jahren stehen bei der Spitzenfabrikation auf Stühlen. In den Strohflechtereien haben sie oft weniger Platz als ein Hund in seiner Hütte. In den Bergwerken kriechen Vier- und Fünfjährige mit Männern und Frauen halbnackt und nackt, an Ketten hängend, durch die viel zu engen, warmen Stollen. Wer sich beklagt, wird entlassen und findet als ‹Gezeichneter› nirgends eine Beschäftigung. Die Toten fliegen in die Straßengräben und werden in Löchern und Morästen verscharrt. An ‹Bildung› erhielten diese Leute natürlich so gut wie nichts – ausgenommen Religionsunterricht.»[8]

Proteste der Kirchen sind nicht bekannt. Das erste Gesetz in Deutschland, das Kindern unter neun Jahren die Arbeit in Fabriken verbot (1839), wurde charakteristischerweise auf Dringen der Militärbehörden erlassen, weil der körperlich untaugliche Zustand derjenigen Rekruten aufgefallen war, die vorher in der Industrie gearbeitet hatten.

Zaghaft und spärlich versuchten die Kirchen schließlich zu helfen. Sie klebten Pflaster, wo eine Operation erforderlich gewesen wäre. Appelle an die individuelle Gönnergesinnung der christlichen Junker und Fabrikherren rührten nicht an die Wurzel des Elends. Auch Gestalten wie Wichern und Ketteler orientierten sich an patriarchalischen Vorstellungen und speisten die Gequälten mit lächerlichen Almosen ab. Das infame System insgesamt galt wie immer als gottgewollt.

Und heute? Die Komplicenschaft zwischen Christentum und Kapitalismus hat sich strukturell nicht grundlegend verändert. Notdürftig verbindet die kirchliche Diakonie mit der linken Hand einige Wunden, die sie mit der rechten schlagen hilft, indem sie eine falsche Weltordnung ideologisch stützt. Während brave Gemeindeschwestern gutgläubig Spenden für die Aktion «Brot für die Welt» einsammeln, können derweil die US-Großkonzerne, deren Management durchweg aus Christen besteht, unangefochten ihre neokolonialistische Verelendungspolitik in der Dritten Welt betreiben – gedeckt durch kirchentreue Regierungschefs im Weißen Haus. Zwar schlagen sich in Lateinamerika inzwischen Teile des katholischen Klerus auf die Seite der ausgepowerten Massen. Doch handelt es sich hier der Motivation nach in erster Linie nicht um eine politische Solidarisierung mit dem sozialen Emanzipationsprozeß der «Verdammten dieser Erde», sondern um den opportunistischen Versuch, die

Menschen in letzter Stunde der angestammten katholischen Religion zu erhalten. Wenn schon ein sozialistischer Umsturz nicht zu vermeiden sein sollte, dann will die Kirche wenigstens auf der Seite der siegreichen Mächte stehen und eine atheistische Orientierung der neuen Gesellschaft möglichst verhindern.

Wie konnte es der Kirche Jahrhunderte hindurch bis heute gelingen, die Rechtlosen einzulullen und den Unterdrückern ein gutes Gewissen zu verschaffen? Fassen wir abschließend das gesamte ideologische Instrumentarium zusammen.

Die *Gotteslehre* im engeren Sinn, das heißt namentlich die Schöpfungslehre, behauptet eine grundlegend gute Einrichtung dieser Welt. Trotz des Sündenfalls gilt, wie gebrochen auch immer, der Satz aus dem ersten Kapitel der Bibel: «Und Gott sah alles an, was er gemacht hatte; und siehe da, es war sehr gut.» Der hieraus abgeleitete liturgische Aufruf an die Menschen, Gott unaufhörlich zu lobpreisen und ihm zu danken, dient dazu, die Misere in ihrem Leben pathetisch zu verschleiern.

> «Lobe den Herren, der alles so herrlich regieret, der dich
> auf Adelers Fittichen sicher geführet, der dich erhält, wie es
> dir selber gefällt; hast du nicht dieses verspüret?
> Lobe den Herren, der künstlich und fein dich bereitet, der dir
> Gesundheit verliehen, dich freundlich geleitet; in wieviel Not
> hat nicht der gnädige Gott über dir Flügel gebreitet!»

Der Mythos vom fürsorglichen Schöpferwalten Gottes – in der idealistischen Philosophie säkularisiert zum Gedanken, daß alles, was wirklich ist, auch gut sei, und heute verdünnt zum resignierten Glauben an eine «im letzten Grund heile Welt» (Bollnow) – vereidigt die Menschen auf das Bestehende. Wofür man dankbar zu sein hat, das kann man schwerlich kritisieren.

So wurden und werden konkrete gesellschaftliche Gewaltverhältnisse im Willen Gottes festgemacht – meist vermittelt bei den Katholiken durch eine Lehre vom Naturrecht («das ist von Natur aus so») oder bei den Protestanten durch eine Lehre von den Schöpfungsordnungen. Fast zwei Jahrtausende hindurch konnte beispielsweise die Monarchie (Kaiser von Gottes Gnaden) oder die Sklaverei auf diese Weise religiös gerechtfertigt werden.

Brach und bricht trotzdem einmal die Unzufriedenheit der Menschen mit ihrer Lage hervor (etwa anläßlich eines Krieges), so bietet der Schöpfungsglaube auch hier noch einen Ausweg. Wie salbadern dann die Theologen? «Gottes Gedanken sind unerforschlich, Seine Wege unergründlich. Wer darf sich vermessen, mit Ihm zu rechten? Du darfst nicht zweifeln, mein liebes Kind.» Jedem Aufbegehren und jeder Kritik kann so unfehlbar der Mund gestopft werden. Die meist nur zu gut erforschlichen Ursachen menschlicher Übel und Nöte werden mystifiziert, ihre Abschaffung wird hintertrieben.

Verstärkt wird diese Vernebelung durch die *Lehre von der Sünde*, nach der alle Mißstände und Konflikte unter den Menschen eine Folge ihres Ungehorsams gegen Gottes heiliges Gebot sind. Was in Wirklichkeit weitgehend Ergebnis einer irrationalen Gesellschaftsordnung ist, die ihre Mitglieder verstümmelt, wird fälschlich den Opfern angelastet.

Seit Adams Fall leben alle Menschen im Stande der Verderbtheit, im Status corruptionis. Sie sind böse – wobei über den Grad der Bosheit die Konfessionen streiten – und müssen bestraft und in Schranken gehalten werden. Als Zuchtmittel hat Gott Unter- und Überordnung verhängt, aus der sich Obrigkeit und Sklaverei herleiten. Dieser Zustand währt bis zum Weltende und kann, eben weil das Böse in den Menschen selbst steckt, nicht aufgehoben werden. Alle derartigen Versuche gelten als Frevel und verdammungswürdige Schwärmerei.

So züchtet die sonntägliche Predigt, die Menschen seien nichtswürdige Sünder, innerlich unfreie und ängstliche Kreaturen: nützlich und verwertbar für die gesellschaftlichen Herrschaftseliten, die sich nur so lange erhalten können, wie die Massen hilflos und ohne Selbstvertrauen bleiben.

Damit die Menschen unter keinen Umständen auf den Gedanken verfallen, ihre Geschichte bewußt in die eigene Hand zu nehmen und ihre schöpferischen Möglichkeiten zu entfalten, sagt ihnen die *Christologie* ausdrücklich, daß sie dazu von vornherein unfähig sind. Die entscheidenden Probleme des Lebens (das «Heil») können nicht aus menschlicher Kraft gelöst werden. Dazu bedarf es des Erlösers, den Gott aus lauter Gnade schickte.

Allerdings erlöst Jesus Christus nicht einfach aus materiellem Elend. Er bringt vermeintlich höhere Gaben mit sich und läßt soziale Gerechtigkeit und politische Freiheit als uneigentlich, als nur irdisch oder fleischlich erkennen. Der in Christus Freigelassene kann getrost leiblicher Sklave bleiben.

Die Erlösung, an der die Menschen im Glauben teilhaben, muß in der Nachfolge Christi bewährt werden. Hier zeigt es sich, ob sie die Welt innerlich überwunden haben und willig ihr Kreuz auf sich nehmen. Die wahre Freiheit besteht gerade im demütigen Leidenkönnen. Wie kann man besser leben wollen als der Herr, der sogar als Unschuldiger litt, während wir unser Leiden vollauf verdient haben!?

Daß die christliche Dogmatik von A bis Z darauf angelegt ist, die Menschen im Zustand der Unmündigkeit zu halten, ergibt sich auch aus der *Gnadenlehre*. Der Mensch ist immer von Gottes Gnade abhängig, wie Christus im Johannesevangelium (15,5) sagt: «Ohne mich könnt ihr nichts tun.» Da diese Gnade nicht im luftleeren Raum begegnet, sondern nur in der gesellschaftlichen Wirklichkeit, bedeutet sie notwendig eine Abhängigkeit von bestimmten Menschen: weshalb Könige und Kirchenfürsten mit «Euer Gnaden» angeredet zu werden pflegen.

Wer die Menschen als wesenhaft auf Gnade angewiesen denkt, denkt sie als rechtlos. Was ihre elementaren Bedürfnisse angeht, dürfen sie keine rechtlich einklagbaren Forderungen stellen. Mit zynischer Deutlichkeit schreibt Luther in der Erklärung zum ersten Glaubensartikel: «Ich glaube, daß mich Gott geschaffen hat samt allen Kreaturen, mir Leib und Seele, Augen, Ohren und alle Glieder, Vernunft und alle Sinne gegeben hat und noch erhält, dazu Kleider und Schuh, Essen und Trinken, Haus und Hof, Weib und Kind, Acker, Vieh und alle Güter, mit aller Notdurft und Nahrung des Leibs und Lebens reichlich und täglich versorget, wider alle Fährlichkeit beschirmet und vor allem Übel behütet und bewahret, *und das alles* aus lauter väterlicher, göttlicher Güte und Barmherzigkeit *ohne all mein Verdienst und Würdigkeit.*»[9] Wer so denkt, liefert in der Realität die Menschen der Willkür ihrer Herrenbrüder aus. Der Begriff der Gnade ist das ideologische Produkt einer rechtlosen Gesellschaft.

Die gleichen Ergebnisse zeitigt ein kurzer Blick auf die christliche *Anthropologie.* Die gesellschaftlich bedingte bisherige Ohnmacht der Menschen, ihre Bedürfnisse und Fähigkeiten selbständig und vernünftig zu organisieren, wird mystifiziert zum Glaubenssatz von der Geschöpflichkeit des Menschen. Welche Verhaltensnormen gebühren einem Geschöpf? Demut, Dienstbereitschaft, Selbstpreisgabe, Opfersinn, Gehorsam, Geduld, Dankbarkeit, sich Gott ganz ausliefern, sich auf Gott und nicht auf die eigene Kraft verlassen, sich als Beschenkter verstehen, alle Wünsche dem Willen Gottes darbringen, gegen den Augenschein an Gottes Liebe und Treue glauben, Selbstvergessenheit. Alle diese «Tugenden» zielen darauf ab, Eigeninitiative, Zivilcourage und Emanzipationsdrang zu ersticken und als Hochmut vor Gott und den Menschen anzuschwärzen. Jahrhundertelang hat die kirchliche Predigt damit Untertanenmentalität, Minderwertigkeitsgefühle und Autoritarismus erzeugt und kultiviert. Folgerichtig werden die Mühseligen und Beladenen seliggepriesen statt aufgerufen, ihre Peiniger zu entmachten.

Alle diese Infamien werden schließlich in der *Eschatologie* noch einmal bekräftigt und mit den Siegeln der Ewigkeit ausgestattet. Allgemein hat die «Lehre von den letzten Dingen» zunächst die Funktion, das Leben der Menschen als nur irdisch, nur vorläufig und damit tendenziell als gleichgültig zu kennzeichnen. Christliche Existenz ist Existenz auf Abruf, da als die wahre Heimat der (wie immer verstandene) Himmel gilt.

Die Spielart des endzeitlichen Ausblick, die wie Opium wirkt, hat

Paulus im Römerbrief klassisch formuliert (8,18): «Denn ich halte dafür, daß die Leiden der jetzigen Zeit nichts bedeuten im Vergleich zu der Herrlichkeit, die an uns geoffenbart werden soll.» Imaginäre jenseitige Güter sollen über jetzige reale Schmerzen und Versagungen hinwegtrösten. Indem das Verlangen nach Glück und Gerechtigkeit in den Himmel verlegt wird, ist das Fortbestehen von Unglück und Ungerechtigkeit auf Erden gerechtfertigt.

Sozialpsychologisch weit wirksamer indes hat sich die Drohung mit dem eschatologischen Knüppel aus dem Sack erwiesen. Während die Wunschprojektionen im Laufe der Theologiegeschichte aufs Ganze gesehen merkwürdig blaß blieben und auch an ihre Erfüllung zu schwierige Bedingungen geknüpft waren («viele sind berufen, aber nur wenige auserwählt»), spielte das Grauen der Hölle im Bewußtsein und Unterbewußtsein der Menschen eine viel größere Rolle. Das lag im wesentlichen daran, daß die Vorstellung der Hölle nicht nur ein Phantasiegebilde war, sondern auch aus der Erfahrung gegenwärtiger realer Erlebnisse mitgespeist wurde (etwa des barbarischen Justizwesens).

Was hat dieser kurze Gang durch wesentliche Themen der christlichen Dogmatik ergeben? Mit der christlichen Theologie läßt sich bequem jeder Schmerz, jede Entbehrung, jedes Unrecht begründen, verherrlichen oder verharmlosen. Der Sinn für Humanität wird abgestumpft: Menschenverachtung als Menschenwürde präsentiert.

Die blutige Verfolgung der Heiden [10]

Das gesamte Neue Testament hallt wider von maßloser Aggressivität gegen alles, was von der christlichen Norm auch nur geringfügig abweicht. Modellhaft zeigt sich dieser Destruktionsdrang in dem bekannten Wort der Bergpredigt, wer zu seinem Bruder auch nur sage «du Narr», sei der Hölle mit ihrem Feuer verfallen (Matth. 5,22). Strafen werden angedroht, die sich selbst bei Anerkennung des Schuld-Sühne-Denkens in einem völligen Mißverhältnis zum «Vergehen» befinden und nur als terroristisch bezeichnet werden können.

Das Strafbedürfnis tobt sich aus im Rahmen der Gottesvorstellung, die – zusammen mit der Erwartung des Jüngsten Gerichtes – als der verlängerte Arm der eigenen Ohnmacht dient. Der Rachegedanke ist nirgendwo überwunden. Im Gegenteil. Der allmächtige große Bruder besorgt die Vernichtung der Feinde viel wirksamer. «Rächet euch nicht selbst, Geliebte, sondern gebt Raum dem Zorn (Gottes); denn es steht geschrieben: ‹Mir gehört die Rache, ich will vergelten›, spricht der Herr.» So Paulus an die Römer (12,19).

Alle Worte, die Jesus in den Mund gelegt werden, setzen eine primitive Auffassung von Gerechtigkeit voraus, die die Menschen in gute und böse scheidet. Das bekannteste Beispiel für dieses Schwarz-Weiß-Klischee ist das Gleichnis vom Endgericht (Matth. 25, 31–46). Die Menschheit wird wie Schafe und Böcke geschieden. Die gesegneten Schafe zur Rechten gehen ein in die ewige Herrlichkeit des Vaters. Die Böcke zur Linken fährt der Richter an: «Gehet hinweg von mir, ihr Verfluchten, in das ewige Feuer, das mein Vater dem Teufel und seinen Engeln bereitet hat!»

Worauf sich die Jesus-Tradition zur Aufteilung der Menschheit stützt, ist das Verhältnis zu Christus. «Denn wer sich meiner und meiner Worte schämt unter diesem abtrünnigen und sündhaften Geschlecht, dessen wird sich auch der Menschensohn schämen, wenn er kommen wird in der Herrlichkeit seines Vaters mit den heiligen Engeln» (Mark. 8, 38). Aus dieser religiösen Norm wird eine bestimmte ethische Forderung abgeleitet, die Liebe zum Nächsten. Da jegliche Humanität nur theologisch begründet gedacht wird, erscheinen alle Nichtchristen von vornherein als inhuman. In dem erwähnten Gleichnis vom Endgericht sind die Bökke zur Linken selbstverständlich hartherzig und besuchen nicht die Kranken und Gefangenen, während die Schafe zur Rechten ihrem Nächsten einen Becher Wasser reichen.

Wie abgefeimt sadistisch diese ganze Mythologie ist, erkennt man vollends an dem nicht unwichtigen Einzelzug, daß niemand der Menschen weiß, wann das Gericht anbricht (vgl. zum Beispiel Matth. 24, 50; 25, 13). Hinterlistig sollen die Opfer überrumpelt werden.

Der Apostel Paulus denkt nicht anders. Am Ende des ersten Korintherbriefes zitiert er beifällig einen Satz aus einer Abendmahlsliturgie: «Wenn jemand den Herrn nicht liebt, so sei er verflucht. Marana tha [d. h.: unser Herr, komm]» (16, 22). Ernst Käsemann, Tübinger Professor für Neues Testament, hat dieses eschatologische Recht der Vergeltung (Jus talionis), als grundlegend für die Paulinische Theologie herausgearbeitet («Sätze heiligen Rechts im Neuen Testament»).

Alle Laster und Sünden können bequem auf die Heiden projiziert werden. Nach diesem Feind-Klischee, dem die stereotype Aufteilung der Menschen in gute und böse zugrunde liegt, sind die Gottlosen ohne weiteres der sexuellen Unzucht verfallen (besonders beliebtes Motiv). Weiter sind sie erfüllt «mit jeglicher (Art von) Ungerechtigkeit, Schlechtigkeit, Habsucht, Bosheit, voll Neid, Mord, Hader, Betrug, Tücke, Ohrenbläser, Verleumder, Gottesfeinde, Frevler, Hochmütige, Prahler, erfinderisch im Bösen, ungehorsam gegen die Eltern, unvernünftig, treulos, lieblos, unbarmherzig» (Röm. 1, 29–31). Die Untermenschen haben natürlich kein Lebensrecht; ja, sie sind auch bereits (in ihren Sünden) tot, und Gott wird sie demnächst vollends ihrer gerechten ewigen Strafe zuführen.

Es ist nicht schwer zu erkennen, daß diese Mentalität, die nach Zerstörung lechzt, bei günstigen Machtverhältnissen nicht zögert, die Feinde Gottes selber auszurotten. Gott führt das Schwert in der Hand der Gläubigen. Diese günstige politische Situation ergab sich im 4. Jahrhundert, als das Christentum aus der Rolle der verfemten Minderheit zur privilegierten Staatsreligion umfunktioniert wurde. Hatten vorher die Theologen (zum Beispiel Tertullian) für uneingeschränkte Religionsfreiheit im römischen Imperium plädiert, brach nun das Ende der Toleranz an. Systematisch wurden die Freiheiten und Rechte der Nichtchristen sowie der nichtkatholischen christlichen Minderheiten beschnitten. Duldete Konstantin noch alle Kulte und empfahl nur in kaiserlichen Erlassen die Annahme des christlichen Glaubens, begannen seine Söhne bereits, die Heiden zu verfolgen. 380 wurde endgültig durch die Kaiser Theodosius und Gratianus die katholische Kirche zur alleinberechtigten Staatskirche erklärt. Jeder römische Bürger mußte fortan orthodoxer Christ sein. Heidentum und «Ketzerei» galten als Staatsverbrechen (crimen maiestatis). Besuch heidnischer Tempel oder Opfer wurde mit Todesstrafe oder Verbannung belegt. Christliche Rollkommandos, Mönche, Bischöfe und Laien, stürmten und plünderten die heidnischen Kultstätten. Unermeßliche Kunstschätze wurden vernichtet; die heidnische Literatur wurde meist verbrannt. Diese innerrömische Christianisierung fand ihren Abschluß unter dem byzantinischen Kaiser Justinian I. (527 bis 565), der die Zwangstaufe befahl, die Todesstrafe erneuerte und alle Heiden und nichtkatholischen Christen für rechtlos erklärte.

Damit war endgültig das totalitäre System errichtet, das die nachfolgenden christlichen Jahrhunderte prägen sollte und dessen Spuren auch heute noch bemerkt werden können.

Im Frankenreich bildeten sich nach dem Tode Chlodwigs (511) bald staatskirchenähnliche Verhältnisse heraus. Zuerst wurden christliche Adlige am Hof bevorzugt, dann wurde der öffentliche heidnische Kult verboten, schließlich auch der heimliche. Von 626 an zwang Dagobert I. den Restbestand der nichtchristlichen Bevölkerung zur Taufe. Diese Entwicklung, die durch germanische Traditionen vom sakralen Königtum gefördert wurde, gipfelte unter den Karolingern im 8. Jahrhundert. Seit sich das Papsttum in Gestalt Stephans II. mit dem fränkischen Herrscherhaus unter Pippin verbündet hatte, übernahm der König unmittelbar die Aufgabe, für die Kirche einzutreten. Den Herrschern von Gottes Gnaden oblag fortan der Schutz der Kirche gegen Feinde von innen («Ketzer») und Feinde von außen (Heiden). Die Expansionskriege gegen die nichtchristlichen Nachbarn waren demgemäß in der Regel indirekte Missionskriege. Das unmittelbare Ziel des Kampfes, den Gegner zu unterwerfen und dem eignen Territorium einzuverleiben, wurde mit der nachfolgenden Missionstätigkeit gerechtfertigt. So machte beispielsweise Karl der Große den unterjochten Sachsen die Taufe zur Pflicht. Andernfalls drohte ihnen die Todesstrafe.

Nennt diese Alternative «Taufe oder Tod» bereits das entscheidende Merkmal der Kreuzzugsideologie, so sei doch vorweg noch erwähnt, daß bei der christlichen Mission im Mittelalter nicht immer sofort mit dem Schwert dreingeschlagen wurde. Es wagten sich auch kirchliche Sendboten in heidnisches Gebiet, das nicht zuvor unterworfen war. Aber auch in diesen Fällen wurde Druck ausgeübt. Denn die Abgesandten Christi betraten nur unter dem militärischen Schutz und im Auftrage ihrer Fürsten fremdes Territorium. (Auch Bonifatius stand im Dienste der Franken.) Daher galten die christlichen Missionare bei den Heiden zu Recht als Vorboten oder Helfer der Unterwerfung. Ein Nein zu ihrer Botschaft, zu ihrem Taufangebot, konnte einen Krieg provozieren, ein Ja ebenfalls Auftakt zur politischen und wirtschaftlichen Unfreiheit bedeuten.

Der entscheidende Grundtypus kirchlicher Auseinandersetzung mit Nichtchristen ist der Kreuzzug. Seine Ideologie, wie sie bereits Papst Gregor der Große um 600 aussprach, besagt: entweder bedingungslose Unterwerfung der Heiden unter die politische und ökonomische Herrschaft der Christen mit nachfolgender Taufe und kirchlicher Indoktrination oder – ebenfalls im Namen Gottes – Ausrottung.

Dieser Imperialismus, der hier keineswegs auch nur annähernd vollständig auf seine konkrete historisch-gesellschaftliche Verwurzelung hin untersucht und in allen Erscheinungsformen dargestellt werden kann, stieß im Mittelalter vor allem in zwei Richtungen vor: zum Vorderen Orient und nach Osteuropa hin.

Die sieben großen Orientkreuzzüge, die sich insgesamt über zwei Jahrhunderte erstreckten (1095–1270 oder 1291), waren religiös verbrämte Eroberungskriege, die vor allem den wirtschaftlichen Interessen der oberitalienischen Städte (Venedig, Pisa, Genua) sowie der politisch-ökonomischen Machtgier der Ritter, Fürsten, Könige und Päpste entsprangen. Objektiv dienten sie der kolonialen Unterwerfung und Ausbeutung der – bis dahin relativ friedlichen – Sarazenen. Die Gewinne der christlichen Waffenhändler, die selbstverständlich auch an die Mohammedaner lieferten, schnellten in die Höhe. Die Nachschublieferanten machten die größten Geschäfte ihres Zeitalters. Der Reliquienschacher blühte erneut auf. (Die Kreuzespartikel, die heute noch existieren, ergeben an Holzmenge einen kleinen Wald.) Der schwunghafte Sklavenhandel konzentrierte sich in christlichen Händen (besonders aktiv Kardinal-Legat Pelagius).

Die ahnungslosen Massen wurden von kirchlichen Demagogen aufgewiegelt: von Papst Urban II., von Peter dem Eremiten aus Amiens, von Bernhard von Clairvaux, dem «doctor mellifluus» (dem «honigtriefenden Lehrer»). Mit dem Versprechen eines völligen Sündenablasses, der die geplanten Verbrechen im voraus moralisch neutralisierte, und mit dem Ruf «Gott will es», der sie darüber hinaus rechtfertigte, wurden die Menschen zur «militia Christi» und zur «militia sancti Petri» gerufen, den verfluchten Gottesfeinden das Grabmal des Herrn zu entreißen.

Wie sahen diese frommen Pilgerfahrten, bei denen viele Teilnehmer bereits auf dem langen Anmarsch verhungert oder siech krepierten, im Heiligen Land aus? Über den Blutrausch der Kreuzfahrer bei der Eroberung Jerusalems im Jahre 1099 steht in den «Gesta Francorum» folgender Augenzeugenbericht: «Bald ... flohen alle Verteidiger von den Mauern durch die Stadt, und die Unsrigen folgten ihnen und trieben sie vor sich her, sie tötend und niedersäbelnd, bis zum Tempel Salomons, wo es ein solches Blutbad gab, daß die Unsrigen bis zu den Knöcheln im Blut wateten ... Bald durcheilten die Kreuzfahrer die ganze Stadt und rafften Gold, Silber, Pferde und Maulesel an sich; sie plünderten die Häuser, die mit Reichtümern überfüllt waren. Dann, glücklich und vor Freude weinend, gingen die Unsrigen hin, um das Grab unseres Erlösers zu verehren.»[11]

Richard Löwenherz ließ beim 3. Kreuzzug, als die Verhandlungen mit Saladin stockten, zwei- bis dreitausend muslimische Gefangene massakrieren. Die Gedärme der Leichen wurden nach verschlucktem Gold durchwühlt. Schließlich verbrannte man die Leichen, um wenigstens in der Asche Gold zu entdecken.

Auf die wechselvolle und komplexe Geschichte der Eroberung und zwangsweisen Christianisierung Osteuropas kann ich hier nicht eingehen. Bekannt ist der Wendenkreuzzug von 1147 sowie die Tätigkeit des Deutschritterordens, über den der katholische Historiker Hans Kühner zusammenfassend schreibt, daß er «nominell ein geistlicher Orden zur Missionierung heidnischer Ostprovinzen war, während es sich in Wirklichkeit um eine großkapitalistisch organisierte barbarische Militärdiktatur größten Stiles, einen ‹Staat im Staate›, handelte, dessen Hauptbeschäftigung Völkermord an Heiden war. Man kann sich das nicht deutlich genug vergegenwärtigen.»[12]

Mit dem Mittelalter endete die Zeit der Kreuzzüge nicht, wie eine weit verbreitete Ahnungslosigkeit gerne wähnt. Auch der neuzeitliche Kolonialismus und Imperialismus standen unter christlichen Vorzeichen.

Nachdem die Truppen des portugiesischen Prinzen Heinrich des Seefahrers um 1450 die Nordwestküste Afrikas erobert hatten, bestätigte Papst Nikolaus V. in seiner Bulle «Romanus Pontifex» (1454) Alfons von Portugal die unterworfenen Gebiete und ermächtigte ihn, zukünftig weitere Inseln und Länder in Afrika und «Indien» zu unterjochen und auszubeuten. Kraft seiner päpstlichen Oberhoheit über den gesamten Erdkreis, auch über die Heiden, schenke er dem portugiesischen König die bereits eroberten und noch zu erobernden Provinzen, Fürstentümer, Herzogtümer, Königreiche, Besitzungen für alle Ewigkeit. Als Entgelt für dieses ungeheuerliche Geschenk, das dem Papst nicht gehörte und das er nie gesehen hatte, forderte die Bulle die Christianisierung der besetzten Kolonialgebiete. Dieses «ius patronatus» («Missionspatronat») bedeutete, daß die portugiesische Krone die katholischen Missionare zu entsenden, zu besolden, auszurüsten und zu beschützen hatte.

Als 1492 Kolumbus in spanischem Auftrag Amerika oder, wie er vermeinte, Indien entdeckte, tauchte das Problem auf, wie die Einflußsphären zwischen Portugal und Spanien aufzuteilen seien. In der Bulle «Inter caeterae divinae» (1493) kam Papst Alexander VI. zu Hilfe: Er teilte den Erdball auf, indem er eine Linie auf der Weltkarte durch den Atlantik vom Nordpol bis zum Südpol zog (die berühmt gewordene Demarkationslinie Alexanders VI.). Der östliche Teil sollte Portugal, der westliche Spanien gehören. Auch diese Bulle, die nach dem damaligen Völkerrecht als verbindliches internationales Dokument galt, verschenkte an das Königspaar Ferdinand und Isabella von Spanien das ganze, meist noch zu entdeckende Territorium und beauftragte sie mit der Mission bei den Eingeborenen. In der Tat finanzierte die spanische Krone die katholische Mission in Amerika.

Die Methode, mit der die frohe Botschaft verbreitet wurde, läßt sich modellhaft aus der sogenannten «Konquistadorenproklamation» ersehen, die den Indianern verlesen wurde, um sie zur kampflosen Kapitulation zu bewegen. «Gott der Herr hat dem Petrus und seinen Nachfolgern die Gewalt über alle Völker der Erde übertragen, so daß alle Menschen den Nachfolgern Petri gehorchen müssen. Nun hat einer dieser Päpste die neuentdeckten Inseln und Länder (Amerikas) mit allem, was es darauf gibt, den spanischen Königen zum Geschenk gemacht, so daß also ihre Majestäten kraft jener Schenkung Könige und Herren dieser Inseln und des Festlandes sind. Ihr werdet nunmehr aufgefordert, die heilige Kirche als Herrin und Gebieterin der ganzen Welt anzuerkennen und dem spanischen Könige als eurem neuen Herrn zu huldigen. Andernfalls werden wir mit Gottes Hilfe gewaltsam gegen euch vorgehen und euch unter das Joch der Kirche und des Königs zwingen, wie es sich rebellischen Vasallen gegenüber gehört. Wir werden euch euer Eigentum nehmen und euch, eure Frauen und Kinder zu Sklaven machen. Zugleich erklären wir feierlich, daß nur ihr an dem Blut und an dem Unheil schuld seid, das dann über euch kommen wird.»[13]

Wer die unvergeßlichen Berichte des Dominikanermönches Las Casas über die «Verwüstung der Westindischen Länder» gelesen hat, weiß, was die Christenheit hier anrichtete im Goldenen Zeitalter Spaniens und Portugals: Völkermord an zwanzig Millionen Indianern. Die Eingeborenen, die nicht sofort abgeschlachtet wurden, kamen im Goldbergbau, in der Perlenfischerei und in der Plantagenwirtschaft zu Tode. Eine endlose Kette greuelvollster Verbrechen wurde verübt. Die Indios wurden gepfählt, gehängt oder langsam bei lebendigem Leibe geröstet. Hände, Füße, Ohren, Geschlechtsteile wurden ihnen abgeschnitten, und die so Verstümmelten durften weglaufen.

Was taten die mitgebrachten katholischen Priester? Sie spendeten der christlichen Soldateska die Absolution, reichten ihnen den Leib des Herrn Jesu Christi und versicherten sie erneut seiner Gunst und Gnade.

Die Christianisierung Nordamerikas durch überwiegend protestantische Gruppen (meist Kongregationalisten) vollzog sich mit nicht geringerer Grausamkeit. Neuengland wurde erobert und die Indianer wurden ausgerottet, wie einst die Israeliten das götzendienerische Kanaan in Besitz genommen hatten. Damals sprach Jahwe zu König Saul: «So ziehe nun hin, schlage Amalek und vollstrecke den Bann an ihm und allem, was er hat; schone seiner nicht, sondern töte Männer und Frauen, Kinder und Säuglinge, Rinder und Schafe, Kamele und Esel» (1. Sam. 15, 3). Dieser Wille des Vaters Jesu Christi stand auch über den verstockten Anhängern Manitus. Die Engländer handelten als Gottes auserwähltes Volk, als Nachfolger Israels, wie die anglikanischen, später die puritanischen Theologen unermüdlich gepredigt hatten.

Auch in den späteren Jahrhunderten gingen koloniale Ausbeutung und Evangeliumspredigt Hand in Hand, wie modellhaft der Opiumkrieg von 1840–1842 zeigt. In England war Opium als Rauschgift verboten, ebenso wie in China sein Genuß unter Strafe gestellt war. Da löste der britische Imperialismus – aus nackten ökonomischen Interessen – den Opiumkrieg aus und zwang China, die Einfuhr des Rauschmittels zuzulassen. Der Friede von Nanking (1842) öffnete die chinesischen Häfen für Opium – und für christliche Missionare. Wie einst in Nordamerika kein Kirchenvertreter protestiert hatte, als christliche Kaufleute skrupellos den Indianern den bisher unbekannten Alkohol verkauften, so prangerte jetzt niemand das Verbrechen des Opiumkrieges an. Im Gegenteil! Die Missionare jubelten. Ihr Gott, der selten krumme Wege scheute, öffnete offensichtlich eine große Tür für das Evangelium. Der protestantische Pfarrer Karl Gützlaff schrieb: «Mein Herz bebt mir vor großer Freude, daß nun der Weg nach China offen steht.»[14]

Der Weg der Ausbeutung konnte auch umgekehrt verlaufen. Wo zunächst nur ein Missionar wirkte, tauchten später die Händler auf, um den Eingeborenen wertlosen Plunder anzudrehen. Die Apostel der Nächstenliebe trifft an dieser Eskalation «Evangelium – finanzielle Ausplünderung – politische Unterwerfung» wie an den sonstigen Kolonialverbrechen eine doppelte Schuld: Erstens predigten sie Demut und Gehorsam und richteten die Interessen der Völker auf ein imaginäres Jenseits. Jedes Räuspern, das nach Emanzipation hätte klingen können, wurde als fleischliche Regung verteufelt. Erschütternd faßt diesen Tatbestand der Ausspruch eines Maori in Worte: «Während wir (unter dem Einfluß der Mission) zum Himmel schauten, kamen eure (der Missionare) Brüder und nahmen uns das Land weg.»[15]

Zweitens erlebten die Missionare die Greuel des Kolonialismus unmittelbar mit. Protestierten sie? Nein – sie schwiegen und genossen den militärischen Schutz der europäischen Mächte und Handelsgesellschaften. Nicht an Humanität, sondern an möglichst vielen Täuflingen waren sie interessiert.

Gehört all dies der Vergangenheit an? Der Kolonialismus der christlichen Völker hat sich inzwischen nur raffinierter getarnt («Entwicklungshilfe»), obwohl auch in der Gegenwart brutale Gewalt meist nicht zu übersehen ist. Wie die Bekennende Kirche und der katholische Klerus den Zweiten Weltkrieg als Kreuzzug gegen die gottlosen Bolschewisten unterstützt hatten, so verteidigte der amerikanische Militärbischof Kardinal Spellman (gest. 1967) den Vietnam-Krieg als Krieg für den christlichen Glauben.

Mit dem Instrumentarium der Theologie kann man jeden Krieg verherrlichen.

Die blutige Verfolgung der Juden[16]

Das Neue Testament ist mit antisemitischem Geist durchtränkt, wie bereits der kurze Überblick über die Stellung der urchristlichen Schriften zu den Heiden erkennen ließ. Denn Antisemitismus tritt nicht als isoliertes Phänomen auf. Er wird überall dort insgeheim mitgeliefert, wo – wie im Neuen Testament – die Welt in Schafe und Böcke aufgeteilt wird: in Gute, zu denen man selber gehört («Ihr seid das Licht der Welt», Matth. 5,14), und in Böse, den Rest der Menschheit. Wo der Himmel für die einen unlöslich gekoppelt erscheint mit der Hölle für die andern. Wo Hoffnung nur besteht, wenn zugleich jeder, der anders denkt, anders glaubt, anders handelt, vernichtet wird.

Die erfahrungsunfähige und denkunwillige Mentalität der urchristlichen Autoren zeigt sich in den Schablonen und Schemata, mit denen die Evangelien als Gesamtwerke und in ihren Einzelteilen komponiert sind. Als Gegner Jesu tauchen in der Regel *die* Pharisäer und Schriftgelehrten auf. Von Anfang an gelten sie als die verstockten und mordlüsternen Feinde (zum Beispiel Mark. 2,6.16; 3,6). Die Unfähigkeit, zwischen Phantasie und Realität genau zu scheiden, gipfelt im Johannesevangelium, das als Gegner Jesu die Juden – ohne jede weitere Unterscheidung – auftreten läßt.

Den Boden des latenten Antisemitismus verlassen die Evangelisten ebenfalls, wenn sie sich bemühen, die Schuld am Tode Jesu von den römischen Behörden (Pilatus) ganz auf die Juden abzuwälzen. Schon bei Markus, dem ältesten Evangelium, sträubt Pilatus sich, Jesus zu verurteilen (15, 10: «Denn er erkannte, daß ihn die Hohenpriester aus Neid überliefert hatten»). Noch eindringlicher läßt Lukas den Pilatus die Unschuld Jesu beteuern (23, 4: «Pilatus aber sagte zu den Hohenpriestern und der Volksmenge: Ich finde keine Schuld an diesem Menschen», vgl. 23, 14.20.22.25). Matthäus vollends fügte die bekannte Szene ein, wo Pilatus sich die Hände wäscht und beteuert: «Ich bin unschuldig am Blute dieses Gerechten; sehet ihr zu» (27, 24). Dann folgt jener berüchtigte Vers, der sich in den folgenden Jahrhunderten schauerlich erfüllen sollte: «Und alles Volk antwortete und sprach: Sein Blut komme über uns und unsere Kinder!» Diese Selbstverfluchung, die Matthäus infam erfand – wie die historisch-kritische Forschung längst nachgewiesen hat –, halst dem jüdischen Volk als Ganzem die Schuld am Tode des Gottessohnes auf.

Der antisemitisch zugespitzte Vorwurf des Christusmordes findet sich auch bei Paulus, der im ersten Thessalonicherbrief schreibt: «Sie haben den Herrn Jesus und die Propheten getötet und haben uns verfolgt und gefallen Gott nicht und sind gegen alle Menschen feindselig. Sie hindern uns, den Heiden zu ihrem Heil zu predigen, damit sie das Maß ihrer Sünden jederzeit voll machen. Doch das Zornesgericht ist endgültig über sie gekommen» (2, 15 f). Dieses Arsenal von Kollektivvorurteilen paßt nur zu gut zum sonstigen Wesen der paulinischen Theologie, die die Christen preist als «makellose Kinder Gottes mitten unter einem verkehrten und verdrehten Geschlecht, unter dem ihr leuchtet wie Himmelslichter in der Welt» (Phil. 2, 15).

Den unüberbietbaren Gipfel neutestamentlichen Antisemitismus stellt das Johannesevangelium dar, an dem sich besonders deutlich ablesen läßt, daß jede christliche Theologie notwendig ihren Juden, die mythische Projektion des absoluten Außenfeindes, braucht. Klarer als alle anderen Schriften durchzieht das vierte Evangelium ein strenger Dualismus, der mit den Begriffen: Licht und Finsternis, Wahrheit und Lüge, oben und unten, himmlisch und irdisch, Gott und Teufel, Freiheit und Knechtschaft, Leben und Tod operiert. Dem Licht gehört an, wer dem Offenbarer glaubt, der da sagt: «Ich bin der Weg und die Wahrheit und das Leben; niemand kommt zum Vater außer durch mich» (14, 6). Der Finsternis und der Lüge ist verfallen, wer den himmlischen Gesandten abweist, ja, wer nur nach seiner Legitimation fragt. Der entscheidende Begriff, der den Ungläubigen beigelegt wird, ist der der «Welt» – oder der der «Juden». Beides wird durchgängig austauschbar gebraucht. Die Juden stammen weder von Gott (wie Jesus und die Christen) noch von Abraham ab, sondern vom Teufel (8, 44). Als Kinder des Teufels, des Vaters der Lüge und des Menschenmörders von Anfang an, trachten sie Jesus notwendigerweise nach dem Leben.

Erich Grässer, Professor für Neues Testament an der Universität Bochum, hat die antijüdische Polemik im Johannesevangelium eingehend analysiert.[17] Er kommt zu dem Resultat, die entsprechenden Stellen seien «kein Antisemitismus irgendwelcher Provenienz»[18]. Die «Juden» seien gar nicht als historisch-empirisches Volk gezeichnet, sondern als «stilisierte Typen», die den Unglauben der Welt exemplarisch verkörperten. Die Polemik wolle nicht reale Juden verteufeln, sondern sei «ausschließlich der theologischen Reflexion unseres Verfassers entsprungen», «das Produkt einer zwangsläufigen Gedankenlogik», kurz: «einer der frühesten Versuche, den Absolutheitsanspruch des Christentums theologisch zu fixieren»[19].

Sehr richtig! Aber als Apologetik bestürzend naiv. Denn welcher Antisemitismus hätte je etwas Wesentliches mit empirischen Juden zu tun gehabt? Ob sie als Teufelskinder diffamiert oder zur minderwertigen Rasse gestempelt werden: das eine ist so mythologisch wie das andere und erwächst aus demselben Feindbedürfnis.

Bereits im Neuen Testament dienen die Juden als ein wesentlicher Bestandteil der christlichen Dogmatik: als Konkretion der Satanologie und Dämonologie.

Die altkirchlichen Apologeten setzen diese Tradition fort. Viele Schriften zeigen bereits im Titel «Adversus Iudaeos» oder «Contra Iudaeos» («Gegen die Juden») ihre Tendenz an. Das einheitliche Bestreben des Barnabasbriefes (um 130), des Justinus Martyrs «Dialog mit dem Juden Tryphon» (um 160), Tertullians Streitschrift gegen die Juden (um 200) und des Origenes Werk gegen Celsus (um 250) geht dahin, die Juden als die von Gott Verworfenen und Enterbten hinzustellen. Alle Privilegien des auserwählten Volkes sind auf das wahre Israel, die Kirche, übergegangen. Mit stupider Allegorese wird das Alte Testament zur Weissagung auf Christus drapiert und den Juden eben das vorgeworfen, was die Christen tun: sie fälschten die Heilige Schrift. Daß dabei mit den unflätigsten Schimpfworten nicht gespart wurde, versteht sich von selbst.

Epoche machten die acht Predigten des Kirchenvaters Johannes Chrysostomus («Goldmund») im Jahre 387. «Hier ist das Arsenal aller Waffen gegen die Juden bis heute versammelt. Der Jude ist: ein fleischlicher Jude, ein schlüpfriger geiler Jude, ein dämonischer Jude, ein geldgieriger Jude, ein verfluchter Jude. Der Jude ist ein Mörder der Propheten, ein Mörder Christi, ein Gottesmörder. Der Jude verehrt den Teufel. Die Juden sind Trunkenbolde, Hurer, Verbrecher.» In diesen Predigten steht auch der oft zitierte Ausspruch über die Synagoge: «Nenne einer sie Hurenhaus, Lasterstätte, Teufelsasyl, Satansburg, Seelenverderb, jeden Unheils gähnenden Abgrund oder was immer, so wird er noch weniger sagen, als sie verdient hat.»[20]

Seit der konstantinischen Wende im 4. Jahrhundert brauchte sich die christliche Wut auf alles, was anders ist, nicht mehr bloß in Worten zu entladen. Zu den Verleumdungen gesellten sich staatliche und gesellschaftliche Repressionen. Konstantin belegte jeden Übertritt zum Judentum mit schweren Strafen, und zwar nicht nur (wie der heidnische Trajan vor ihm), für den Übergetretenen selbst, sondern auch für die Gemeinde, die ihn aufnehmen wollte. Die Söhne Konstantins konfiszierten den gesamten Besitz, wenn ein Christ zum Judentum übertrat. Mischehen (zwischen Juden und Christen) waren bei Todesstrafe untersagt. Im Codex Theodosianus des Kaisers Theodosius II. (408–450) wurden die Juden von allen öffentlichen Ämtern und Würden ausgeschlossen. Der Bau neuer Synagogen wurde untersagt. Justinian im 6. Jahrhundert vollendete die Diskriminierung, indem er die Juden – wie Heiden und «Häretiker» – für rechtlos erklärte. Synagogen wurden von Staats wegen beschlagnahmt und in Kirchen verwandelt. Justinian legalisierte erstmals auch die Verbrechen, die christliche Bischöfe und Mönche, auch spätere Heilige, vielfach begingen, indem sie Synagogen niederbrannten und ausplünderten. Er befahl die erste Massenzwangstaufe an Juden, nachdem sein Feldherr Belisar die nordafrikanische Stadt Borion erobert hatte – ein schöner christlicher Brauch, der sich oft wiederholen sollte.

Von den unendlichen Leiden, die die Juden im Mittelalter in allen christlichen Ländern zu erdulden hatten, seien nur wenige besonders charakteristische Vorfälle erwähnt. 638 befahl das VI. Konzil von Toledo die Taufe aller in Spanien lebenden Juden. 694 erklärte das XVII. Konzil von Toledo alle Juden zu Sklaven. Ihr Vermögen sollte beschlagnahmt, ihre Kinder sollten vom siebten Lebensjahr an den Eltern weggenommen und später an Christen verheiratet werden. 1179 bedrohte das III. Laterankonzil alle Christen, die mit Juden zusammenlebten, mit Exkommunikation und begünstigte so die Entstehung besonderer Judenviertel (Ghetti). 1205 bezeichnete Papst Innozenz III. die Juden als «gottverdammte Sklaven», was Thomas von Aquin in seiner Schrift «De regimine Iudaeorum ad Ducissam Brabantae» theologisch begründete und praktisch ausführte: Die Päpste, Könige und Fürsten dürfen danach über das Hab und Gut der Juden wie über ihren eigenen Besitz verfügen. Das IV. Laterankonzil (1215), das die Inquisition ordnete und die Lehre von der Transsubstantiation (Verwandlung der Hostie und des Weines in Fleisch und Blut Christi) dogmatisierte, legte auch eine besondere Judentracht fest.

Ein gelber Fleck am Obergewand und eine gehörnte Kappe (pileum cornutum) sollten die verstockten Mörder Christi sinnfällig aussondern und an ihre Abstammung vom Teufel erinnern. Der Besuch christlicher

Gaststätten und Bäder wurde ihnen verboten – ebenso das Betreten der Straßen an christlichen Festtagen. Von öffentlichen Ämtern wurden sie ausgeschlossen.

Dieses Klima, in dem der Mord an Minderheiten zum guten Werk gedeihen mußte, wurde im liturgischen Vollzug der Gottesdienste und Meßfeiern immer neu mit Haß aufgeladen. Vor allem die Karfreitags- und Osterliturgie waren antijüdisch akzentuiert. Die verleumderische Fürbitte «pro perfidis Iudaeis – für die ungläubigen Juden», wobei «perfidus» den Unterton von hinterhältig hat – sowie die unterlassene Kniebeuge bei dieser Fürbitte (im Unterschied zur Kniebeuge beim Gebet für andere Menschengruppen) wurden erst vor wenigen Jahren abgeschafft (1959 und 1955). So kann es nicht verwundern, daß die Karwoche oftmals blutige Judenmassaker heraufbeschwor.

Unzählige Mysterien-, Passions- und Fastnachtsspiele, Traktate und Heiligenlegenden verhöhnten und verleumdeten die Juden. Viele mittelalterliche Bilder stellten den Teufel mit einer gebogenen Nase («Judennase») dar.

Den Juden wurde Ritualmord und Hostienfrevel vorgeworfen – Beschuldigungen, in denen jeweils ein Projektionsmechanismus waltet. Die Anklage auf Ritualmord findet sich in sehr verschiedenen Kulturen und Zeiten. Die Minderheit wird beschuldigt, sie töte Mitglieder der Mehrheit (meist Kinder) und verzehre sie in einem rituellen Mahl. Die Repression, die die Mehrheit ausübt, wird kurzerhand auf die Minderheit projiziert. Die Mär vom Hostienfrevel konnte nur in einem spezifisch christlichen Milieu entstehen. Den Juden wurde unterstellt, sie raubten geweihte Hostien, um sie zu zertreten oder zu zerstechen, Christus aufs neue zu peinigen und zu töten. Diese Anklage, die sich erst im 13. Jahrhundert nachweisen läßt, setzt das Dogma von der Transsubstantiation voraus. Insgeheim bezweifelten die Christen die Absurdität, die ihnen zugemutet wurde, und projizierten ihr eigenes Aufbegehren auf die Juden, die vom Glauben an den Wandlungsmythos ohnehin ausgenommen waren. Die verdrängten Zweifel wurden an ihnen bestraft (Extrapunitivität). Nicht zufällig errichtete dasselbe IV. Laterankonzil (1215), das die Wandlungslehre zum verbindlichen Glaubenssatz erhob, zugleich die Inquisition, um die Albigenser zu verfolgen, die an den «römischen Trug» nicht glauben wollten.

Grauenvolle Massenverfolgungen brachen über die Juden herein im Zusammenhang mit zwei großen Ereignissen. Einmal entfesselte der Kreuzzugsfanatismus den Haß gegen die «Feinde Christi» im eigenen Land. Eine weitere Serie blutiger Pogrome überkam die Verfemten während des Schwarzen Todes. Die große europäische Pestepidemie (1347 bis 1349), die Millionen hinraffte, ließ nach einem Sündenbock fahnden, da Krankheit als Strafe Gottes galt. Wer konnte das Unheil verschuldet haben? Nur die Juden. Sie hatten die Brunnen vergiftet. So umfassend wurden die Juden ausgerottet, daß die Katastrophe dieser Jahre mit den faschistischen Pogromen unter Hitler vergleichbar ist.

Ebenfalls auf den nationalsozialistischen Wahn verweist das Vorgehen der spanischen Inquisition gegen (zwangs)getaufte Juden, die Marranen. Die Neuchristen wurden verdächtigt, insgeheim weiterhin ihrem alten jüdischen Glauben anzuhangen. Alle Judenchristen wurden daher von staatlichen und kirchlichen Ämtern ausgeschlossen. Jeder Kandidat des Priesteramtes mußte einen genealogischen Nachweis führen, daß er bis in die vierte Generation dem Grundsatz der Reinheit des Blutes (limpieza de sangre) genüge, was oft unmöglich war. Daher kam es mehrfach zu Meineidprozessen vor der Inquisition, weil Marranen ihren Stammbaum gefälscht hatten und manchen Altchristen von Gegnern jüdische Herkunft angehängt worden war. Der «Arierparagraph» in bezug auf Staatsämter wurde erst 1865 aufgehoben.

Der Protestantismus war von Anfang an nicht weniger antisemitisch eingestellt als die Katholiken. Martin Luther, der in jungen Jahren noch auf eine Bekehrung der Juden gehofft hatte, entpuppte sich in seinem Alter als rabiater Judenhetzer. Willst du nicht mein Bruder sein, so schlag ich dir den Schädel ein. 1543 forderte er in seiner Schrift «Von den Juden und ihren Lügen»:

«Erstlich, daß man ihre Synagoga oder Schule mit Feuer anstecke, und was nicht verbrennen will, mit Erde überhäufe und beschütte, daß kein Mensch ein Stein oder Schlacke davon sehe ewiglich ... Zum andern, daß man auch ihre Häuser desgleichen zerbreche und zerstöre ... Zum dritten, daß man ihnen nehme alle ihre Betbüchlein und Talmudisten ... Zum vierten, daß man ihren Rabbinern bei Leib und Seele verbiete, hinfort zu lehren ..., daß man ihnen verbiete, bei uns und dem Unsern öffentlich Gott zu loben, zu danken, zu beten, zu lehren, bei Verlust Leibes und Lebens ... Und nochmals, daß ihnen verboten werde, den Namen Gottes vor unsern Ohren zu nennen ..., der Juden Maul soll nicht wert gehalten werden bei uns Christen, daß es Gott sollte vor unsern Ohren nennen, sondern, wer es von den Juden hört, daß er's der Oberkeit anzeige oder mit Saudreck auf ihn werfe ... Zum fünften, daß man den Juden das Geleit und Straße ganz und gar aufhebe ... Zum sechsten, daß man ihnen den Wucher verbiete und nehme ihnen alle Barschaft und Kleinode an Silber und Gold, und lege es beiseite zu verwahren ... Zum siebten, daß man den jungen, starken Juden und Jüdinnen in die Hände gebe Flegel, Axt, Spaten ... und lasse sie ihr Brot verdienen im Schweiße der Nasen ...»[21]

Nicht zu Unrecht berief sich Julius Streicher, der Herausgeber der Nazizeitung «Der Stürmer», vor dem internationalen Militärgerichtshof in Nürnberg 1946 auf den Reformator.

Die Geschichte des christlichen Antisemitismus in der Neuzeit setzt die bisher geschilderte Richtung fort. Immer erneut wurde den Juden Hostienfrevel und Ritualmord vorgeworfen. Wie stets schürte die kirchliche Predigt bewußt oder unbewußt Judenhaß. Willkürlich seien einige Tatsachen erwähnt. 1819 kam es in Deutschland zu umfangreichen Pogromen, die von christlichen Parolen begleitet waren. «Fremdkörper» sollten im christlich-germanischen Reich nicht geduldet werden. Papst Leo XII. (1823–1829) sperrte die Juden des Kirchenstaates wieder ins Ghetto und unterwarf sie erneut der Inquisition. 1892 verteidigte der protestantische Berliner Hofprediger Adolf Stöcker vor dem Reichstag die Ritualmordlegende. 1923 forderte der Cartellverband (CV) der katholischen farbentragenden deutschen Studentenverbindungen für alle Mitglieder den Nachweis arischer Großeltern.

Der bisher größte antisemitische Exzeß der Menschheitsgeschichte, den das Christentum mitverursacht hat, raffte etwa sechs Millionen Juden dahin. Adolf Hitler, Hauptexponent des deutschen Faschismus, war katholischer Christ. Er trat nie aus der Kirche aus und wurde auch nie exkommuniziert. Sein Buch «Mein Kampf» erschien nie auf dem «Index librorum prohibitorum», auf den bis vor kurzem alle Schriften gesetzt wurden, die in Glaubens- und Sittenfragen der katholischen Lehre widersprechen. Offensichtlich widersprachen Hitlers politische Anschauungen nicht der katholischen Sittenlehre.

Am 26. April 1933 führte er ein Gespräch mit Bischof Berning und Monsignore Steinmann. «Thema: gemeinsamer Kampf gegen Liberalismus, Sozialismus, Bolschewismus. Sehr freundlicher Ton dieses Gespräches. Hitler erklärt dabei auch, daß er gegen die Juden nichts tue als das, was die Kirche in 1500 Jahren gegen sie getan habe. Kein Widerspruch der Prälaten der Kirche! Hitler bekennt sich hier als Katholik und sagt: Auseinandersetzungen mit Polen stehen bevor, wir brauchen gehorsame Soldaten – deshalb religiöse Schulen!»[22]

Von Anfang an bis zum mißglückten Endsieg 1945 stützten die Kirchen Hitler in allen wesentlichen Fragen ideologisch. Ihre Proteste im sogenannten Kirchenkampf, der heute heroisiert wird, bezogen sich – mit einer Ausnahme, dem Euthanasieprogramm – ausschließlich auf Hitlers Religionspolitik, die die Privilegien der Kirchen beschnitt (zum Beispiel Entfernung der Kruzifixe aus bayerischen Schulen). Die Kirchen protestierten *nicht* gegen die Beseitigung des demokratischen Rechtsstaates mit Presse-, Rede- und Versammlungsfreiheit. Sie protestierten *nicht* gegen die unzähligen Justizmorde an Kommunisten und Liberalen. Sie protestierten *nicht* gegen die KZ, die bereits 1933 errichtet wurden. Sie protestierten *nicht* gegen die Überfälle auf Österreich, die Tschechoslowakei, Polen, Dänemark, Norwegen, Belgien, Holland, Frankreich, Jugoslawien und die Sowjetunion. Im Gegenteil! Bis 1945 wurde der göttliche «Lenker der Schlachten» in allen Gottesdiensten um Segen für den Führer und sein Menschenmaterial angefleht.

Auch gegen die nationalsozialistische Judenpolitik leisteten die Kirchen *keinen* Widerstand, wenn man nicht einige wenige karitative Einzelaktionen (zum Beispiel «Büro Pfarrer Grüber») zu solchem aufbauschen will. Der staatliche Arierparagraph wurde hingenommen und vielfach auf kirchliche Funktionäre übertragen. Tausende von Pfarrämtern leisteten der Mordmaschinerie Handlangerdienste, indem sie auf Grund ihrer Kirchenbücher die Ariernachweise für die Nichtjuden erbrachten und damit zwangsläufig diejenigen ans Messer lieferten, die nicht zur Herrenrasse zählten. Setzte sich eine protestantische Minderheit, die Bekennende Kirche, wenigstens für die getauften und in Mischehen lebenden Juden ein (wenn auch nicht für die mosaischen und säkularisierten Juden), so schlossen die Deutschen Christen auch getaufte Juden aus ihren Reihen aus. Am 17. 12. 1941 veröffentlichten die Landesbischöfe und Landeskirchenpräsidenten von Sachsen, Mecklenburg, Schleswig-Holstein, Anhalt, Thüringen und Lübeck folgende Erklärung:

«Die nationalsozialistische deutsche Führung hat mit zahlreichen Dokumenten unwiderleglich bewiesen, daß dieser Krieg in seinen weltweiten Ausmaßen von den Juden angezettelt worden ist. Sie hat deshalb im Innern wie nach außen die zur Sicherung des deutschen Lebens notwendigen Entscheidungen und Maßnahmen gegen das Judentum getroffen.

Als Glieder der deutschen Volksgemeinschaft stehen die unterzeichneten deutschen Evangelischen Landeskirchen und Kirchenleiter in der Front dieses historischen Abwehrkampfes, der u. a. die Reichspolizeiverordnung über die Kennzeichnung der Juden als der geborenen Welt- und Reichsfeinde notwendig gemacht hat, wie schon Dr. Martin Luther nach bitteren Erfahrungen die Forderung erhob, schärfste Maßnahmen gegen die Juden zu ergreifen und sie aus deutschen Landen auszuweisen.

... Durch die christliche Taufe wird an der rassischen Eigenart eines Juden, seiner Volkszugehörigkeit und seinem biologischen Sein nichts geändert. Eine deutsche Evangelische Kirche hat das religiöse Leben deutscher Volksgenossen zu pflegen und zu fördern. Rassejüdische Christen haben in ihr keinen Raum und kein Recht.

Die unterzeichneten deutschen Evangelischen Kirchen und Kirchenleiter haben deshalb jegliche Gemeinschaft mit Judenchristen aufgehoben.»[23]

Nach dem Zweiten Weltkrieg stellte sich bei etlichen Christen ein gewisses Schuldbewußtsein gegenüber den Juden ein. Wie jedoch die Entstehungsgeschichte[24] der – alles in allem dürftigen – Judenerklärung auf dem II. Vatikanischen Konzil exemplarisch zeigt, lebt ein bornierter Antisemitismus bei vielen Theologen und Christen fort.

Kann es anders sein, wenn der christlichen Dogmatik ein Feindbedürfnis innewohnt?

Die blutige Verfolgung der Christen untereinander[25]

Bereits in der palästinensischen Urgemeinde mit ihrem Zentrum in Jerusalem zerfielen die Christen in verschiedene Gruppen, die sich gegenseitig bekämpften. Die literarisch ältesten Spuren dieser inneren Zerrissenheit des Urchristentums sind die Briefe des Apostels Paulus, die fast alle gegen irgendwelche «Häretiker», Christen mit anderen theologischen Vorstellungen, polemisierten. Sein heftigster Kampf galt dem rechten Flügel der Jerusalemer Urgemeinde, der in Galatien eine Gegenmission gegen den Heidenapostel begonnen hatte. Wie verhielt sich Paulus zu den Mitchristen? Er warf ihnen unlautere Motive vor (Gal. 4, 17; 6, 13), nannte sie «Falschbrüder» (2, 4), die ein «anderes Evangelium» predigten (1, 8). Ja, er schleuderte das Anathema, den Fluch über sie (1, 8), gab sie dem eschatologischen Richterzorn Gottes preis.

Der zweite Korintherbrief des Paulus springt mit den christlichen Gegnern ebenso unsanft um. Er schimpft sie «falsche Apostel, betrügerische Arbeiter, die sich in Apostel Christi verkleiden. Und das ist kein Wunder; denn der Satan selbst verkleidet sich in einen Engel des Lichts. Es ist also nichts Besonderes, wenn auch seine Diener sich verkleiden als Diener der Gerechtigkeit; und ihr Ende wird ihren Werken gemäß sein» (11, 13–15).

Die Verteufelung des Binnenfeindes hebt also bereits im Neuen Testament selber an. Daß die Christen sich gegenseitig während der ersten vier Jahrhunderte zunächst nur mit Worten in die Hölle beförderten, lag lediglich an den fehlenden Machtmitteln. Als aber die Kaiser Theodosius und Gratianus die zahlenmäßig stärkste christliche Gruppe, die Katholiken, zur Staatskirche erhoben (Religionsedikt vom 28. Februar 380), war «Häresie» zum Staatsverbrechen geworden. In dem Gesetz heißt es: «Wir befehlen, daß diejenigen, welche dieses Gesetz befolgen, den Namen ‹katholische Christen› annehmen sollen; die übrigen dagegen, die wir für toll und wahnsinnig erklären, haben die Schande zu tragen, Ketzer zu heißen. Ihre Zusammenkünfte dürfen sich nicht als Kirchen bezeichnen. Sie müssen zuerst von der göttlichen Rache getroffen werden, sodann auch von der Strafe unseres Zornes, wozu wir die Vollmacht dem himmlischen Urteil entlehnen.»[26]

Augustin lieferte unter Hinweis auf ein Gleichniswort in den Evangelien (Luk. 14, 23) – «cogite intrare! – zwingt sie hereinzukommen!» – die theologisch allseitig abgesicherte Rechtfertigung staatlicher Zwangsmittel gegen christliche Minderheiten. Im Kampf gegen die nordafrikanischen Donatisten (um 400) entwickelt er die Lehre: Die Christen verfolgen aus Liebe, die Gottlosen aus Grausamkeit. Ein Krieg, der geführt wird, um die Einheit der Kirche zu bewahren oder wiederherzustellen, ist ein «bellum deo auctore – ein Krieg, den Gott selber führt».

Der erste einzelne Christ, der von anderen Christen wegen theologischer Differenzen hingerichtet wurde, war der Spanier Priscillian. Auf Initiative katholischer Bischöfe wurde er 385 in Trier mit dem Schwert enthauptet, weil er die Trinitätslehre und die Auferstehung leugnete.

Bis ins hohe Mittelalter wurden meist nur Einzelgänger wegen abweichender religiöser Anschauungen gehängt oder verbrannt. Die systematische Verfolgung christlicher Nonkonformisten begann erst, als aus den Einzelgängern Gruppen wurden. Gruppen, die in manchen Gegenden die Katholiken zahlenmäßig sogar weit übertrafen. Wollte sie ihren Bestand nicht gefährden, durfte die römische Feudalkirche keine innere Opposition dulden. Jede Kritik an den skandalösen Praktiken der Hierarchie wie auch jede Abweichung von der amtlichen Glaubenslehre mußte rigoros ausgemerzt werden. So entstand – in einem komplizierten historischen Prozeß, der hier im einzelnen nicht zu interessieren braucht – die Inquisition, eine der grausigsten Terrormaschinerien, die die Erde je gesehen hat. Der protestantische Kirchenhistoriker Walter Nigg schreibt über sie: «Der Behauptung, daß es nicht so schlimm gewesen sei, muß geantwortet werden: Doch, es war schlimm, so schlimm, daß es schlimmer nicht hätte sein können!»[27]

Die Inquisition – eine kirchliche, keine staatliche Einrichtung – oblag zunächst den Bischöfen und ihren Synoden, die in jeder Pfarrei einige Laien beauftragten, «Ketzer» aufzuspüren (so auch noch auf dem IV. Laterankonzil 1215). Als die Kirche auf diese Weise jedoch nicht «gesäubert» werden konnte, wandelte schließlich Papst Gregor IX. die Inquisition zu einer zentral gelenkten Institution der Kurie um und übertrug sie (1232) den Dominikanern («domini canes – Hunde des Herrn», wie der Volksmund den Namen deutete). Hatte der «doctor angelicus» (der «engelgleiche Lehrer») der katholischen Kirche, Thomas von Aquin, Sklaverei und Antisemitismus gerechtfertigt, so legitimierte er auch die Todesstrafe für «Häretiker». Wie Falschmünzer von den weltlichen Fürsten zu Recht hingerichtet würden, so auch die Irrlehrer, die eine ansteckende seelenverderbende Krankheit verbreiteten.

Die Inquisition kündete in der Regel ihren Besuch in jeder Stadt vorher an, damit das Volk sich zur gegebenen Zeit einfinden konnte. Wer nicht erschien, auf den fiel von vornherein schwerer Verdacht. Das Verlassen des Ortes war verboten; eine Art Ausnahmezustand war verhängt. Jeder Katholik war zur Denunziation «irrgläubiger» Christen verpflichtet. (Bereits in den Zeiten der bischöflichen Inquisition hatte jeder Gläubige Ketzerverfolgung schwören und diesen Eid alle zwei Jahre wiederholen müssen.) Eltern mußten ihre Kinder, Kinder ihre Eltern, die Ehegatten sich gegenseitig verraten. Wer es nicht tat, machte sich mitschuldig. Anonyme Zuschriften wurden mit Vorliebe benutzt.

Der Ketzerprozeß begann mit der Verhaftung. Der Beschuldigte galt von vornherein als schuldig. In einem Kerker wurde er in Ketten gelegt. Sakramente wurden ihm vorenthalten. Dem Inquisitor, der Ankläger, Richter und Beichtvater in einer Person war, mußte der Angeklagte gleich zu Beginn schwören, allen Geboten der Kirche zu folgen, alle Fragen wahrheitsgemäß zu beantworten, alle Mitketzer zu verraten und jede Buße willig auf sich zu nehmen. Ein Verteidiger in dem Verfahren war nicht gestattet. Es hätte sich auch kaum jemand gefunden, da er selber als häresieverdächtig erschienen wäre.

Gestand das Opfer freiwillig seine verbrecherischen Gedanken und Praktiken, blieb ihm viel erspart. Legte der Angeklagte kein Geständnis ab, wurde die Folter angewandt, die Papst Innozenz IV. in der Bulle «Ad Extirpanda» (1252) geboten und deren Gebrauch er im kanonischen Recht geregelt hatte.

«Man schleppte den Ketzer in die Folterkammer, wo ihm alle furchtbaren Marterwerkzeuge anschaulich vor Augen geführt wurden. Legte er angesichts dieser schauderhaften Geräte auch dann immer noch nicht das erforderliche Geständnis ab, wurde mit der Prozedur begonnen, langsam und stufenweise ... Drei- und vierstündige Folterungen waren nichts Ungewöhnliches. Während der Tortur wurde die Folter mehrmals mit Weihwasser besprengt. Zahllos waren die entsetzlichen Mittel, welche bei der Prozedur in Anwendung kamen und die alle nur den Zweck verfolgten, das Opfer zermürbt zur Strecke zu bringen ... Damit die Folterknechte nicht durch das wahnsinnige Schreien der Gemarterten irritiert wurden, stopfte man dem Opfer ein Tuch in den Mund. Mit solchen Mitteln folterte man die Ketzer stundenlang, bis der Körper eine einzige geschundene, zerquetschte, zerbrochene und blutende Masse war. Von Zeit zu Zeit fragte man den Gemarterten wieder, ob er endlich bekennen wolle. Die meisten Ketzer gestanden nun, übermannt von unsäglichen Schmerzen, halb irrsinnig vor Qualen, alle beliebigen Auskünfte, welche die Inquisitoren nur zu hören begehrten ...»[28]

Geständigen und bereuenden «Ketzern» war die Kirche gnädig, indem sie sich mit irdischen Strafen begnügte. Beliebt war die Geißelung. Der Büßer mußte jeden Sonntag mit einem Stock in der Meßfeier erscheinen, und der Priester prügelte ihn in Gegenwart der Gemeinde vor dem Altar durch. Gerne wurden auch Geldstrafen verhängt. Meist wurde das gesamte Hab und Gut des Reumütigen kassiert und floß in die Taschen des Inquisitionsgerichtes, das davon seinen Lebensunterhalt bestreiten mußte. Der katholische Kirchenhistoriker Hans Kühner schreibt, daß die Inquisition «mindestens in der Hälfte aller Fälle um der nackten Selbstbereicherung willen»[29] in Gang gesetzt wurde. Namentlich die spanische Inquisition war ein Instrument klerikaler Ausbeutung und nahm sich mit Vorliebe der wohlhabenden Marranen (Judenchristen) an.

Als milde Strafe für reuige «Ketzer» galt, wenn sie lange Pilgerfahrten (oft bis nach Palästina) zu Fuß durchführen mußten. Andere Büßer erhielten das sogenannte lebendige Grab. In einem winzigen fensterlosen Verlies wurden sie auf Lebenszeit angeschmiedet.

Für hartnäckige und rückfällige «Ketzer» hielt die Gemeinde Jesu Christi nur eine Strafe bereit: Verbrennen bei lebendigem Leibe (seit 1231 auf päpstliche Anordnung). Allerdings wurden gelegentlich auch Tote verbrannt. Dann nämlich, wenn ihre Irrlehre erst nach ihrem Ableben ruchbar wurde. So wurde Amalrich von Bena, der 1206/07 gestorben war, 1210 exhumiert und dann verbrannt. Mit der Verbrennung und Zerstreuung der Asche sollte eine Auferstehung am Jüngsten Tage verhindert werden, so daß der «Irrlehrer» in alle Ewigkeit bestraft war. (Matth. 16, 19: «Ich will dir die Schlüssel des Himmelreiches geben; und was du auf Erden binden wirst, das wird in den Himmeln gebunden sein, und was du auf Erden lösen wirst, das wird in den Himmeln gelöst sein.»)

Allerdings verbrannte die Kirche selber keine «Ketzer» – gemäß dem Grundsatz des kanonischen Strafrechtes: «Ecclesia non sitit sanguinem – die Kirche dürstet nicht nach Blut.» Aber dieser Satz ist zynischster Zynismus. Denn wenn die staatliche Behörde einen Menschen nicht hätte verbrennen wollen, so wäre sie ohne weiteres der Exkommunikation verfallen. Außerdem galt die Verbrennung eines «Häretikers» als verdienstlicher Akt. Wer Holz für den Scheiterhaufen herbeischleppte, erhielt einen vollkommenen Sündenablaß.

Autodafés wurden in der Regel auf Sonn- und Festtage gelegt, um möglichst viele Zuschauer heranziehen zu können. Besondere Reiter luden im umliegenden Gebiet zu dem Schauspiel ein. Für Fenster mit Sicht auf den Scheiterhaufen wurden hohe Preise gezahlt. Während die Nationalsozialisten ihre Opfer wenigstens vorher vergasten, bevor sie sie verbrannten, gaben die Inquisitoren sie lebendig dem Feuer preis. Nur wenigen wurde die besondere Gnade zuteil, vorher erwürgt zu werden. Meistens wurden sie lebendig an einen Pfahl gebunden, der hoch genug über den Holzhaufen ragte, damit die versammelten Gläubigen jede Phase des Todeskampfes verfolgen konnten. Je nach der Windrichtung erstickte das Opfer bald oder mußte miterleben, wie es langsam verbrannte. Brachen die Gepeinigten in wahnsinniges Gebrüll aus, stimmte die christliche Menge den Hymnus an: «Großer Gott, wir loben dich!»

In Auschwitz wurden die Häftlinge zu Operettenklängen in die Gaskammern getrieben. Ob hier mehr Zynismus waltete als bei den kirchlichen Exekutionen? In dem Buch von Kurt Rossa «Todesstrafen. Ihre Wirklichkeit in drei Jahrtausenden» steht der bemerkenswerte Satz: «Wer alles von uns Christen wissen will, lese die Bergpredigt, wer mehr von uns wissen will, eine Geschichte der Todesstrafen.»[30]

Die Inquisition, die im päpstlichen Kirchenstaat bis zu dessen Auflösung (1870) bestand, brachte jahrhundertelang über unzählige Menschen unsägliches Grauen. Zahlen besagen wenig und sind auch schwer zu errechnen, da in die Inquisitionsarchive des Vatikans niemand Einblick erhält. Immerhin weiß man, daß in Sevilla (Spanien) im 15. Jahrhundert während vierzig Jahren viertausend Menschen verbrannt, dreißigtausend zu anderen schweren Strafen verurteilt wurden. In Guadelupe wurden (bei dreitausend Einwohnern) in dem einen Jahr 1485 dreiundfünfzig Menschen lebendig verbrannt, dazu sechsundvierzig exhumierte Leichname. Sechzehn Personen wurden zu ewigem Kerker verdammt, weitere auf die Galeeren geschickt. Thomas de Torquemada, ein spanischer Großinquisitor (gestorben 1498), beförderte 10 220 Menschen auf den Scheiterhaufen und 97 371 auf die Galeeren.

Die Inquisition war nicht das einzige Instrument, mit dem Christen andere Christen zu Tode brachten. Wo Einzelaktionen nicht mehr ausreichten, wurden Kriege geführt. 1209 rief Innozenz III. zum Kreuzzug gegen die Katharer (Albigenser) in Südfrankreich auf, nachdem alle Verbote oder Bekehrungsversuche (meist durch Zisterziensermönche) nichts gefruchtet hatten. Allen katholischen Teilnehmern wurde die ewige Seligkeit verheißen, dem französischen König und Adel darüber hinaus die Herrschaft über das albigensische Gebiet, die reiche Grafschaft Toulouse und die blühende Provence. In einem – an Greueln überreichen – Ausrottungsfeldzug, der insgesamt 120 Jahre dauerte, wurde daraufhin das Land verheert. Nach dem ersten Friedensschluß 1229 setzte der Papst für jeden weiteren lebend oder tot herbeigebrachten «Ketzer» eine Prämie von zwei Silbermark aus.

Ein weiteres Beispiel für blutigste Kämpfe der Christen untereinander lieferten die Hussitenkriege in der ersten Hälfte des 15. Jahrhunderts. Als Johannes Hus auf dem Konzil in Konstanz 1415 wegen «Häresie» verbrannt worden war, erhoben sich seine tschechischen Anhänger gegen die römische Kirche. Die Päpste Martin V. und Eugen IV. predigten daraufhin einen Kreuzzug. Eine Blutorgie löste die andere ab. Man demonstrierte sich gegenseitig die Rechtgläubigkeit, indem den Katholiken Kreuze, den Hussiten Kelche in die Stirn geschnitten wurden. Ganze Dörfer und Städte wurden leergeschlachtet. Die Technik der verbrannten Erde wurde geübt.

Der Protestantismus in seinen beiden Hauptströmen der Lutheraner einerseits und der Kalvinisten und Zwinglianer andererseits trat von Anfang an nicht weniger intolerant auf als der Katholizismus. Meist unterlegten die Reformatoren den überkommenen Praktiken nur neue theologische Begründungen. Luthers Kampf gegen die katholische Kirche stand nicht im Zeichen individueller Gewissensfreiheit. Sein berühmtes Bekenntnis im April 1521 auf dem Wormser Reichstag – das sich in den wohl legendären Worten niedergeschlagen hat «Hier stehe ich.

Ich kann nicht anders. Gott helfe mir. Amen» – proklamiert alles andere als das Menschenrecht auf Glaubens- und Gewissensfreiheit. Luther kämpfte gegen die Autorität des Papstes im Namen einer noch höheren Autorität, der des Wortes Gottes, der Bibel. Dieser objektiv vorhandenen Instanz sich zu unterwerfen, machte für ihn die Freiheit des Gewissens aus.

Kirche und Staat verfilzten sich in den protestantischen Territorien enger als je, da Luther den Landesfürsten das Kirchenregiment übertrug. Aus der Pflicht der Obrigkeit, Aufruhr zu verhindern und für Ruhe und Ordnung zu sorgen, wurde die Notwendigkeit abgeleitet, nur *eine* Religion in ihrem Gebiet zu dulden. Außerdem war die Obrigkeit für das Seelenheil ihrer Untertanen verantwortlich und mußte den richtigen Gottesdienst, den die erste Tafel der Zehn Gebote fordert, mit dem Schwert erzwingen.

1527 verordnete die kursächsische Visitatoreninstruktion, an der Luther mitgearbeitet hatte, daß Andersgläubige auswandern mußten. 1531 stimmte Luther einem Gutachten Melanchthons zu, das die Todesstrafe für die Täufer forderte. 1536 begründete er gegenüber dem hessischen Landgrafen Philipp das prinzipielle Recht der Todesstrafe für alle «Ketzer». Als Gotteslästerer, die gegen gemeinchristliche Lehren aufträten und die öffentliche Ordnung störten, dürften sie nicht geduldet werden.

Auch Huldreich Zwingli ging gegen «Ketzer» mit der Todesstrafe vor. Am 5. Januar 1527 wurde beispielsweise der Täufer Felix Manz vom Rat der Stadt Zürich, den Zwingli unterstützte, zum Tode verurteilt und in der Limmat ersäuft.

Daß auch im Genf Kalvins rigoroser Dogmenzwang herrschte, ist bekannt. Am 27. Oktober 1553 wurde der spanische Arzt Michael Servet lebendig verbrannt, weil er die Trinitätslehre bekämpfte. Kalvin hatte 1545/46 mit Servet über dogmatische Fragen korrespondiert, den Briefwechsel jedoch empört abgebrochen, als der Spanier auf seiner Ansicht beharrte, die Trinitätslehre sei unbiblisch. Bereits damals drohte Kalvin, daß Servet, wenn er jemals Genf betreten sollte, die Stadt nicht lebend wieder verlassen würde. Anfang des Jahres 1553 gab er der katholischen Inquisition in Vienne, dem Wohnort Servets, einen Wink. Auf der Flucht nach Italien wurde er in Genf gefangen und auf Betreiben Kalvins hingerichtet.

In den folgenden Jahrhunderten befehdeten die Protestanten sich untereinander mit einer Brutalität, die hinter der der Katholiken nicht zurückstand. Melanchthons Schwiegersohn beispielsweise, Kaspar Peucer, der Leibarzt des Kurfürsten August von Sachsen, wurde wegen «Kryptokalvinismus» zwölf Jahre lang eingekerkert und von den lutherischen Inquisitoren mit glühenden Zangen gezwickt, damit er widerrufen solle. Sein Gesinnungsgefährte, Kanzler Cracov, wurde im Kerker zu Tode gefoltert. Die holländischen Kalvinisten brachten 1619 den Advokaten Johann von Oldenbarneveldt aufs Schafott, weil er mit den Arminianern die strenge Lehre von der doppelten Prädestination verwarf und lehrte, Christus sei zur Erlösung aller Menschen gestorben.

Wie diese drei Vorfälle bereits symptomatisch erkennen lassen, waren auch die protestantischen Territorien religiös totalitär verfaßt. Oft wurde der sonntägliche Kirchenbesuch mit Polizeistrafen von den Untertanen erzwungen. Die Küster mußten mit langen Stöcken durch die Reihen gehen und darüber wachen, daß niemand bei der Predigt einschlief.

Gegenüber dem Aufkommen und Erstarken der neuen lutherischen und reformierten «Ketzereien» konnte der Katholizismus nicht untätig bleiben. Papst Paul IV. (1555–1559) machte die nach spanischem Muster reorganisierte Inquisition zu seiner Lieblingsbehörde und stieß den Schwur aus: «Selbst wenn mein eigener Vater Häretiker wäre, würde ich das Holz zusammentragen, um ihn verbrennen zu lassen.»[31]

Spanien und Italien wurden auf diese Weise rasch von allen Protestanten «gesäubert». In Frankreich wüteten die Hugenottenkriege, wobei allein in der Bartholomäusnacht 1572 einige Tausend Protestanten massakriert wurden. Papst Pius V. ließ vor Freude eine Festmedaille prägen, die auf der Vorderseite einen Engel zeigte, der einen Hugenotten schlachtet, und auf der Rückseite sein eigenes Bild trug.

Der Höhepunkt der Religionskriege war mit dem Dreißigjährigen Krieg erreicht, der ganz Europa in Mitleidenschaft zog. Als 1648 dem sinnlosen Morden ein Ende gesetzt werden sollte, protestierten die weitaus meisten lutherischen Theologen gegen den geplanten Frieden, weil die Kalvinisten als gleichberechtigt anerkannt werden sollten. Fast wäre es ihnen geglückt, den Abschluß zu vereiteln. Auch Papst Innozenz X. wetterte in einer besonderen Bulle «Zelo domus dei» gegen den Friedensschluß.

Gehören die Religionskriege der Christen untereinander der Vergangenheit an? Leider nicht, wie das Beispiel des klerikalfaschistischen Kroatien in den Jahren 1941–1944 beweist. In dieser Zeit wurden von der katholisch-faschistischen Bewegung der Ustaschis etwa 240 000 serbisch-orthodoxe Christen gewaltsam zum römischen Katholizismus bekehrt und 750 000 bestialisch umgebracht. Von Anfang an arbeiteten der katholische Klerus und die Ustascha-Bewegung eng zusammen. Erzbischof Stepinac, der 1942 vom Vatikan zum Militärvikar der Ustaschis ernannt wurde, saß mit zehn seiner Geistlichen im Ustascha-Parlament. Priester arbeiteten als Polizeichefs und Offiziere in der Leibwache Pavelićs, des kroatischen Staatsoberhaupts. Nonnen hoben den Arm zum faschistischen Gruß und marschierten bei Paraden unmittelbar hinter den Soldaten. Die Busen von Äbtissinnen waren oft mit Ustascha-Orden geschmückt. Die Franziskaner, deren Klöster schon seit langem als Waffenlager gedient hatten, trieben es am grausamsten. Mehrere Mönche und Patres übernahmen Henkerposten in den rasch eingerichteten KZ, wo die serbischen Orthodoxen massenweise enthauptet wurden. Die Massaker waren so grauenvoll, daß selbst die verbündeten deutschen Faschisten protestierten. Auch Petitionen an den Vatikan wurden eingereicht. Aber Papst Pius XII. schwieg, wie er über Auschwitz schwieg. Erst 1953 brach der Stellvertreter Christi sein Schweigen, indem er Erzbischof Stepinac, der als einer der Hauptschuldigen vom jugoslawischen Obersten Volksgericht zu sechzehn Jahren Zwangsarbeit verurteilt worden war, wegen seiner «großen Verdienste» mit der Kardinalswürde auszeichnete.

Die Verteufelung der Sexualität und die Diffamierung der Frauen [32]

Die ideologische Basis der triebfeindlichen christlichen Sexualmoral, die größtes Unheil hervorgebracht hat und noch hervorbringt, liegt im Neuen Testament. Nach den Evangelien lehrte Jesus: «Denn wenn sie von den Toten auferstehen, heiraten sie nicht und werden nicht verheiratet, sondern sind wie Engel in den Himmeln» (Mark. 12, 25). Sexualität gehört zur alten sündhaften Welt, die jetzt vergeht. Sie wird überwunden und bleibt zurück. Im Bereich der ungehinderten Gottesherrschaft, wo menschliches Leben sich erfüllt, haben geschlechtliche Freuden keinen Ort, weshalb sich bereits jetzt einige um des Himmelreiches willen selber verschneiden (Matth. 19, 12). Bestehende Ehen müssen entweder um Christi willen preisgegeben werden (Matth. 19, 29) oder werden – mit dem kategorischen Scheidungsverbot (Mark. 10, 11 f) – zum lebenslänglichen Gefängnis vermauert, weshalb bereits ein begehrlicher Blick für die Hölle reif macht (Matth. 5, 28 f).

Auch Paulus disqualifiziert die sexuelle Sphäre. Sein Satz, «daß Fleisch und Blut das Reich Gottes nicht ererben kann» (1. Kor. 15, 50), ist einer der menschenfeindlichsten Sätze des ganzen Neuen Testamentes. Unser Leib, ein «Leib der Niedrigkeit» (Phil. 3, 21), wird vergehen, unseren Bauch wird Gott zunichte machen (1. Kor. 6, 13). In der Ewigkeit gibt es nicht mehr Mann oder Frau (Gal. 3, 28). Bei der Auferstehung werden die Gläubigen mit einem asexuellen Leib aus ätherischer Himmelssubstanz überkleidet werden (1. Kor. 15, 42 ff; 2. Kor. 5, 1 ff). Wer alles real Körperliche derart verhöhnt und erniedrigt, behauptet natürlich, daß es «für den Menschen gut (sei), keine Frau zu berühren» (1. Kor. 7, 1). Am besten blieben alle Menschen unverheiratet (1. Kor. 7, 7.26).

Da einige «es» aber leider nicht lassen können, sei ihnen die Ehe als befristete Lizenz gestattet. Jeder Koitus, der nicht durch einen Ehekontrakt als das kleinere Übel legalisiert wurde, gilt als Unzuchtssünde, die Gott ewig strafen wird. Nichtehelichen Geschlechtsverkehr verfemt Paulus bezeichnenderweise nicht etwa deshalb, weil vielleicht die Gefahr bestünde, sich gegenseitig als austauschbares Lustobjekt und Instrument der eigenen Triebbefriedigung zu verdinglichen. Derlei humane Gedanken liegen dem Apostel völlig fern. «Der Unzüchtige sündigt gegen seinen eigenen Leib» (1. Kor. 6, 18), meint Paulus egozentrisch und deutet bereits an, daß auch die Ehe für ihn nicht durch persönliche Liebe begründet wird. Die Ehe dient lediglich dazu, den leider bei manchen noch unwiderstehlichen Geschlechtstrieb auf legale Weise abzureagieren, weshalb einer dem andern die «schuldige (eheliche) Pflicht» (1. Kor. 7, 3) leisten soll.

Im übrigen fordert Paulus, daß «auch die, welche Frauen haben, so seien, als hätten sie keine» (1. Kor. 7, 29). Ehe ist das freudlose Bordell in der eigenen Wohnung, so daß später Tertullian konsequent auch den Verzicht auf die Ehe proklamierte, da sie auf dem gleichen Akt beruhe wie die Hurerei.

Wer den Sexus schmäht, sieht in der Regel auch die Frauen als minderwertige Wesen an. In der Tat teilt das gesamte Neue Testament den überkommenen jüdischen Patriarchalismus, der den Frauen keine Ebenbürtigkeit zugesteht. Jesus, so wie ihn die Evangelien schildern, behandelte sie als Menschen zweiter Klasse, indem er sich zwar von ihnen bedienen und mit Geld versorgen ließ (Mark. 14, 3–9; Luk. 7, 36–50; 8, 1–3; 10, 38–42), aber keine in den entscheidenden Zwölferkreis aufnahm – nicht einmal, wie es heute üblich wäre, eine Frau als Alibi. Auch sonst läßt der ihm in den Mund gelegte Sprachgebrauch jeden Hauch von Emanzipation vermissen: die Männer heiraten, die Frauen werden verheiratet (Mark. 12, 25; Luk. 17, 27).

Im gleichen Sinne rechtfertigte der Apostel Paulus die Privilegien der Männer, indem er folgenschwer darauf hinwies, daß nicht Adam, sondern Eva verführt wurde (2. Kor. 11, 3) und die Frau um des Mannes willen und nicht der Mann um der Frau willen geschaffen sei (1. Kor. 11, 9). Die Schöpfungshierarchie lautet von oben nach unten: Gott – Christus – Mann – Frau (11, 3). Allein der Mann, nicht die Frau ist Ebenbild und Abglanz Gottes; die Frau ist nur Abglanz des Mannes (11, 7). Gerade im Gottesdienst der Gemeinde soll ihre Unterordnung unter den Mann deutlich werden: Sie hat sich zu verschleiern (11,5 ff) und zu schweigen (14, 34). Will sie etwas wissen, soll sie zu Hause ihren Mann fragen (14, 35).

Daß die Frau ins Haus gehört, betonen vor allem die späten Teile des Neuen Testamentes, die Deuteropaulinen und die katholischen Briefe. «Eine Frau lerne still in aller Unterordnung; zu lehren gestatte ich einer Frau nicht, auch nicht, sich über den Mann zu erheben, sondern (ich gebiete ihr), sich still zu verhalten. Denn Adam wurde zuerst geschaffen, danach Eva. Und Adam wurde nicht verführt, das Weib vielmehr wurde verführt und ist in Übertretung geraten. Sie wird aber gerettet werden durch Kindergebären ...» (1. Tim. 2, 11 ff). Der Titusbrief (2, 4 f) fordert die Frauen auf, «ihre Männer zu lieben, ihre Kinder zu lieben, sittsam, keusch, haushälterisch, gütig, ihren Männern untertan zu sein, damit das Wort Gottes nicht gelästert wird».

Das Neue Testament ist das Produkt neurotischer Spießer. Die menschliche Sexualität gilt nicht als Quelle von Lust, sondern als Quelle von Angst, nicht als Medium der Liebe, sondern als Medium der Sünde. Alles Naturhafte und Körperliche wird – teils offen, teils versteckt – geächtet.

Triebunterdrückung führt notwendigerweise zur Verdrängung und fixiert sich aggressiv auf Sündenböcke. Außer den Nichtchristen (den geilen Heiden und Juden) bieten sich im Binnenbereich vor allem die Frauen als Projektionsträger für normfeindliche Impulse an. Eva, nicht Adam brachte die Sünde in die Welt. Daß sie sich dem Manne als ihrem Gebieter demütig unterordnet und ihre Sexualität auf die Gebärfunktion beschränkt, erscheint im System mythischer Rechtfertigung männlicher Herrschaft nur folgerichtig.

In der alten Kirche galt nahezu einhellig die sexuelle Enthaltsamkeit höher als die Ehe. Wer es vermochte, sollte streng enthaltsam leben. Auch wo die Ehe nicht radikal verworfen wurde – wie bei Marcion und den Montanisten –, wurde sie notgedrungen den Schwachen als etwas nur Erlaubtes gestattet. Als ideale Ehe priesen die Theologen die «geistliche Ehe», in der Mann und Frau enthaltsam zusammenlebten (wie angeblich Josef und Maria, daher auch Josefsehe genannt).

Bis zum Anfang des 3. Jahrhunderts schloß nichtehelicher Geschlechtsverkehr als unvergebbare Todsünde (wie Mord oder Glaubensabfall) aus der Gemeinde aus. Erst der römische Bischof Kallist gewährte hier die Möglichkeit der Buße (217/18), handelte dafür aber das Schisma der Novatianer ein (die an der rigoristischen Ethik festhielten).

Im 3. Jahrhundert bildete sich langsam der Brauch heraus, daß Bischöfe, Presbyter und Diakone nach der Ordination keine Ehe mehr eingehen durften, weil der Koitus unfähig zum Kultus mache. Die Synode von Elvira in Spanien (um 310) verlangte von verheirateten Altardienern Verzicht auf jeden ehelichen Verkehr. Aus einer ähnlichen magischen Angst vor allem Sexuellen entsprang auch das Verbot für menstruierende Frauen, am Gottesdienst teilzunehmen. In Syrien wurde Frauen, die gegen diese Vorschrift verstießen, eine Buße von sieben Jahren auferlegt.

Überhaupt findet sich ein unflätig frauenfeindlicher Zug bei vielen Kirchenvätern. Tertullian diffamierte die Frau als «Einfallspforte des Teufels», weil sie Gottes Ebenbild, den Mann, zu Fall gebracht habe und damit letztlich auch die Schuld am Tode des Gottessohnes trage. Hieronymus, der die lateinische Vulgata-Übersetzung der Bibel schuf, schrieb: «Die Frau ist die Pforte des Teufels, der Weg der Bosheit, der Stachel des Skorpions, mit einem Wort ein gefährlich Ding.»[33] Nicht zu Unrecht wurde Hieronymus, der die Frauen am liebsten alle kahl geschoren hätte, später zum kirchlichen Schutzheiligen aller Frauenfeinde! Verheiratete leben «nach Art des Viehs» miteinander; sie unterscheiden sich «in nichts von den Schweinen und unvernünftigen Tieren». Hieronymus war einer der frühesten Vorkämpfer jener «metaphysischen Erotik»[34], die es erlaubte, den unterdrückten Geschlechtstrieb auf den Bräutigam Christus zu übertragen, der sich mit der reinen Seele «geistlich» vereinige. Diese religiöse Ersatzbefriedigung spielt zu vielen Zeiten in der Kirchengeschichte eine wichtige Rolle (vor allem in mystischen und pietistischen Strömungen).

Eine ähnliche Funktion im Seelenhaushalt der Gläubigen nimmt der Marienkult ein, der schon sehr früh begann (Ansätze bereits bei Lukas: 1, 28.48; 11, 27) und vor allem mit dem Dogma von der Gottesmutterschaft (Konzil zu Ephesus 431) aufblühte. Aller Apologetik zum Trotz, die in Maria – als dem Gegenbild der sündigen Eva – alle Frauen geadelt sehen will, gilt es zu erkennen, daß die Mariologie den Frauen größte Schmach zufügt. Seit dem 2. Jahrhundert wird Maria als «immerwährende Jungfrau» («semper virgo») verehrt, die weder vor der Geburt Jesu noch nach ihr ehelichen Verkehr hatte, da sie dadurch besudelt worden wäre. So Papst Siricius (384–399). Die Marienverehrung ist Produkt und Ausdruck infantiler und verstümmelter Sexualität (Mutterfixierung, Virginität).

Alle wesentlichen geschlechtsfeindlichen Anschauungen der alten Kirche faßte Augustin (354–430) zusammen und bestimmte damit aufs tiefste die gesamte weitere Kirchen- und Theologiegeschichte. Die Sünde (concupiscentia) gipfelt in der sexuellen Lust, der «libido, ... qua obscenae partes corporis excitantur – der Lust, in der die unanständigen Körperteile erregt werden»[35]. Physisch – auf dem Wege des Koitus – wird die Sünde vererbt, weshalb Jesus von einer Jungfrau geboren werden mußte, da er sonst nicht sündlos gewesen wäre. Zwischen der fleischlichen Vereinigung unter Eheleuten (copula carnalis) und der Vereinigung mit einer Dirne (copula carnalis fornicatoria) besteht dem Wesen nach kein Unterschied. Beide sind gleich sündig. Eine Lehre von den drei Gütern der Ehe (triplex bonum coniugii) muß daher den sexuellen Akt entschuldigen: Die Ehe ist unauflöslich, Abbild der Vereinigung Christi mit der Menschheit (bonum sacramenti). Zweitens beruht sie auf gegenseitiger Treue der Partner (bonum fidei). Schließlich wird als einziger Sinn des ehelichen Koitus die Erzeugung von Kindern gestattet (bonum prolis).

Die Geschichte des Mittelalters ist gekennzeichnet durch ein stetes Anwachsen der kirchlichen Versuche, das sexuelle Leben der Menschen zu unterdrücken oder mindestens zu reglementieren. Vor allem die private Ohrenbeichte erwies sich als vorzügliches Herrschaftsinstrument, weshalb sie auf dem IV. Laterankonzil (1215) allen Gläubigen als Pflicht auferlegt wurde.

Die kirchlichen Sexualvorschriften wurden einerseits als göttlicher Wille anerkannt, andererseits konnten sie nicht gehalten werden, weshalb sie quälende Schuldgefühle und zermürbende Angst erzeugten. Wo konnten die Menschen sich erleichtern? Allein bei den geweihten Geistlichen, die über die Schlüsselgewalt verfügten. So half das priesterliche Monopol, Sünden vergeben und vor Fegefeuer und Hölle bewahren zu können, die Handlungen der Menschen, selbst ihre Gedanken zu lenken.

Der eheliche Beischlaf war verboten sonntags, mittwochs und freitags, womit immerhin nahezu die Hälfte des Jahres ausfiel. Außerdem war er vierzig Tage vor Ostern und vierzig Tage vor Weihnachten sowie drei Tage vor jedem Gang zur Kommunion untersagt. Selbst die Koitusposition war vorgeschrieben. Für Varianten waren Kirchenstrafen festgesetzt. So schnell und lustlos wie möglich, hieß die Parole. Man trug lange schwere Nachthemden, die lediglich an der nötigen Stelle eine Öffnung ließen, so daß der Mann seine Frau befruchten konnte, ohne sie berühren zu müssen und zu können.

Unwillkürlicher nächtlicher Samenerguß galt als sündhaft. Der Missetäter mußte sofort aufstehen, sieben Bußpsalmen beten und weitere dreißig am Morgen. Mit den härtesten Strafen bedrohten die kirchlichen Bußbücher die Onanie, von der Thomas von Aquin lehrte, sie sei eine größere Sünde als die Hurerei.

In diesem Klima mußte zwangsläufig irgendwann die Ehelosigkeit des Klerus endgültig durchgesetzt werden. Die kluniazensische Reformbewegung im 11. Jahrhundert kämpfte denn auch vor allem gegen die Priesterehe. Papst Gregor VII. erklärte 1074 auf der Fastensynode das Zölibat für verbindlich. Priester, die sich von ihren Frauen nicht trennen wollten, wurden vom Volk angepöbelt, das von papsttreuen Mönchen dazu aufgewiegelt worden war.

Das Zölibat konnte erzwungen werden, die völlige sexuelle Enthaltsamkeit der Priester war nicht zu verwirklichen. Konkubinat mit der Köchin war noch die harmloseste Form der Doppelmoral. In manchen Gegenden gestatteten die Bischöfe ihren Priestern, in Sünde zu leben, wenn sie nur eine stattliche Summe dafür zahlten. Die Kette der Skandale in Mönchs- und Nonnenklöstern wollte nicht abreißen. Papst Innozenz III. klagte in seiner Schrift «De contemptu mundi – von der Verachtung der Welt» über Kleriker, die nachts Venus umarmen und am Morgen die Jungfrau Maria anbeten. Auch der höhere und höchste Klerus kümmerte sich zeitweilig recht wenig um die selbstgesetzten Normen, und zwar nicht nur im 10. Jahrhundert, zur Zeit der päpstlichen Hurenherrschaft (Pornokratie), oder später bei den Renaissancepäpsten.

Als Innozenz IV. (1243–1254) anläßlich eines Konzils in Lyon die Stadt nach acht Jahren wieder verließ, erklärte sein Kardinal Hugo in einer Abschiedsrede an die Bürger: «Seit wir hierherkamen, haben wir große Verbesserungen erwirkt. Als wir kamen, fanden wir drei oder vier Bordelle. Hinter uns lassen wir nur eins. Wir müssen jedoch hinzufügen, daß es sich vom Ost- bis zum Westtor erstreckt.»[36]

Auch während des Exils der Päpste in Avignon (1309–1377) blühte die Prostitution. Die Dirnen mußten genau die Gebetsstunden einhalten und durften keine Messe versäumen. Die Kunden wurden ebenfalls einem christlichen Reglement unterworfen: Juden und Heiden durften die Häuser nicht betreten.

Freundliche Beziehungen zwischen Klerus und Prostitution bestanden auch noch in späterer Zeit. Während des Basler Konzils (1431–1449) bemühten sich rund 1500 Dirnen um das leibliche Wohl der Konzilsväter. Der Petersdom in Rom wurde zu einem nicht unbeträchtlichen Teil von päpstlicher Kurtisanensteuer finanziert.

Nicht immer konnten sich die verfemten Triebe so relativ harmlos entladen, wobei zu bedenken bleibt, daß auch die Libertinage privilegierter Kleriker den göttlichen Geboten widersprach und daher Schuld- und Angstgefühle erzeugte, die auf die Frau als Verführerin abgewälzt wurden.

Die mittelalterliche Theologie war geprägt von rüder Frauenfeindschaft. Hatte bereits im 6. Jahrhundert eine kirchliche Synode in Macon (Gallien) ernsthaft darüber diskutiert, ob die Frau ein Mensch sei, so schmähte sie der «engelgleiche» Thomas von Aquin als «verfehlten Mann» («mas occasionatus») und lehnte ihre bürgerliche und kirchliche Gleichberechtigung strikt ab. Bedenkenlos sprach er vom «Gebrauch der notwendigen Dinge, der Frau, die für die Erhaltung der Art notwendig ist, oder der Nahrung und der Getränke». «Die Frau wurde geschaffen, um dem Manne zu helfen, aber einzig bei der Zeugung ..., denn bei jedem anderen Werk hätte der Mann bei einem anderen Mann eine bessere Hilfe als bei einer Frau.»[37] Wobei der Geistesfürst großzügig übersah, daß beispielsweise die Landwirtschaft seiner Zeit ohne die Fron der Frauen nicht denkbar gewesen wäre – von ihrer Tätigkeit im Haus ganz zu schweigen.

Der grausige Höhepunkt dieser Frauenfeindseligkeit war der christliche Hexenwahn, der vom 13. bis ins 18. Jahrhundert einigen Millionen Frauen Folter und Verbrennung einbrachte.

Im Hexenwahn verquickten sich im wesentlichen zwei Elemente: ungezügelte Aggressivität gegen die Frauen und der massive Glaube an Teufel und Dämonen.

Das Neue Testament setzt überall die reale Existenz von Dämonen und Teufeln voraus und führt auf sie Krankheiten zurück. Jesus wird als Exorzist geschildert, der Kranke heilte, indem er Dämonen aus ihnen vertrieb – was bereits antike Wissenschaftler als reinen Aberglauben erkannt hatten. Auch Paulus glaubte an Geister. Die Nennung des Namens Christi bei der Taufe sollte die Bösewichter aus dem Täufling verjagen.

In der alten Kirche schien es von Dämonen zu wimmeln, denn es gab ein besonderes Amt des Exorzisten. Überall sah man Teufel am Werk, wogegen Weihwasser, Gebete und Abwehrsprüche helfen sollten. Je länger das Christentum existierte, um so stärker wucherte die Angst vor okkulten Mächten.

Thomas von Aquin lehrte, daß Regen, Hagel und Wind von Dämonen verursacht würden, wie er auch die Hunnen als Abkömmlinge der Dämonen fürchtete. Er glaubte auch daran, daß der Teufel mit Menschen sexuell verkehre, und sann nach über die Herkunft des dabei verwendeten Samens. Der Teufel konnte sich in einen Mann verwandeln («incubus – aufliegend») und eine Menschenfrau schwängern. Er konnte aber auch als eine Frau erscheinen («succubus – unterliegend») und sich von einem Menschenmann schwängern lassen. Die Ungeheuer, die dabei angeblich gezeugt wurden (mit Wolfskopf oder Fischschwanz) mußten mit normalen Menschenkindern gefüttert werden.

Auch Luther glaubte fest an die Existenz solcher Wechselbälge. In der Predigt vom 13. Juni 1529 warnte er eindringlich, in Flüssen und Seen zu baden, da dort der Teufel hause und den Menschen nachstelle, weshalb schon einige in der Elbe ertrunken seien.

Hexen waren Frauen, die Christus abgeschworen und ihre unsterbliche Seele dem Satan verschrieben hatten. Sie waren «Ketzerinnen», weil sie vom lebendigen Gott abgefallen und ins Lager des Teufels übergegangen waren. Zum Lohn für den gotteslästerlichen Pakt verlieh der Satan ihnen die Fähigkeit zu zaubern. Was zauberten sie? Sie zauberten den Männern Impotenz an, den Frauen Unfruchtbarkeit. Sie verursachten Fehlgeburten, führten Mißernten herbei, stürzten Vieh zu Tode. Auch die Pest und andere unheimliche Krankheiten kamen auf ihr Konto.

Die wichtigste Eigenart der Hexen, die zugleich den psychoanalytischen Schlüssel für den ganzen Spuk liefert, war ihre Geilheit. Hexen waren Teufelshuren. Des Nachts flogen sie auf den Blocksberg, feierten dort mit ihren Buhlteufeln zunächst eine schwarze Teufelsmesse und stürzten sich dann in eine perverse Massenorgie.

Papst Gregor IX. (1227–1241) befahl als erster der Inquisition, auch gegen Hexen vorzugehen, und unter seinem Pontifikat wurde in der Nähe von Trier der erste Prozeß durchgeführt. Den zweiten Aufruf zur

Hexenjagd ließ Johannes XXII. in der Bulle «Super illius specula» (1326) ergehen. Weitere kirchenamtliche Dokumente erschienen 1374, 1409, 1418, 1437, 1445 und 1451, bis schließlich Innozenz VIII. am 5. Dezember 1484 in der berühmt-berüchtigten «Hexenbulle» («Summis desiderantes affectibus») dem verbrecherischen Wahn eine weitere Legitimation verlieh. Drei Jahre später, 1487, kam der «Hexenhammer» («Malleus maleficarum») heraus, das infame Machwerk zweier Dominikaner, des Heinrich Institoris und des Jakob Sprenger, das bis 1669 29 Auflagen erlebte. Auch spätere Päpste, wie Alexander VI., Julius II., Leo X., Hadrian VI., Clemens VII., forderten in Bullen zum Mord an unschuldigen Frauen auf – nicht anders als die Reformatoren. Wiederholt rief Luther in Predigten zur Hexenjagd in Wittenberg auf und empfahl auch die Folter. Kalvin, einer der größten Sadisten, die je auf dieser Erde lebten, befürwortete Massenhinrichtungen, um die Hexen auszurotten («extirper telle race»), und hielt die barbarische Genfer Justiz für zu milde.

Wie rollte ein Hexenprozeß ab? Eine etwas zu lange Nase, ein Bukkel, rote Haare, aber auch außergewöhnliche Schönheit oder überraschende Klugheit reichten aus, um als Hexe verdächtigt zu werden. Die verdächtigte Person wurde ins Gefängnis geworfen und angekettet. Als erstes fragte der Inquisitor, ob sie an Hexerei glaube. Verneinte sie, galt ihre Antwort als unmittelbarer Beweis für das vermutete Verbrechen. Denn – wie die Hexenbulle Innozenz' VIII. und der Hexenhammer formulierten –: als größte Ketzerei galt der geringste Zweifel an der Realität des Hexenwesens. So gab es kein Entrinnen. Bejahte die Angeklagte die Frage des Richters, wurde sie ins Kreuzverhör genommen. Was sie vor dem Gewitter im Felde zu tun gehabt habe, weshalb sie in den Stall des Nachbarn gegangen sei und so weiter.

Führte das Verhör nicht zu der gewünschten Selbstanklage, wurde die Frau nach Hexenzeichen abgesucht. Sie wurde nackt ausgezogen, und der Henker rasierte ihr die Haare an allen Körperteilen ab, um an irgendeiner versteckten Stelle das Mal zu finden, das der Satan seinen Dienerinnen aufdrückte. Leberflecke und Warzen galten als sicheres Anzeichen für Teufelsbuhlschaft.

Wurde nichts gefunden, dann wurde das Opfer gefoltert, um ein Geständnis zu erpressen und Namen von Mithexen zu erfahren. So gab manche Frau unter unbeschreiblichen Qualen ihre eigene Mutter, Schwester oder Tochter als Mitschuldige an, um die Tortur abzukürzen. Wurden am andern Tag Geständnis und Namen widerrufen, nützte das natürlich nichts.

Die halb totgemarterten Frauen – «Du sollst so dünn gefoltert werden, daß die Sonne durch dich scheint», lautete eine Hexenformel – wurden in feuchten unterirdischen Verliesen auf Holzkreuze gebunden, wo sie Ratten und Mäusen ausgeliefert waren. Oder man hing sie an Ketten im Hexenturm in die Luft, wo sie Frost und Hunger erdulden mußten und schließlich in langsamem Feuer gebraten wurden.

Hatte das Opfer schließlich sein Verbrechen der Teufelsanbetung eingestanden, mußte es lebendig verbrannt werden. Begnadigungen waren unmöglich, da in der Heiligen Schrift steht: «Eine Zauberin sollst du nicht am Leben lassen» (2. Mose 22, 18). Wer dies Verfahren zu kritisieren wagte, galt – als Verächter des Wortes Gottes – ebenfalls hochgradig als häresieverdächtig.

Die Hexenbrände suchten ganz Europa heim. «Überall flammten die Scheiterhaufen auf, die zu lodern nicht mehr aufhören wollten. Alles wurde verbrannt, Frauen und Männer, Katholiken und Protestanten, Idioten und Gelehrte, vierjährige Kinder und achtzigjährige Greisinnen, alles wurde wahllos und ohne Unterschied auf den Scheiterhaufen befördert und zu Asche verwandelt.»[38]

Der Erzbischof von Salzburg ließ 1678 anläßlich einer großen Viehseuche 97 Frauen verbrennen. Der Bamberger Bischof Fuchs von Dornheim ließ um 1630 in kurzer Zeit 900 Hexen und Zauberer umbringen, darunter auch die fünf Bürgermeister der Stadt. Der Würzburger Bischof Adolf von Ehrenberg ließ in der gleichen Zeit rund 1 200 Hexen und Hexer auf die Scheiterhaufen befördern und stiftete gütig für ihre Seelen heilige Messen. Erzbischof Johann von Trier verbrannte 1585 so viele Hexen, daß in zwei Dörfern jeweils nur noch zwei Frauen übrigblieben.

Während des Dreißigjährigen Krieges erreichte der Wahn seinen Höhepunkt. Insgesamt raffte er in protestantischen Territorien mehr Opfer hin als in katholischen. Im evangelischen Schweden wurden Hexen umgebracht auf Anzeigen von Kindern hin, weil Gottes Wort sagt: «Aus dem Munde der Unmündigen und Säuglinge hast du dir Lob bereitet» (Matth. 21, 16). Die letzten Hexen wurden in Europa 1782 in der Schweiz verbrannt, 1836 bei Danzig ertränkt (Hexenprobe).

Kehren wir nach dieser zeitlich vorgreifenden Darstellung des Hexenwahns, der erst durch das Licht der Aufklärung überwunden werden konnte – obwohl er auch heute noch nicht völlig erloschen ist –, zurück zur Sexual- und Frauenfeindschaft Martin Luthers.

Luthers Heirat mit der ehemaligen Nonne Katharina von Bora und auch seine Kritik am Zölibat verleiten immer wieder zu der Meinung, er habe die überkommene christliche Asketik preisgegeben. Leider nicht. Wie für die übrigen Reformatoren diente auch für Luther die Ehe vor allem als Heilmittel gegen die Sünde («remedium peccati»), als Schutzwall gegen den zügellosen Geschlechtsdrang, wie das bekannte Wort von der Ehe als dem «Spital der Siechen» anzeigt. Auch in der Ehe ist jeder Geschlechtsverkehr sündig, da stets mit böser «fleischlicher Brunst» vermischt: «Keyn ehepflicht on sund geschicht.»[39]

Gegenüber den Frauen pochte der Reformator rüde auf die Herrschaftsrechte des Mannes (einschließlich Prügelstrafe). «Die Frau gehört ins Haus»: Diese Wendung hat Luther geprägt. Ihre höchste Ehre ist die Mutterschaft. Möglichst viele Kinder soll sie gebären, damit um so mehr Menschen zum Evangelium geführt werden können. Die Mutterschaft ist die wahre Gesundheit der Frau, auch wenn sie durch viele Geburten sich verausgabt und erschöpft stirbt. «Ob sie sich aber auch müde und zuletzt tot tragen, das schadet nicht, laß nur tot tragen, sie sind darum da.»[40] Die Frau als Gebärmaschine.

Trotz seiner Lehre vom allgemeinen Priestertum aller Gläubigen hielt Luther die Frauen nicht für ordinationsfähig. Nur folgerichtig erörterten 1591 in Wittenberg lutherische Theologen erneut die alte Frage, ob die Frauen Menschen seien.

Aus der Geschichte der christlichen Leibfeindschaft in der Neuzeit, die sich nicht grundlegend von den bisher vorgeführten Ausbrüchen unterscheidet, sei nur als einziges modellhaftes Beispiel das Kastratensängertum im Vatikan genannt. Bis etwa 1920 sangen in der Sixtinischen Kapelle Männer, die eigens des Kirchengesanges wegen kastriert worden waren! Zweiunddreißig Päpste (beginnend mit Sixtus V., gestorben 1590) ließen jahrhundertelang Menschen verstümmeln, da Eunuchen die göttlichen Loblieder süßer sängen. Wie der Wiener Psychoanalytiker Wilfried Daim formuliert, war das Kastratensängertum «der letzte und unverhüllte, auch der schärfste Ausdruck eines klerikalen Kastrationswunsches gegen die mit Sexualneid betrachteten Laien»[41].

Daß die Geschichte der menschlichen Sexualität im Einflußbereich des Christentums auch heute noch weitgehend eine Geschichte der Lustfeindschaft und der Angst, der Verdrängung und der Doppelmoral, der Schuldkomplexe und des Neids ist, bestätigte jüngst die päpstliche Enzyklika «Humanae Vitae» (Juli 1968) sowie die ihr folgende Diskussion.

In diesem Rundschreiben, das nicht nur für Katholiken, sondern für alle Menschen Verbindlichkeit beansprucht, bekräftigt Paul VI. die überkommene repressive Sexualmoral. Zynisch beschwört er «Adel» und «Freiheit» der Menschen, um sie zermürbendem Angstdruck zu unterwerfen, indem er alle Verhütungsmittel verdammt und lediglich periodische Enthaltsamkeit gestattet.

Aber die zahlreichen innerchristlichen Kritiker, die hier widersprechen? Sie gelten hierzulande bereits als fortschrittlich, obwohl sie sich nur einer mächtigen gesellschaftlichen Tendenz anpassen und um einen Autoritätsverlust von Papst und Kirche bei ihren Schäfchen bangen. Von der Lustfeindschaft der Enzyklika unterscheiden sie sich nur graduell, nicht grundsätzlich. Wo es gälte, für die Chance eines befreiten erotischen Trieblebens zu plädieren, frömmeln sie von «persönlicher Gewissensentscheidung der Eheleute», von «verantwortlicher Elternschaft» und von «Bevölkerungspolitik». Nicht-eheliche Sexualität bleibt auch bei diesen Theologen, die sich menschenfreundlich wähnen, in der Regel tabu.

Objektiv niedergeschlagen hat sich die christliche Scheinmoral im geltenden Strafrecht, das – vor allem mit Hilfe des Ehescheidungs- und Ehebruchsparagraphen sowie der Kuppelei- und Homosexuellenparagraphen – alle unreglementierte Lust als Unzucht verfolgt.

Doch wird dieses starre juristische Gerüst nicht längst unterlaufen von einer neuen gesellschaftlichen Entwicklung? Sind die christlichen Tabus nicht bereits gefallen in der fortschreitenden Promiskuität? Wer so dächte, ließe sich von bloßen Fassadenphänomenen blenden; denn die Grundstruktur der Lustfeindschaft beherrscht auch – scheinbar so gänzlich andere – Formen der Sexualität als die von Pfarrern und Priestern gebilligte.

Inwiefern? Das Christentum hat die sexuellen Triebe nie als menschliche Regungen im guten Sinn gelten lassen. Jeder Beischlaf war in Zwielicht getaucht und konnte nur gestattet werden, indem er rein instrumentell als Mittel zum Kinderzeugen verstanden wurde. Die sexuellen Beziehungen blieben dadurch persönlichkeitsfremd und abgespalten. Eben dies erleben wir auch heute im Zeitalter pseudo-emanzipatorischer Libertinage.

Allerdings dient die Sexualität nicht mehr als Mittel zum Kinderzeugen, sondern als Mittel zum Geldverdienen. Immer unverschämter beutet der kapitalistische Reklameapparat sexuelle Reize und Regungen als Motor höherer Profitraten aus. Immer gezielter fügt er den Frauen Schmach zu, ohne daß sie es merken.

Auch im sexuellen Verkehr selbst waltet die Verdinglichung. Hatte bereits die kirchliche Ehemoral die Idee der Treue zu einer Ideologie des Eigentums verfälscht und die Menschen zum besitzbaren Objekt degradiert («meine Frau»), so ist heute vollends die Herrschaft des Warencharakters über die Sexualität gekommen. Unter dem Deckmantel der Freiheit setzen sich auch in der Intimsphäre die kapitalistischen Tauschgesetze durch. Mit wachsender Warenproduktion und -konsumierung will man nicht nur eine Frau «haben», sondern verbrauchte beliebig durch neue ersetzen können.

Genausowenig wie die sexuelle Emanzipation glückte, gelang bisher die Gleichberechtigung der Frauen. Weder im beruflichen noch im gesellschaftlichen Leben sind sie als ebenbürtig anerkannt. Daß sie wenigstens im Bereich der Kirche gleiche Rechte genössen, bleibt so lange eine Lüge, wie es keine weiblichen Priester, Bischöfe, Kardinäle und Päpste gibt.

Gegenüber den berichteten Tatsachen und Aspekten christlicher Geschichte sind verschiedene Reaktionen möglich, die im folgenden – idealtypisch aufgeteilt – referiert und diskutiert werden sollen.

Die einfachste und am weitesten verbreitete Methode, mit den realen Vorgängen der Kirchengeschichte «fertig zu werden», ist die, sie schlankerhand zu leugnen oder zu übergehen. Wenn der Göttinger Professor für Neues Testament Hans Conzelmann vor einiger Zeit einmal bitter sagte, die christliche Gemeinde lebe davon, daß die Ergebnisse historisch-kritischer Bibelwissenschaft in ihr weitgehend unbekannt seien: wieviel mehr gilt dies von dem «Mischmasch von Irrtum und Gewalt», als den Goethe die Kirchengeschichte charakterisierte!

Die Unwissenheit der Christen beruht weitgehend auf der mangelhaften Information durch die Theologen und Kirchenhistoriker, die in ihren Arbeiten zwei Spielarten kennen, die skandalösen Fakten zu leugnen. Entweder verdrehen sie die Realität in ihr genaues Gegenteil, oder sie verschleiern sie. Für beides ein Beispiel.

In seiner populär abgefaßten Broschüre «Atheismus – eine Selbsttäuschung?» schreibt der protestantische Theologe Gunther Backhaus: «Auch der entschlossenste Atheist kann die Tatsache nicht fortleugnen, daß die Stellung der Frau in der abendländischen Kultur ohne das, was die Bibel über die Frau sagt, niemals bis zur schließlichen Emanzipation hätte entwickelt werden können (so unvollständig diese noch ist).»[42]

Was die Bibel tatsächlich über die Frauen sagt, habe ich mit Bezug auf das Neue(!) Testament dargestellt.

In seiner «Kleinen Konziliengeschichte» schreibt der Bonner katholische Professor für Kirchengeschichte Hubert Jedin über das IV. Laterankonzil 1215 folgendes: «Der Abwehrkampf, den die Kirche gegen die Irrlehren der Katharer, Waldenser und ähnlicher Sektierergruppen zu führen hatte, spiegelt sich in den Vorschriften über die Inquisition.» Statt nun zu erläutern, welcher Art die Vorschriften über die Inquisition waren – daß sie nämlich barbarische Maßnahmen göttlich legitimierten –, fährt Jedin im Tone des Biedermannes fort: «Noch heute in Geltung ist das berühmte Kapitel 21, das jeden Christen, der zum Gebrauch der Vernunft gelangt ist, zur jährlichen Beichte und Osterkommunion verpflichtet.» Nachdem Jedin weitere Einzelheiten über Beschlüsse zur kirchlichen Organisation mitgeteilt hat – die zeigen, daß er keineswegs bloß summarisch berichtet –, schreibt er: «Die Judengesetzgebung (Ausgehverbot während der Kartage, Tragen besonderer Kleidung) beruhte nicht auf rassischen Vorurteilen und war nicht als herabsetzende Kränkung gedacht, weil sie gleicherweise für die unter Christen lebenden

Mohammedaner galt. Ihr Motiv war der Schutz des christlichen Glaubens – ein Zoll an die Zeitanschauungen bleibt sie trotzdem.»[43]

Auch hier wird Entscheidendes verschwiegen, vertuscht und durch den Hinweis auf den Zeitgeist zu beschönigen versucht. Wieso soll eine diskriminierende Vorschrift nicht herabsetzen und kränken, wenn sie sich gleich gegen zwei Minderheitengruppen richtet? Die besondere Tracht, die den Juden zugemutet wurde, war immerhin eine gehörnte Kappe, die sie unübersehbar als Teufelsbrut auswies.

Diese aktuellen Beispiele christlicher Geschichtsfälschung sind keine Ausnahmen. «Fälschungen spielen von Anfang an eine wahrhaft welthistorische Rolle in der Christenheit.»[44] Briefe, Bücher, heilige Bücher, Dokumente, Urkunden, Märtyrerakten, Protokolle, Klosterurkunden, Heiligenberichte – alles wurde bedenkenlos entstellt, erfunden oder ins Gegenteil verkehrt, wenn die Ehre Gottes es verlangte (beispielsweise die Konstantinische Schenkung oder die pseudo-isidorischen Dekretalen). Auch im Umkreis des vor kurzem beendeten II. Vatikanischen Konzils wurde dreist gefälscht (beispielsweise bei der Herausgabe der Enzyklika «Pacem in terris» durch reaktionäre, triumphalistische Kreise in der Kurie).

Die zweite Möglichkeit, auf die summarisch berichteten Vorgänge der Kirchengeschichte zu reagieren, ist die, sie zwar abstrakt in einem größeren oder geringeren Maße zuzugestehen, aber dann im Gegenzug sofort zu bagatellisieren.

So schreibt Heinrich Fries, katholischer Professor für Fundamentaltheologie an der Universität Münster, über den Pakt der katholischen Kirche mit den herrschenden gesellschaftlichen und staatlichen Mächten: «Gewiß, viele dieser Entscheidungen waren und sind anfechtbar. Oft wurden und werden Kompromisse geschlossen; wahrscheinlich hätte manches anders und besser gemacht werden können. Versagen, Schwäche und Schuld sind weder zu leugnen noch zu rechtfertigen. Aber es ist schlechthin eine Überforderung der Hirten der Kirche, die eine konkrete Entscheidung treffen müssen, daß sie alle schlechten Möglichkeiten, alle Eventualitäten und Folgen, alle Mißbräuche in ihre jeweilige Entscheidung mit einplanen und gleichsam darin divinatorisch voraussehen.»[45]

Ein häufiges Element dieser Art von Apologetik ist der Hinweis auf den «Zeitgeist», die «Zeitanschauungen»: «Auch Luther war ein Kind seiner Zeit.» – «Man muß das Ganze in seiner historischen Bedingtheit sehen.» Solche Argumente sind deshalb unredlich und unglaubwürdig, weil sie voraussetzen, es gebe etwas in der Kirchengeschichte, das nicht völlig historisch bedingt sei. Die vermeintlich positiven Seiten des Christentums gelten als der Zeit enthoben, unmittelbar von Gott gewirkt, während alle offenkundigen Verderbtheiten entlastend den geschichtlichen Umständen angekreidet werden. Wer bestimmte denn jahrhundertelang den Zeitgeist, wenn nicht die – mit den weltlichen Machteliten verbündete – Kirche?

Eine beliebte Abwandlung des Zeitgeist-Einwandes ist der Vorwurf, die aufgezählten Vorgänge der Kirchengeschichte seien völlig einseitig ausgewählt. Die Wirklichkeit des Christentums sei nicht so uniform, wie seine Kritiker weismachen wollten.

So schreibt der Innsbrucker katholische Professor für Kirchengeschichte Hugo Rahner (der Bruder Karl Rahners): «Es ist zuzugeben, daß es die Mächte und Ideen gab, die zur Sachsenbekehrung, zu den Stedingern und zur Missionierung der Heiden mit dem ritterlichen Schwert führten. Aber wenn man so großzügig von einer derart schicksalsschweren ‹Fehlentwicklung› spricht, darf man darüber die wahrhaft christlichen Grundsätze eines Ambrosius über die Heidenmission vergessen, oder die biblisch lautere angelsächsische Missionspolitik Gregors des Großen, oder den Heroismus der siedelnden Zisterzienser, der Franziskaner in Marokko und China, das königlich staatsfreie Missionswerk des Franz Xaver? Wo war da die ‹Machtkirche›? Gewiß, man weiß, daß dieser Heroismus oft wieder überdeckt wurde vom Staatskirchentum des spanischen und portugiesischen Patronats ... Aber von anderthalb Jahrtausenden einer Epoche der Machtkirche zu sprechen, die es erst in unseren Tagen endlich zu liquidieren gelte, ist eine historische Vereinfachung ...»[46]

Wie immer es mit der Überzeugungskraft der von Rahner aufgeführten Gestalten und Vorgänge als Gegenbeispiel stehen mag: ich bin weit davon entfernt, auch nur eine einzige humane christliche Persönlichkeit und Gruppe samt ihren Programmen und Handlungen vertuschen oder übersehen zu wollen. Im Gegenteil. Die Existenz einzelner christlicher Nonkonformisten und Minderheiten, die den Praktiken der Machtkirchen nicht folgten und folgen, verhilft der Kritik zu ihrer letzten Schärfe. Ohne die berichteten Untaten ungeschehen machen oder in ihrer Bedeutung abschwächen zu können, zeigen sie, daß das Christentum nicht eindeutig zu bestimmen ist.

Folgende Phänomene belegen, daß die Kirchengeschichte in der Tat nicht pauschal abgehandelt werden darf und daß das Christentum eine Vereinigung von Gegensätzen ist.

Im 2. Jahrhundert schaffte die christlich-gnostische Gruppe der Karpokratianer (in Alexandria) – im Namen der Gleichheit aller Menschen – bei sich die Sklaverei ab und führte auch die Gleichberechtigung der Frauen durch. Im Reformationszeitalter kämpfte der protestantische Pfarrer Thomas Münzer auf der Seite der ausgebeuteten Bauern und Bergleute für eine Demokratie, die auch die soziale Gleichheit einschloß. Im 19. Jahrhundert entwarf der Schneidergeselle Wilhelm Weitling erstmals das Bild vom sozialistischen Jesus – als dem umstürzlerischen Zimmermann – und forderte im Namen des Evangeliums eine

Revolution, die eine klassenlose christliche Gesellschaft herbeiführen sollte.

Auch die Kreuzzugsideologie herrschte nicht unbestritten im Christentum. Gelegentlich traten einzelne friedliebende Theologen und Gruppen auf. Anselm von Canterbury, Petrus Damiani, Franz von Assisi und Brigitta von Schweden lehnten entschieden jeden Kreuzzug ab, die beiden erstgenannten Theologen auch jeden Krieg – nicht anders als die Waldenser, die zugleich jede Blutgerichtsbarkeit verwarfen (also auch die Inquisition). Zu den christlichen Pazifisten gehören die Täufer, Mennoniten, Quäker.

Auch der christliche Antisemitismus wurde nicht von allen Klerikern und Laien gutgeheißen. Etliche Bischöfe und Päpste im Mittelalter versuchten wiederholt die Juden vor Pogromen zu schützen.

Bevor wir im einzelnen überlegen, was es bedeutet, daß zu allen Zeiten der Kirchengeschichte die Christen im Namen ihres Gottes einander ausschließende Verhaltensnormen forderten, betrachten wir noch die dritte Möglichkeit, das Gewicht der christlichen Untaten zu mindern.

Die raffinierteste Form der Apologetik besteht darin, die Greuel der Inquisition, des Hexenwahns offen und schonungslos einzugestehen, zugleich aber zu bestreiten, daß diejenigen, die die Verbrechen begingen, Christen waren. Charakteristisch für dieses Verfahren ist die ausführliche und wohlwollende Besprechung, die der jüngst verstorbene Züricher Professor für Kirchengeschichte Fritz Blanke über Karlheinz Deschners Buch «Abermals krähte der Hahn» veröffentlichte.

Er stellt fest, Deschners «Skandalchronik» sei nicht einmal vollständig, reiche aber aus, um das Wort des englischen Historikers William E. H. Lecky zu bestätigen: «Es ist keine Übertreibung zu sagen, daß die christliche Kirche den Menschen ein größeres Maß unverdienten Leides zugefügt hat als irgendeine andere Religion.» Dann aber schlägt Blanke den theologischen Haken, den er hier schlagen muß. Selbstverständlich seien die Untaten eine «Veruntreuung» des wahren Evangeliums. Es gelte, die Menschen «für das echte Christentum zu begeistern»[47].

Ähnlich versucht sich der Kirchenhistoriker Walter Nigg aus der Schlinge zu ziehen. Über den Hexenwahn schreibt er: «In diesem Kapitel der Ketzergeschichte steigert sich die Düsternis zur undurchdringlichen Nacht, die dem Menschen Angst und Beben einflößt. Bei der Darstellung dieser Stiefkinder des Christentums meint man, vor Traurigkeit nie mehr fröhlich werden zu können. Noch heute legt sich ein qualvoller Alpdruck auf die Seele des Menschen, wenn er sich die Hexenbrände zu vergegenwärtigen sucht... begreiflicherweise liebt es niemand, an diese Nachtseite der Christenheit erinnert zu werden. Sie ist eine derart peinliche Belastung, daß sie die Kirchen beider Konfessionen grundsätzlich in Frage stellt.»[48]

Niggs Lösung: Nicht die Hexen, sondern der Hexenwahn stammte vom Teufel. «Der Teufel stand tatsächlich bei diesem Hexenproblem wie ein kosmisches Ungeheuer im Mittelpunkt. Er hatte seine Diener dabei im Spiel, aber nicht auf der Seite der armen, gemarterten und eingeäscherten Hexen, sondern – o unerhörte Umkehrung – auf der Seite der Inquisitoren und Juristen, deren Sinn er verblendet hatte.»[49]

Ziehen wir Bilanz. Rein empirisch stellen wir fest, daß Christen – unter Berufung auf Gott, Jesus Christus, die Bibel – die verschiedensten, ja sich ausschließenden Handlungen begründet und begangen haben. Was Anhänger Jesu in früheren Zeiten als heiligsten Willen Gottes verherrlichten, können heutige Christen als teuflische Verblendung verdammen. Im Namen des biblischen Gottes kann man Scheiterhaufen preisen oder verwerfen, Juden verfluchen oder segnen, Heiden zwangstaufen oder ihnen Gewissensfreiheit gewähren, Kreuzzüge verklären oder verabscheuen.

Der Name Gottes, der Name Jesu Christi, die Bibel und das «testimonium spiritus sancti internum» («das innere Zeugnis des Heiligen Geistes») stehen in grundlegenden und entscheidenden Lebensfragen für einander ausschließende Verhaltensweisen gut.

Der heute bei Theologen so beliebte Hinweis auf die «Geschichtlichkeit des Wortes Gottes» wäre in diesem Zusammenhang blanker Zynismus und offenkundig verfehlt. Denn der groteske Sachverhalt, daß man im Namen Jesu Christi morden und zugleich den Mord verabscheuen kann, ist nicht mit dem Unterschied verschiedener Epochen zu erläutern. Immer war es so.

Auch in unserer Gegenwart gibt es keine Frage von einiger Wichtigkeit, die Christen, Theologen und Kirchenfunktionäre nicht widersprüchlich beantworten. Selbst innerhalb ein und derselben Konfession klaffen die Meinungen über das, was im Gehorsam gegen Gottes Willen geboten sei, weit auseinander. Todesstrafe, Eigentumsordnung, Krieg und Frieden, Geburtenregelung, Homosexualität, Schulpolitik, Ehescheidung: Gottes Wort gleicht eher einem raunenden Orakel, statt einfach und klar zu sein, wie die Theologen weismachen wollen. Im Namen Christi arbeiten evangelische Pfarrer in der DFU mit. Im Namen Christi sympathisieren katholische Bischöfe mit der NPD. Als Christ kann man loyaler Kommunist oder eiskalter Antikommunist sein. Als Christ kann man konsequenten Pazifismus predigen, aber ebensogut auch Atombombenabwürfe segnen.

Diese ethische Anarchie, deren Ende nicht abzusehen ist, entlarvt die Vokabel «Gott» und den Namen Jesu Christi als manipulierbare Leerformeln: als sprachliche Gebilde, die einen Sach- und Normgehalt nur vortäuschen. Ihre einzige Funktion liegt darin, veränderliche ethische Positionen, die sich weder positiv noch negativ von denen der Nichtchristen unterscheiden, einer Kontrolle der Vernunft zu entziehen und mit dem Schein absoluter Gültigkeit auszustatten. Als idealer ideologischer Zuckerguß können sie über jeden – noch so ranzigen – Kuchen gepinselt werden. «Gott» entpuppt sich in jeder Lebenslage als dienstbarer Geist, und es gibt nichts, was nicht christlich frisiert werden könnte, weshalb Franz Overbeck die Theologen die «Figaros des Christentums»[50] nannte.

Die Jünger Jesu Christi sitzen in einer ausweglosen Zwickmühle. Idealtypisch vereinfacht, stehen zwei Möglichkeiten offen:

(1) Man verketzert sich einseitig oder gegenseitig und erklärt die Berufung des anderen auf Gott für unchristlich und blasphemisch. Im Extremfall spaltet man sich ab und gründet eine neue christliche Gruppe (Sekte, Konfession, Kirche). Ergebnis: zwei organisatorisch getrennte Gruppen, die sich gleicherweise Christen nennen, rivalisieren miteinander und berufen sich für entgegengesetzte Interessen jeweils auf dieselben Instanzen und sprechen sich obendrein gegenseitig das Recht dazu ab.

Dieser Weg der Spaltung wird heute kaum noch gewählt, da Kirchenspaltungen erfahrungsgemäß nur schwer wieder rückgängig zu machen sind. (Dem westdeutschen Protestantismus drohte Ende der fünfziger Jahre eine Spaltung wegen unversöhnlicher Gegensätze in der Atomkriegfrage. Heute ist eine Spaltung wegen verschiedener Auffassungen in der Entmythologisierungsdebatte nicht ausgeschlossen.) In der Regel werden die Streitereien in der eigenen Gruppe ausgetragen. Das führt zur zweiten Möglichkeit.

(2) Man «bleibt unter dem Evangelium beisammen», wie der kirchlich-theologische Jargon tönt. Schmerzlich stellt man zwar die grundlegenden Unterschiede fest, zieht aber keine Folgerungen. Einheit wird nur vorgetäuscht. Worin soll die Einheit «unter dem Evangelium» bestehen, wenn sie sich nicht – zumindest in grundlegenden Fragen – manifestiert?

Folgender Einwand liegt nahe. Erkennen nicht alle Christen das Gebot der Nächstenliebe an? In der Tat vereint dieses Gebot dem Wortlaut nach alle Christen aller Zeiten. Aber eben nur dem Wortlaut nach. Abgesehen davon, daß das Gebot der Nächstenliebe nicht nur bei Christen bekannt und anerkannt ist, erweist es sich als Modell einer Leerformel. Im konkreten Fall tauchen die unüberwindlichen Unterschiede sofort auf. Auf diese wohltätige Funktion von Leerformeln, grundlegende Unterschiede innerhalb einer Gruppe durch eine geschickte Sprachregelung zu vertuschen, muß man erst einmal aufmerksam geworden sein, um sie in der Theologie ständig zu entdecken. Das Christentum wäre noch viel zerklüfteter, wenn nicht ein gewisser gleicher Vokabelschatz Einheit immer wieder vortäuschte.

Wir sehen: Ob die Christen «unter dem Evangelium zusammenbleiben» oder sich gegenseitig verteufeln – die Anarchie in ihrem Ethos läßt sich nicht aus der Welt schaffen. Was aber soll eine Botschaft ohne Inhalt? Eine Botschaft, die sich im konkreten Fall als Gummi erweist? Eine Botschaft ohne jede Unvereinbarkeitsklausel? Was soll ein «Herr», der schlechterdings jede Handlung deckt? Botschaft und «Herr» sind nicht nur überflüssig, sie sind schädlich.

Überflüssig, weil Nichtchristen auch ohne das theologische Brimborium zu keinen anderen Ergebnissen (im Guten wie im Bösen) gelangt sind. Schädlich, weil bestimmte Handlungen als unbedingt verbindlich verkündet werden. Etwas unbedingt Gültiges aber ist einer rationalen Diskussion entzogen. Diese Kritik richtet sich auch gegen diejenigen Christen, mit denen ich in manchen Fragen teilweise übereinstimme, beispielsweise die Atomwaffengegner, allgemeiner die Linksprotestanten und Linkskatholiken. Ihren apologetischen Manövern und Widersprüchen wende ich mich jetzt erneut zu.

Das Grundschema ihrer Gedankengänge besteht darin, einen untadeligen Begriff des wahren und reinen christlichen Glaubens gegen seine verfälschte und mangelhafte Verwirklichung durch die Christenheit auszuspielen. Gewöhnlich wird das eigene Ideal einer vollkommenen Liebesreligion in das Neue Testament hineingelesen. Dort, namentlich in der Gestalt Jesu Christi, sei der echte Glaube, der seine Feinde liebe und für soziale Gerechtigkeit sorge, als Norm zu finden.

Die Kirchengeschichte dagegen bedeute vielfach den großen Abfall vom ursprünglichen Evangelium, wobei der Zeitpunkt des Verfalls bereits bei Paulus, dem Tode der Apostel oder – meist – mit der Erhebung des Christentums zur Staatsreligion in der «konstantinischen Wende» angesetzt wird. Die Verfallsidee mit einem angenommenen idealen Urchristentum hat eine lange Vorgeschichte und ist auch bei denkenden Nichtchristen (Overbeck, Nietzsche, heute: Karlheinz Deschner) verbreitet. Nichtsdestoweniger ist sie falsch. Denn alles, was die Christen im Laufe der Jahrhunderte an Verbrechen verübten, ist in allen Partien des Neuen Testamentes bereits keimhaft angelegt, so daß eher eine Eskalationstheorie statt einer Verfallstheorie den historischen Sachverhalt beschreiben könnte.

Zwei Beispiele: (1) Setzen die Gleichnisse Jesu die Sklaverei als unbezweifelte Institution voraus und fordert Paulus die Sklaven auf, in ihrem Stande zu bleiben, so hindert die spätere Kirche die vorhandenen Sklaven nicht nur an der angestrebten Emanzipation, sondern versklavt unzählige Menschen hinzu (päpstliche Galeeren auf Sklavenfang in Afrika).

(2) Drohen die Bergpredigt und Paulus nur erst mit Worten schreckliche Höllenqualen an, so bemüht sich die spätere Christenheit, diesen Mangel zu beheben, und schafft massive Kirchenzucht- und Bußinstitutionen, die eine höllische Wirklichkeit auf Erden bringen und in den Greueln der heiligen Inquisition gipfeln.

Auch das neutestamentliche Gebot der Nächsten- und Feindesliebe – mit dem die Christen so gerne hausieren gehen, obwohl es auch andere Religionen kennen[51] – gehört in diesen Zusammenhang. Denn es läßt sich nicht, wie apologetischer Unverstand wähnt, ahistorisch als ein menschenfreundliches ethisches Gebot aus dem biblischen Zusammenhang herausoperieren.

Zwar schreibt Paulus: «Vergeltet niemandem Böses mit Bösem; seid auf das Gute bedacht vor allen Menschen» (Röm. 12, 17). Dann aber fährt er fort: «Rächet euch nicht selbst, Geliebte, sondern gebet Raum dem Zorn (Gottes); denn es steht geschrieben: ‹Mir gehört die Rache, ich will vergelten›, spricht der Herr» (Röm. 12, 19). Auf Rache wird nicht verzichtet, sondern sie wird gesteigert. Gott selbst liebt seine und seiner Gläubigen Feinde nicht, sondern straft sie ewiglich.

Daß Paulus auch sonst das Liebesgebot nicht mit dem Wohlergehen und objektiven Interesse des Nächsten begründet, ergibt sich aus seiner berühmten Hymne auf die «Liebe» (1. Kor. 13). Dort heißt es in Vers drei: «Und wenn ich alle meine Habe den Armen gäbe und ließe meinen Leib brennen und hätte der Liebe nicht, *so wäre mir's nichts nütze.*» Der eigene Nutzen, das eigene Heil stehen unübersehbar im Mittelpunkt. Denn nur wer «liebt», hat die Chance, vor dem Richterstuhle Gottes zu bestehen, weshalb Paulus immer wieder auf das nahe bevorstehende Gericht nach den Werken verweist.

In den Evangelien läßt sich der gleiche Sachverhalt aufzeigen. Das bekannte Gleichnis vom barmherzigen Samariter (Luk. 10, 25–37), das angeblich grenzenlos schenkende Liebe abbildet, wird eingeleitet durch die Frage eines Gesetzeskundigen an Jesus: «Meister, was muß ich tun, damit ich das ewige Leben ererbe?»

Das selbstsüchtige Streben nach himmlischen Freuden begründet auch sonst das Liebesgebot. So heißt es in der Bergpredigt als Begründung der geforderten Feindesliebe: «Denn wenn ihr (nur) die liebt, die euch lieben, was habt ihr für einen Lohn?» (Matth. 5, 46.) Selbst das Gebot, nicht zu richten, wird mit der Androhung des Gerichts eingeschärft (Matth. 7, 1). Zuckerbrot und Peitsche. Die Bergpredigt nennt die Einlaßbedingungen für das jenseitige Gottesreich und wendet sich stets an die Selbstsucht des einzelnen: «... wird groß heißen im Reich der Himmel (5, 19); ... werdet ihr nicht in das Reich der Himmel kommen (5, 20); ... soll dem Gericht verfallen sein (5, 21); ... soll der Hölle mit ihrem Feuer verfallen sein (5, 22); ... so habt ihr keinen Lohn bei eurem Vater in den Himmeln (6,1); ... sie haben ihren Lohn dahin» (6,2) und so weiter.

Das Johannesevangelium verzichtet von vornherein auf das Gebot der Feindesliebe und schränkt die Liebe auf die eigene Gruppe, die Christen untereinander, ein: «Daran wird jedermann erkennen, daß ihr meine Jünger seid, wenn ihr Liebe untereinander habt» (13, 35). Daß nicht an Feindesliebe gedacht ist, ergibt sich schlüssig aus dem sogenannten hohepriesterlichen Gebet. Darin nimmt Jesus die Welt, die ihn und die Seinen haßt (7, 7; 15, 8; 16, 20; 17, 14), ausdrücklich von der Fürbitte vor Gott aus. «Ich bitte für sie. Nicht für die Welt bitte ich, sondern für die, welche du mir gegeben hast; denn sie sind dein» (17, 9).

Gegen alle diese Bibeltexte hilft keine innertheologische Sachkritik, da sie zwangsläufig aus dem Erwählungsbewußtsein folgen, das – soziologisch geurteilt – eine Form von Ethnozentrismus (Gruppenegoismus) ist.

Weisen also Linksprotestanten und Linkskatholiken autoritäres Gehabe als unchristlich ab, so kann ich dem nicht widersprechen, da es ihnen freisteht, was sie als christlich ansehen wollen. Nur sollten sie sich bewußt sein, daß sie sich nicht auf das Neue Testament stützen können, und sie sollten sich gründlicher als bisher fragen, weshalb die überwiegende Mehrzahl der Christen sich stets mit jeder Form von Nationalismus, Antisemitismus, Faschismus, Antikommunismus verbünden, ja identifizieren konnte. Das beruht nicht auf Zufall, sondern hier waltet eine offenkundige Sachlogik, der auch Leute wie Helmut Gollwitzer, Martin Niemöller, Friedrich Heer, Gerd Hirschauer nicht entrinnen.

Auch sie stützen sich auf Autoritäten, wenn auch mit anderem Vorzeichen. Wer sich aber auf Autoritäten stützt, handelt tendenziell inhuman und denkt auf jeden Fall irrational. Wer irrational denkt, ist gegen Manipulation nicht gefeit. Irrationales kann ausgetauscht und umfunktioniert werden. Die Christentümer Gollwitzers, Niemöllers, Heers, Hirschauers sind um nichts nachahmenswerter als andere Christentümer, wenn ihnen auch unter den gegebenen Umständen eine gewisse fortschrittliche und unterstützenswerte – freilich durchaus zweischneidige – gesellschaftliche Funktion nicht abgesprochen werden kann.

2 Die Unerkennbarkeit des historischen Jesus

Die Frage nach dem historischen Jesus, die seit gut fünfzehn Jahren im Mittelpunkt theologischer, besonders protestantischer Diskussion steht, diente von Anfang an apologetischen Interessen. Der Tübinger Professor für Neues Testament Ernst Käsemann formuliert den Sinn der Frage folgendermaßen: «Es geht darum, kritisch rechte von falscher Botschaft zu trennen, und dies geschieht eben mit Hilfe dessen, der damals der historische Jesus war und sein mußte. Der Maßstab dürfte denn auch nicht schlecht gewählt sein. Er ist für die Christenheit verbindlich geworden und, wie ich denke, weiterhin unentbehrlich.»[52]

Man sucht also einen roten Faden, der aus dem Labyrinth widerstreitender Christentümer und theologischer Systeme ins Freie führen kann. Man möchte verbindlich erklären können, was als wahrhaft christlich gelten darf.

Aber hier türmen sich unüberwindbare methodische und historische Schwierigkeiten auf, die sich stichwortartig mit dem Charakter historischer Erkenntnis im allgemeinen und mit der Quellenlage im besonderen andeuten lassen.

Wie einst Ernst Troeltsch in seinem bedeutenden Aufsatz über die historische und dogmatische Methode ausführte, hat alle historische Erkenntnis immer nur Wahrscheinlichkeitswert. Ein Historiker kann nie Aussagen von prinzipiell unbezweifelbarer Gewähr und unantastbarer Sicherheit liefern, sondern immer nur wahrscheinlichere Lösungen von unwahrscheinlicheren abgrenzen. Die historische Erkenntnis hat hier auf ihre Weise teil an einem entscheidenden Strukturmerkmal aller menschlichen Erkenntnis: der unaufhebbaren Möglichkeit des Irrtums, die jedweden dogmatischen Satz ausschließt und das Prinzip der Revidierbarkeit fordert.

Auf die grundlegende Frage: «Hat ein Mensch namens Jesus von Nazareth überhaupt je existiert?» angewandt, bedeutet dies, exakt formuliert: Welche Hypothese wird dem vorliegenden Quellenmaterial gerechter? Die Annahme, daß eine historische Gestalt nach ihrem unbegreiflichen Tod von ihren Anhängern zu einem himmlischen Wesen vergöttlicht wurde? Oder die umgekehrte Annahme, daß ein anfänglicher Mythos nachträglich zu einer historischen Gestalt verdichtet wurde?

Die zweite Möglichkeit, die heute der Bremer protestantische Pfarrer Hermann Raschke vertritt[53], wirft mehr historische Rätsel auf, als sie löst, und kann nicht mit den gesicherten Ergebnissen der formgeschichtlichen Arbeit in Einklang gebracht werden.

Bis auf weiteres setze ich daher im folgenden – mit der überwiegenden Mehrzahl der kritischen Bibelwissenschaftler – die historische Existenz eines Juden Jesus aus Nazareth voraus. Immerhin möchte ich mich bereits hier von Bultmann abgrenzen, der die Probleme verniedlicht, wenn er schreibt: «Zwar ist der Zweifel, ob Jesus wirklich existiert hat, unbegründet und keines Wortes der Widerlegung wert. Daß er als Urheber hinter der geschichtlichen Bewegung steht, deren erstes greifbares Stadium die älteste palästinensische Gemeinde darstellt, ist völlig deutlich.»[54] Die Sicherheit dieser Sätze ist unbegründet und erstaunt deshalb, weil ihr Autor sonst gerade den Wahrscheinlichkeitscharakter aller historischen Forschungsergebnisse betont. Sie ist nur aus Bultmanns theologischem Interesse zu erklären, das sich an dem puren Faktum Jesu (dem «Daß seines Gekommenseins») festkrallt.

Jede Theologie, die – wie vage auch immer – den historischen Jesus für grundlegend hält, schwelgt in Fiktionen. Denn die unbedingte Gewißheit des Glaubens verträgt sich nicht mit stets relativen historischen Ergebnissen.

Kann über das zeitlich und örtlich ungefähr fixierbare Faktum eines Menschen Jesus hinaus etwas ermittelt werden über Eigentümlichkeiten, Leben, Lehre und Schicksal dieser Person? Ohne weitere Auskünfte dieser Art bliebe der Name eine nichtssagende Chiffre, von einem Mythos nicht abzuheben. Daß dies in der Tat zutrifft und mein bisheriges Ergebnis von der Leerheit des Namens Jesus bestätigt, sei nun in einer Diskussion der Quellen vorgeführt.

Jede Frage nach dem historischen Jesus muß von der entscheidenden Tatsache ausgehen, daß Jesus selber keinerlei schriftliche Aufzeichnungen hinterlassen hat. Schlechthin alles, was wir über ihn wissen können, kann nur aus den Berichten seiner Anhänger, den Evangelien, stammen. Als letzte Stufe ist stets nur die christliche Gemeinde, nie Jesus selbst zu erreichen.

Von den vier Evangelien fällt das Johannesevangelium als denkbare Quelle von vornherein aus – wie ich hier nicht begründen kann, wie aber die historisch-kritische Wissenschaft vom Neuen Testament bündig ergeben hat. Es bleiben nur die drei übrigen Evangelien (Matthäus, Markus, Lukas), die Synoptiker, so genannt, weil sie eine halbwegs einheitliche Schau Jesu bieten.

Das älteste Evangelium ist das Markusevangelium. Es wurde um 70 von einem Unbekannten verfaßt (vielleicht in Rom oder eher in Syrien). Auch die beiden anderen Evangelien stammen von unbekannten Autoren, die Jesus ebensowenig persönlich gekannt haben. Die nach Matthäus benannte Schrift ist wohl auch in Syrien beheimatet und wird meist auf die Jahre zwischen 80 und 100 datiert. Wo das Lukasevangelium entstand, ist ganz unsicher. Die Zeit läßt sich auf die Jahre 70 bis 90 eingrenzen.

Von allen Einzelfragen zunächst abgesehen, enthält die bloße Existenz dieser so vorläufig beschriebenen griechischen Evangelienschriften zwei grundlegende Probleme: 1. Das Sprachproblem. Jesus sprach einen hebräischen Dialekt, Aramäisch. Die Evangelien sind griechisch verfaßt. 2. Das Zeitproblem. Jesus starb um 30; das älteste Evangelium entstand erst vier Jahrzehnte später.

Wie Jesus – nach allem, was wir annehmen müssen – einen unbedeutenden, fast literaturlosen Provinzdialekt sprach, so wurden seine Worte und Taten anfangs auch nur aramäisch berichtet. Zweisprachige Judenchristen trugen allmählich die Botschaft auch in den hellenistischen Bereich, nach Syrien, wo Griechisch, die damalige Weltsprache, gesprochen wurde. Dort gaben Menschen, die nur Griechisch verstanden, die christliche Propaganda weiter. Sämtliche Evangelien sind griechische Originaltexte. Nichts erweist sie als Übersetzungen aramäischer Urschriften. Kann man angesichts einer solchen Überlieferung, die damit endete, daß Menschen einer anderen Sprache – ohne Möglichkeit der Kontrolle – die Botschaft weitergaben, den Verdacht unterdrücken, daß sich Mißverständnisse und Entstellungen einschlichen?

Dieser Argwohn verdichtet sich, wenn man bedenkt, daß zwischen Jesu Tod und dem Entstehen des ältesten Evangeliums etwa vierzig Jahre vergingen – vierzig Jahre, in denen die Worte und Taten Jesu *mündlich* überliefert wurden. Wie man bei einem so langen anonymen Traditionsprozeß noch begründet hoffen kann, Zuverlässiges über den historischen Jesus zu erfahren, ist mir unerfindlich. Doch bevor darüber im einzelnen verhandelt werden soll, sei gefragt: Warum wurden die Evangelien erst so spät abgefaßt?

Der entscheidende Grund liegt in der sozialen Struktur der ältesten christlichen Gruppen. Die ersten Christen stammten überwiegend aus den unteren und untersten Gesellschaftsklassen – abhängige Bauern, Fischer, kleine Handwerker –, die selbstverständlich weder geneigt noch fähig waren, Bücher zu verfassen. Aus dieser sozialen und geistigen Misere heraus ist auch abzuleiten, was gerne als Hauptgrund für das späte Entstehen der Evangelien angeführt wird. Die ältesten Christen rechneten nicht mit einer jahrtausendelangen Kirchengeschichte, sondern erwarteten jeden Tag das große Wunder, den mythischen Umschlag, die kosmische Katastrophe, mit der Gott und der wiederkehrende Christus dieser bösen Welt ein Ende bereiten sollten.

Die schriftliche Fixierung der Jesus-Tradition setzt voraus, daß diese Hoffnung sich als Täuschung entpuppte, und kündigt insofern das verstärkte Arrangement der Christen mit der bestehenden Welt an. Man richtete sich auf längere Zeiträume ein. Die älteste Generation, die Jesus noch miterlebt hatte und aus eigener Anschauung berichten konnte, starb aus, so daß ihre Erinnerungen – oder das, was dafür galt – festgehalten werden mußten.

Wie die formgeschichtliche Schule mit ihren Hauptvertretern Karl Ludwig Schmidt («Der Rahmen der Geschichte Jesu»), Martin Dibelius («Die Formgeschichte des Evangeliums») und Rudolf Bultmann («Die Geschichte der synoptischen Tradition») im einzelnen gezeigt hat, wurden anfangs nur einzelne Worte und Geschichten Jesu weitergegeben (Gleichnisse, Sprüche, Wunderberichte). Sie dienten den urchristlichen Missionaren als Beleg und Beispiel für ihre Predigt, die die Umwelt zum Glauben an den Messias Jesus bekehren sollte. Im Mittelpunkt dieser Predigt stand die Behauptung, Jesus sei für die Sünden der Menschen gestorben und dann von Gott zu ihrem Heil von den Toten auferweckt worden. In allernächster Zeit erscheine er vom Himmel herab als Richter.

Richtete sich das Interesse in dieser Weise vor allem auf Kreuz und

Auferstehung, mußten notwendigerweise recht bald die Passions- und Ostergeschichten zu einer zusammenhängenden Erzählung ausgeführt werden, zu einer Erzählung, die ihrerseits danach verlangte, nach rückwärts ins Leben Jesu verlängert zu werden. So wurden allmählich die vereinzelt umlaufenden Überlieferungen zu einem geschlossenen Ganzen aneinandergefügt.

In diesem Sinne sind die Evangelien «erweiterte Kultuslegenden»[55], die in der christlichen Kultversammlung den Gläubigen Jesu Gestalt, Lehre und Schicksal vor Augen führten und – wichtiger – die heilspendenden Mysterien, Taufe und Abendmahl, als im Schicksal der Kultgottheit verankert darstellten.

Die formgeschichtliche Methode fragt danach, wie literarische Produkte sich formten. Für die Evangelien zeigt sie, daß der Rahmen der Geschichte Jesu – die zeitliche und ursächliche Verknüpfung der Ereignisse sowie die Ortsangaben – redaktioneller Kitt der Evangelisten ist. Wie die Evangelisten die Reden Jesu (beispielsweise die Bergpredigt) komponierten, selber aus einzelnen Sprüchen zusammenstellten, erfanden sie auch das Wann und Wo (Haus, Weg, Berg, Boot, Mahl, Volksmenge, Gegner, Jünger). Vor allem rückten sie die benutzten Überlieferungen in das rechte theologische Licht. Gemäß der Dogmatik ihrer Gemeinde, als deren Vertreter sie schrieben, stellten sie jeweils Jesus als Menschensohn oder als Gottessohn oder als leidenden Gottesknecht heraus.

Ergebnis: «Damit ist es nicht mehr möglich, die Reihenfolge der Ereignisse im Leben Jesu festzustellen, eine Biographie Jesu zu schreiben und ein Bild seiner Gestalt zu entwerfen.»[56]

Literaturwissenschaftlich betrachtet, zählen die Evangelien nicht zur Hochliteratur, sondern zur Kleinliteratur. Die nächsten Verwandten sind nicht die hellenistischen Biographien oder die Memoiren bedeutender Männer der Antike. Den urchristlichen Schriften fehlt jedes Interesse an Jesu menschlicher Persönlichkeit, seiner Herkunft und Bildung, seinem Charakter und seiner Entwicklung. Eine gewisse Ähnlichkeit besteht mit Volksbüchern und anderen populären Sammlungen, die von den Worten und Taten beliebter Personen berichten (wie das Volksbuch von Doktor Faustus). Hier wie in den Evangelien werden – ohne Interesse an zeitlicher Reihenfolge, ohne psychologische Begründung – anekdotenhaft Taten und Aussprüche locker aneinandergereiht. Allerdings wollen die Evangelien primär nicht die Erinnerung an den Wundermann Jesus festhalten, sondern vor allem Glauben wecken an den im Kult anwesenden Herrn (Kyrios).

Erörtern wir nun im einzelnen, ob die so beschaffenen Quellen etwas Sicheres vom historischen Jesus erkennen lassen. Da Jesus selber nichts Schriftliches hinterließ, sind die Evangelien alle gleichsam Sekundärliteratur zu ihm.

Eine Grundregel geisteswissenschaftlicher Arbeit, die ein erstsemestriger Student im Proseminar lernt, besagt: Kontrolliere die Zitate in der Sekundärliteratur an Hand der Quellen! Die Erfahrung zeigt, daß selbst Wissenschaftler in der Studierstube am Schreibtisch oftmals nicht richtig aus anderen Büchern abschreiben können, die Anschauungen anderer Autoren fahrlässig oder boshaft entstellen, karikieren oder gar nicht selten ins Gegenteil verkehren.

Wenn dies für Wissenschaftler gilt, die sich um Genauigkeit und Zuverlässigkeit bemühen: wieviel mehr muß man es voraussetzen bei Menschen, die in einem Klima primitiven Aberglaubens lebten, die größtenteils Analphabeten waren und die kein Interesse am wirklichen historischen Sachverhalt kannten! Und dies angesichts einer mündlichen Überlieferung über mehrere Jahrzehnte hinweg.

Jeder kann aus eigener Erfahrung wissen, wie mündlich Geäußertes von einem auf den andern Tag verfälscht werden kann. Die Märchen- und Sagenforschung und die Formgeschichte haben darüber hinaus methodisch gezeigt, daß jede mündliche Überlieferung bestimmten Gesetzen unterliegt: Man übertreibt und idealisiert, aus einem Menschen wird ein Wundertäter, zu guter Letzt ein Gott.

Wenn die formgeschichtlich arbeitenden Theologen auch im Gegensatz zu konservativen Forschern offen einräumen, daß die Jesustradition vielfach durch die Interessen der Urgemeinde – ihre Dogmatik und Polemik, ihre Disziplin und Ethik – verändert und beeinflußt wurde, so scheuen sie doch vor der letzten Konsequenz zurück. Drei Beispiele sollen zunächst zeigen, inwiefern der heutige Stand der formgeschichtlichen Arbeit am Neuen Testament die These Franz Overbecks belegt, daß die von Theologen geübte Bibelkritik «Pseudokritik»[57] ist.

(1) Die Formgeschichte setzt voraus, daß die Jesustradition – wenigstens teilweise – in ihren Anfängen auf dem Zeugnis von Augen- und Ohrenzeugen beruhe[58] und daß dadurch in gewissem Umfang die Zuverlässigkeit gewährleistet sei. Aber das ist naiv. Denn selbst vorausgesetzt, die Augen- und Ohrenzeugen hätten die Geschehnisse richtig erfaßt und beobachtet, ist damit nicht im mindesten garantiert, daß auch die späteren Erzähler das ursprüngliche Ereignis richtig weitergaben.

Aber bereits der Begriff des Augen- und Ohrenzeugen ist fragwürdig. Denn auch unmittelbare Zeugen sind keine Tonbänder oder Dokumentarfilme – und auch die können bekanntlich gefälscht sein –, sondern fehlbare Menschen, die etwas mißverstehen, vergessen oder entstellen können. Außerdem erleben sie einen Vorgang immer nur ausschnitthaft. Wer beispielsweise an die chinesische Kulturrevolution oder an die Anti-Schah-Demonstration am 2. Juni 1967 in Berlin denkt, weiß, daß es Augenzeugenberichte der verschiedensten Art gibt, die sich je nach der politischen und weltanschaulichen Stellung unterscheiden. Solange wir für Jesus von Nazareth auf die wirklichen oder vermeintlichen Augen- und Ohrenzeugenberichte nur seiner Anhänger angewiesen sind, läßt sich nicht sicherstellen, was er wollte, sagte und tat.

(2) Ein zweiter Trick der Formgeschichte besteht darin, zwar redlich auf jede Biographie und Persönlichkeitsschilderung Jesu zu verzichten, sich dann aber auf die als echt befundenen Worte seiner Verkündigung zu stützen. Auch dies widerspricht primitiven Regeln geisteswissenschaftlicher Methodik. In jedem Proseminar lernt man: Kontext beachten! Wie will man die Worte eines Menschen verstehen können, wenn man nicht weiß, wann, wo, zu wem, wie, bei welcher Gelegenheit, mit welchem Unterton er sie sagte?

(3) Die Jahrzehnte, die zwischen der schriftlichen Fixierung der Tradition und dem Tod Jesu liegen, sind so fatal lang, daß die Theologen natürlich nach Texten suchen, die sich in ältere Zeiten zurückdatieren lassen.

Zum Teil erfüllt hier die hypothetisch rekonstruierte Spruchquelle Q eine apologetische Funktion. Diese griechisch abgefaßte Sammlung von Jesusworten muß Matthäus und Lukas als zweite Quelle neben Markus vorgelegen haben. Wenn auch die Anfänge von Q vielleicht (!) in die palästinensische Urgemeinde zurückreichen, so wurde die Sammlung als ganze erst einige Jahrzehnte später schriftlich fixiert (bis etwa 50–70). Jedenfalls lag sie nicht Markus vor, so daß für das älteste Evangelium weiterhin ein Abstand von vier Jahrzehnten zu dem Berichteten angenommen werden muß.

Aber das Neue Testament enthält ja ältere Texte, nämlich die Paulusbriefe, die alle in den fünfziger Jahren des 1. Jahrhunderts entstanden. Kannte Paulus Jesus auch nicht persönlich und wußte er – wie seine Briefe belegen – fast nichts von ihm, so enthält doch der erste Korintherbrief eine kurze Passage, die starkes Interesse bei den «kritischen» Theologen erregt.

Im fünfzehnten Kapitel, dem berühmten Auferstehungskapitel, schreibt Paulus (Vers 3 ff): «Denn ich habe euch in erster Linie überliefert, was ich auch empfangen habe, daß Christus für unsere Sünden gestorben ist nach den Schriften und daß er begraben und daß er auferweckt worden ist am dritten Tag nach den Schriften und daß er dem Kephas erschien, dann den Zwölfen ...»

Hans Graß, Professor für systematische Theologie an der Universität Marburg, schreibt über den historischen Wert dieser Worte folgendes: «Die Bekehrung des Paulus wird im allgemeinen auf das Jahr 33 oder bald danach angesetzt, der Tod Jesu auf das Jahr 30. Übernahm Paulus schon bald nach seiner Bekehrung die kerygmatische Formel, so war diese schon im ersten Jahrfünft nach Jesu Tod vorhanden ... Wir kommen also mit dem Auferstehungszeugnis des Paulus ganz nahe an die

Ereignisse heran. Die im Kerygma enthaltenen geschichtlichen Angaben sind damit *aufs beste gesichert.*»[59]

Bestürzend naiv! Was kann in wenigen Jahren alles geschehen! Vergleichen wir mit dem Tode des amerikanischen Präsidenten Kennedy im Herbst 1963. Bereits wenige Wochen und Monate später wucherten die Mythen und Legenden, die den Mord und seine Hintergründe aufdecken oder verdunkeln sollten. Einige Tage nach der Pressemeldung, daß im Oktober 1967 der Freund Fidel Castros, der Cheftheoretiker der südamerikanischen sozialistischen Partisanen, Ernesto «Che» Guevara, in Bolivien getötet worden sei, gaben in ganz Europa linke Kreise die Wunschparole aus «Che lebt».

Wie aussichtslos es steht, den historischen Jesus zu Gesicht zu bekommen, sei in folgendem erneuten Durchgang durch die Probleme anhand der Evangelien als ganzer aufgezeigt.

Der protestantische Theologe Martin Kähler (gestorben 1912) hat in einem berühmt gewordenen Ausspruch gesagt, die Evangelien seien «Passionsgeschichten mit ausführlicher Einleitung». Er wollte damit unter anderem auf die Ausschnitthaftigkeit der Berichte hinweisen: daß sie nur den letzten und kürzesten Teil des Lebens Jesu darstellen. Tatsächlich lassen sich die Worte Jesu, wenn man die Doppelüberlieferungen fortläßt, auf wenigen Seiten zusammenstellen. Die Bergpredigt, wäre sie je gehalten worden, hätte drei Minuten gedauert.

Konsequenz: Wir können nicht wissen, ob die Urgemeinde Jesus nicht dadurch entstellte, daß Nachrichten über ihn verschwiegen wurden, etwa weil sie ihn hätten kompromittieren können. Gerhard Ebeling, protestantischer Professor für systematische Theologie in Tübingen, gesteht: «Gewiß war hier eine starke Tendenz zum Fortlassen am Werk. Der Verdacht, daß dadurch nach Art idealisierender Vereinfachung eine Verzeichnung eingetreten sei, ist nicht a limine [von vornherein] abzuweisen.»[60]

In der Tat! Dieser Verdacht ist nicht nur nicht a limine abzuweisen, sondern er ist schlechterdings nicht zu entkräften. Ebeling zieht sich denn auch fadenscheinig genug aus der Affäre. Zwar fährt er zunächst noch einsichtig fort: «Wir befinden uns damit an einem besonders kritischen Punkt der Frage nach dem historischen Jesus. Sollte von dem her, worüber aus der Überlieferung – auch indirekt – nichts zu erfahren ist, unser Wissen um Jesus in Frage gestellt sein? Sollte also damit zu rechnen sein, daß Jesus vielleicht ganz falsch oder zumindest unzureichend erfaßt sei, wenn man sagt, in ihm sei der Glaube zur Sprache gekommen? [Dies ist die Quintessenz von Ebelings historischem Jesus.] Gewiß ist da, wo es um Historisches geht, grundsätzlich nichts davon ausgenommen, in Frage gestellt zu werden.»

So weit, so gut. Aber dann flüchtet sich Ebeling in die Welt der Wünsche. Er «löst» die Verlegenheit, indem er sich – typisch theologisch – auf seine Überzeugung beruft und behauptet: «Aber – von vordergründigen Argumenten abgesehen – ist es in diesem Fall einfach überzeugend, daß das Zusammentreffen aller Linien der Überlieferung im Zur-Sprache-Kommen des Glaubens sich in der Existenz und nicht in der Phantasie ereignet hat.»

Wieso «überzeugend»? Wieso gar «einfach überzeugend»? Seit wann ersetzen Überzeugungen Argumente? Unbestreitbar erscheint Jesus nur durch das Filter der Dogmatik der Evangelisten. Was eine derartige Informationssperre vermag, erkennt man daran, daß damit ganze Nationen hinters Licht geführt werden können.

Betrachten wir ein einziges Modellbeispiel. Das Markus- und Matthäusevangelium lassen Jesus mit dem Wort auf den Lippen sterben: «Mein Gott, mein Gott, warum hast du mich verlassen?» (15,34 und 27,46.) Man könnte meinen, hier sei ein Text überliefert, der Jesus kompromittiere, indem er seine Verzweiflung schildere. Aber welcher Christ hätte gewagt anzunehmen, Jesus sei zusammengebrochen, zumal Gott ihn nach drei Tagen vom Tode auferweckt und damit sich zu seinem Leben bekannt hatte? Nein, mit dem zitierten Wort beginnt der zweiundzwanzigste Psalm. Wer überhaupt einen Psalm betet, verzweifelt nicht, sondern stirbt im Frieden mit Gott. Insofern ordnet sich auch dieses Wort der Aufgabe der Passionsberichte unter: «die Niederlage des gekreuzigten Jesus als seinen Sieg zu schildern»[61].

Da also die Evangelien – wie bereits ihr schmaler Umfang zeigt – Jesus nur bruchstückhaft zu Wort kommen lassen und darüber hinaus die historisch-kritische Forschung den Bestand an zuverlässiger Überlieferung auf ein Minimum hat zusammenschrumpfen lassen, ergibt sich für die Formgeschichtler – die trotz aller teilweisen Kritikbereitschaft in einem Pietätsverhältnis zum Neuen Testament stehen – ein drückendes Problem.

Günther Bornkamm, Professor in Heidelberg, formuliert es so: «Würden wir die Überlieferung kritisch auf das reduzieren wollen, was mit keinerlei historischen Gründen sich mehr bezweifeln läßt, wir behielten am Ende nur einen *Torso* zurück, der wieder mit der in den Evangelien bezeugten Geschichte kaum noch etwas gemein hat.»[62] Da nicht sein kann, was nicht sein darf, bedienen sich die Exegeten folgender Taschenspielertricks. Sie sagen: Mag ein Wort auch «formal» unecht, eine Jesus nachträglich in den Mund gelegte Gemeindebildung, sein, so kann es gleichwohl in einem «tieferen» Sinne echt sein, nämlich: Jesu Auffassung zutreffend wiedergeben. Ist es auch nicht echt, so ist es doch gut erfunden.

Auf diese Weise können fast sämtliche Evangelientexte wie in alten Zeiten für den historischen Jesus beschlagnahmt werden, und der kritisch-destruktive Effekt der Formgeschichte ist auf das befreiendste unschädlich gemacht.

Dieses Vorgehen ist wissenschaftlich verantwortungslos. So kann ein Romancier arbeiten, aber nicht ein Historiker. Man stelle sich vor, Theologen der fundamentalistischen Bekenntnisbewegung «Kein anderes Evangelium» würden Bultmann-Worte bilden – was Bultmann nach ihrer Meinung eigentlich sagen müßte –, statt sich an seine vorliegenden Verlautbarungen zu halten. Nach den Praktiken der Formgeschichte wäre es nur recht und billig, wenn der Bultmann-Feind Pfarrer Gerhard Bergmann seine Unterstellung, daß nach Bultmann Jesus auferstanden sei «wie Goethe», als wörtliches Bultmann-Zitat brächte.

Die pseudokritische Formgeschichte wiederholt auf ihre Weise, was vor neunzehnhundert Jahren die Urgemeinde tat. Die ersten Christen ließen nicht nur Worte Jesu weg, sondern erfanden auch hemmungslos neue hinzu, je nachdem, wofür gerade eine autoritative Weisung oder Bestätigung benötigt wurde. Solche «Gemeindebildungen» lassen sich grundsätzlich daran erkennen, daß sie Zustände, Praktiken, Probleme, Interessen oder Glaubenssätze der Urgemeinde voraussetzen. So wurden bereits vor Jahrzehnten die sogenannten Leidensweissagungen Jesu als Gemeindebildungen erkannt, also jene drei Stellen, wo Jesus sagt: «Der Sohn des Menschen muß viel leiden und verworfen werden von den Ältesten und Hohenpriestern und Schriftgelehrten und getötet werden und nach drei Tagen auferstehen» (Mark. 8,31; 9,31; 10,33 f). Diese Worte setzen die detaillierte Kenntnis der Passionsgeschichte und den Glauben an die Auferstehung Jesu nach drei Tagen voraus.

Andere Gemeindebildungen werden von den theologischen Historikern gerne etwas verschämt «Worte des erhöhten Herrn» genannt. Es sind Worte urchristlicher Propheten, die in den jungen Gemeinden eine bedeutende Rolle spielten. Diese Propheten «kleideten ihre zugespitzten Worte, wie wir aus der Johannesoffenbarung noch deutlich gewahren, in die Form von Ichworten Jesu, sprachen als Inspirierte in der Autorität und im Namen des erhöhten Christus. Wurden diese Worte nun tradiert, so verwischte sich rasch die Unterscheidung zwischen dem erhöhten und dem irdischen Herrn, zumal die Urchristenheit an dem letzten ohnehin nicht eigentlich interessiert war. So kommt es, daß zahllose [!] Ichworte des durch Prophetenmund sich offenbarenden Christus in die synoptische Tradition als Sprüche Jesu eingegangen sind.»[63]

Diese Prophetie – Modell aller späteren christlichen Theologie – brachte beispielsweise den Tauf- und Missionsbefehl hervor, der am Ende des Matthäusevangeliums steht. Dort heißt es: «Mir ist gegeben alle Gewalt im Himmel und auf Erden. Darum gehet hin und machet alle Völker zu Jüngern und taufet sie auf den Namen des Vaters und des Sohnes und des heiligen Geistes ...» Diese Worte sind eine ganz späte hellenistische Bildung, weil sie die universalistische Missions- und Taufpraxis voraussetzen, von der die judenchristliche Urgemeinde in Jerusalem nichts wissen wollte.

Die unumgängliche Konsequenz aus der neutestamentlichen Quellenlage hat Ernst Käsemann treffend folgendermaßen formuliert: «Auf Grund der formgeschichtlichen Arbeit hat sich unsere Fragestellung derart zugespitzt und erweitert, daß wir nicht mehr die etwaige Unechtheit, sondern gerade umgekehrt die Echtheit des Einzelgutes zu prüfen und glaubhaft zu machen haben. Nicht das Recht der Kritik, sondern ihre Grenze ist heute zu beweisen.»[64]

Nur wenige Neutestamentler machen sich wirklich bewußt, was diese methodische Forderung bedeutet. Es muß bündig erwiesen werden: dieses Wort *kann* nur Jesus und niemand anders gesagt haben. Unter keinen Umständen kann es ihm in den Mund gelegt worden sein – sei es aus jüdischer Tradition, sei es als Gemeindebildung. Dieser Beweis ist grundsätzlich unmöglich, wie Bultmann immerhin einräumt. Er betont, «daß nie für ein einzelnes Jesuswort der bestimmte Beweis seiner Echtheit zu führen ist»[65].

Allerdings bricht er dieser Erkenntnis sofort die tödliche Spitze ab, indem er weiter «argumentiert»: Zwar sei im Einzelfall der Echtheitsbeweis nicht zu führen, aber man könne «doch auf eine ganze Reihe von Worten der ältesten Traditionsschicht hinweisen, die ein Bild von der geschichtlichen Verkündigung Jesu vermitteln» – «sei es, daß sie als ihre direkten Ausstrahlungen verständlich sind, sei es, daß sie als ihre gebrochene Wirkung in einem andersartigen geschichtlichen Stoff zu deuten sind».

Bultmann verfährt wie jener Richter, der plädiert: Zwar sind die Anschuldigungen der drei Zeugen in keinem Fall hieb- und stichfest beweisbar. Dennoch verurteile ich den Angeklagten, weil sich in ihnen – wie gebrochen auch immer – seine Tat spiegelt. Ist in keinem Einzelfall die Echtheit eines Jesuswortes zu beweisen, so kann – nach den Regeln der formalen Logik – selbstverständlich auch nicht die Gesamtheit der Verkündigung Jesu erfaßt werden.

Von dieser grundlegenden Einsicht her wird auch das materiale Echtheitskriterium von vornherein fragwürdig, mit dem die Formgeschichtler arbeiten. Als echt gilt Tradition, die «aus irgendwelchen Gründen weder aus dem Judentum abgeleitet noch der Urchristenheit zugeschrieben werden kann, speziell dann, wenn die Judenchristenheit ihr überkommenes Gut als zu kühn gemildert oder umgebogen hat». Zwar erhalte man so keine Klarheit darüber, «was Jesus mit seiner palästinensischen Umwelt und seiner späteren Gemeinde verbunden hat». Das sei unmöglich heute. Aber es sei ja «wichtiger, wenn wir zu Gesicht bekommen, was ihn von Gegnern und Freunden trennte»[66].

So kann Käsemann über einen Spruch aus der Bergpredigt schreiben: «Die Unerhörtheit des Wortes bezeugt seine Echtheit.»[67] Nach Bultmann können solche Worte «den höchsten Grad der Echtheit beanspruchen», die erfüllt sind «von dem eschatologischen Kraftgefühl, das das Auftreten Jesu getragen haben muß»[68]. Nach Conzelmann weisen sich Jesu Worte als solche aus, «die ein unwiederholbares Situationsbewußtsein aussprechen», die «ein scharf profiliertes Selbstbewußtsein» spiegeln.[69]

Können diese reichlich formalen und dehnbaren Kriterien die Misere beheben? Natürlich nicht. Denn der «Beweis aus dem Unterschied» (jesuanisch ist, was sich vom Judentum wie vom Urchristentum unterscheidet) setzt gerade voraus, was erst bewiesen werden muß: daß Jesus sich überhaupt von beiden Größen unterschied.

Nach Bultmann ist Jesu Predigt immerhin «nicht neu durch ihren Gehalt an Gedanken; denn in ihrem Gehalt ist sie nichts anderes als reines Judentum, reiner Prophetismus»[70]. Und was die «unerhörte Souveränität» (Käsemann) oder das «scharf profilierte Selbstbewußtsein» (Conzelmann) angeht, mit denen Jesus angeblich auftrat, so gelten sie zugestandenermaßen auch für die urchristlichen Propheten. Welch ungeheures Selbstgefühl sie durchdrang, zeigt jenes bekannte Wort von der unvergebbaren Sünde gegen den Heiligen Geist. Matthäus 12, 32 steht: «Und wer ein Wort wider den Sohn des Menschen redet, dem wird vergeben werden; wer aber eins wider den heiligen Geist redet, dem wird nicht vergeben werden weder in dieser noch in der zukünftigen Welt.»

Käsemann: «Der Sinn des viel umrätselten Wortes ist durchaus klar: Die urchristliche Mission stößt auf Widerstand, den sie gerade, weil sie sich durch den Geist bestimmt weiß, gegen diesen gerichtet sieht und nur als Zeichen der Böswilligkeit und Verstocktheit verstehen kann ... In der Prophetie vollzieht sich die göttliche Epiphanie auf Erden, und zwar mit einer eschatologischen Herrlichkeit, welche die dem irdischen Jesus eignende überstrahlt. Dessen Leben stand ja noch, wie man von der Ostererfahrung her urteilt, im Schatten einer Verborgenheit, welche Unverstand, Zweifel und Unglauben begreiflich werden und vergebbar sein ließ. Sich jedoch der unverhüllten Epiphanie Gottes im prophetischen Geist zu widersetzen, ist die eine schlechthin unvergebbare Sünde.»[71]

Abschließend sei noch kurz die Frage gestreift: Was können wir über Jesu Taten und sein Schicksal wissen?

Auch hier gelten die grundlegenden Erkenntnisse: 1. Wir wissen von Jesu Verhalten nur durch die Brille seiner Anhänger, die ihn verherrlichen wollten und kein Interesse hatten, Abträgliches über ihn zu berichten. 2. Alle historischen Erkenntnisse haben Wahrscheinlichkeitscharakter.

Die kritische Evangelienforschung hat bündig ergeben: Alle Wundergeschichten (etwa Jungfrauengeburt, Wandel auf dem See, Auferstehung nach drei Tagen, Himmelfahrt) entpuppen sich als Legenden oder Mythen. Dabei geht die selbstkritische historische Methode keinesfalls dogmatisch davon aus, ein Mensch könne nicht über das Wasser des Sees Genezareth schreiten oder nach drei Tagen wieder aus dem eigenen Grab herauskrabbeln. Die historische Methode fragt nicht danach, was überhaupt möglich ist – alles kann möglich sein, solange nicht das Gegenteil erwiesen ist –, sondern sie fragt danach, was tatsächlich geschehen ist.

Das vernichtende Urteil über die Evangelien ergibt sich, wenn die Berichte auf ihre innere Stimmigkeit hin überprüft werden. Dabei wird beispielsweise gefragt: Wer kann diesen Vorfall beobachtet und dann berichtet haben? Ein nicht zu unterschätzendes Argument gegen die Historizität der Wunder ist die erdrückende Fülle an religionsgeschichtlichen Parallelen in der unmittelbaren Umwelt. In der Spätantike – sowohl im jüdischen wie auch im hellenistischen Bereich – wimmelte es von Wundertätern, Gottessöhnen und Heilanden. Jungfrauengeburten, Totenauferweckungen, Himmelfahrten, wunderbare Seesturmstillungen, wunderbare Massenspeisungen waren an der Tagesordnung und wurden auch von den Gegnern der jeweiligen Kulte geglaubt.

Nach Bultmann – jeder Neutestamentler urteilt hier ja anders – kann man «mit einiger Vorsicht» über das «Wirken Jesu» folgendes sagen: «Charakteristisch für ihn sind Exorzismen, der Bruch des Sabbatgebots, die Verletzung von Reinheitsvorschriften, die Polemik gegen die jüdische Gesetzlichkeit, die Gemeinschaft mit deklassierten Personen wie Zöllnern und Dirnen, die Zuneigung zu Frauen und Kindern; auch ist zu erkennen, daß Jesus nicht wie Johannes der Täufer ein Asket war, sondern gerne aß und ein Glas Wein trank. Vielleicht darf man noch hinzufügen, daß er zur Nachfolge aufrief und eine kleine Schar von Anhängern – Männern und Frauen – um sich sammelte.»[72]

Nehmen wir an, dies ließe sich tatsächlich noch vom Wirken Jesu erkennen. Was wäre damit in Wahrheit erreicht? Nichts. Denn da wir von Jesu Worten, seiner formulierten Absicht, nichts mehr wissen können, bleiben auch seine Taten stumm oder vieldeutig. Exorzismen wurden auch von anderen Rabbinen berichtet. Reinheitsvorschriften und Sabbatgebote wurden teilweise auch in der Urgemeinde gebrochen, so daß eine Rückdatierung in das Leben Jesu nicht ausgeschlossen ist, wie die formgeschichtliche Analyse der synoptischen Streitgespräche gezeigt hat. Daß Jesus mit Zöllnern fraternisierte, mit Dirnen «Gemeinschaft» pflegte und Zuneigung zu Frauen und Kindern zeigte, könnte ja auch ganz andere Hintergründe haben, als Theologen anzunehmen geneigt sind. Immerhin war er kein Asket.

Der Ruf zur Nachfolge und das Sammeln von Anhängern besagen

als bloße Tatsache überhaupt nichts. Es kommt darauf an, *wozu* Jesus aufrief. Gerade das können wir nicht mehr erkennen.

Zum Kreuz Jesu als wahrscheinlich historischem Faktum ist alles Nötige bei Bultmann zu lesen. Er betont «die Tatsache, daß wir nicht wissen können, *wie Jesus sein Ende, seinen Tod verstanden hat*». «Ob und wie Jesus in ihm einen Sinn gefunden hat, können wir nicht wissen. Die Möglichkeit, daß er zusammengebrochen ist, darf man sich nicht verschleiern.»[73]

Unlösbar bleibt das Problem, welche Gründe historisch zu Jesu Kreuzigung führten. Soweit ich sehe, werden heute drei Grundantworten gegeben.

(1) Bultmanns Schüler sehen den Tod Jesu als innerlich notwendigen und organischen Abschluß seiner Verkündigung. Jesu Predigt stand in einem solch tiefen Gegensatz zum jüdischen Kult, daß die klerikale Führung – wie im einzelnen auch immer – sich des unerwünschten Predigers entledigen mußte. Diese Theorie bleibt eine unbeweisbare Hypothese, da wir Jesu Verkündigung nicht rekonstruieren können.

(2) Nach Bultmann wurde Jesus von den Römern «wie andere Aufrührer als messianischer Prophet» hingerichtet, weil sie als «Außenstehende» den «eigentümlich unpolitischen Charakter» seines Auftretens nicht erkannten.[74] «Historisch gesprochen», war sein Kreuz «ein sinnloses Schicksal»[75], das «tragische Ende eines edlen Menschen»[76].

(3) Für einige Außenseiter, den Philosophen Walter Bröcker[77], den protestantischen Theologen Heinrich Buhr[78] und den nichtchristlichen Profanhistoriker Joel Carmichael[79] war Jesus nicht nur ein religiöser Prophet, sondern zugleich ein politischer Revoluzzer. Diese Vermutung, die bereits im 18. Jahrhundert Hermann Samuel Reimarus vertrat, stützt sich auf Worte Jesu wie «Wer kein Schwert hat, verkaufe seinen Mantel und kaufe eins» (Luk. 22, 36) oder auf die Geschichte von der gewaltsamen Tempelreinigung (Mark. 11, 15 ff). Diese Texte gelten den genannten Autoren als letzte Spuren eines gescheiterten messianischen Putsches, den die Urgemeinde später zu vertuschen suchte. Danach war die Kreuzigung Jesu kein Mißverständnis von seiten der Römer, sondern entsprach der üblichen Praxis mit wirklichen messianischen Rebellen.

Wer mag hier entscheiden? Wer kann hier begründet Historisches von Unhistorischem trennen? Das Wort von dem Schwert ist in der Tat auffällig. Verständlich wäre auch, wenn die Urgemeinde später den etwaig politischen Charakter des Wirkens Jesu zu verbergen gesucht hätte. Andererseits reichen die versprengten Stücke kaum aus – da ihre Historizität umstritten, ihr Sinn vieldeutig bleibt –, Bultmanns These vom Mißverständnis der Römer zu entkräften.

Statt weiter im Sumpf der Vermutungen zu waten, sollten wir endlich zugeben: Wir wissen es nicht.

3 Die Realbilanz der Theologiegeschichte: Chaos im Dogma

Das Problem, dem auch der dritte Abschnitt des ersten Hauptteiles dieses Buches gewidmet ist, ist das Problem der Einheit oder der Identität des Christianum. Diese Identität ist im Ethos nicht aufzuweisen, wie die Kirchengeschichte mit ihren unauslöschbaren Geschehnissen belegt. Auch die Suche nach dem historischen Jesus hilft nicht weiter, da er hoffnungslos unter dem Schutt der Legenden und Mythen der Urchristenheit begraben liegt.

Im Dogma, in den theologischen Lehren, ist die Chaotik zunächst nicht so unmittelbar zu bemerken. Die Christen strengen sich jedenfalls an, sie vor sich selber und vor anderen zu vertuschen und die Konstanz des Glaubens durch die Jahrhunderte hindurch zu erweisen. Für den Katholizismus stellte der Mönch Vinzenz von Lerinum (gestorben vor 450) das berühmte Traditionsprinzip auf: «Curandum est, ut id teneamus, *quod ubique, quod semper, quod ab omnibus creditum est* – Wir müssen uns an das halten, *was überall, was immer, was von allen geglaubt wurde.*» Das Prinzip der bischöflichen Nachfolge konkretisiert diese Ideologie: den Bischöfen werde durch Handauflegen (!) das «charisma veritatis», die Gabe der reinen, nämlich der auf die zwölf Apostel zurückgehenden Lehre übertragen.

Auch der Protestantismus teilt die Vorstellung einer ununterbrochenen Kette geschichtlicher Nachfolge, wenn auch nicht notwendig von Bischöfen, so doch von Christen überhaupt. Luther lehrte, daß zu allen Zeiten ein kleines Häuflein wahrer Christen den echten apostolischen Glauben bewahrt habe.

Begleitet wird diese Behauptung einer einigen heiligen Kirche von einer geeigneten kultisch-liturgischen Praxis: der stereotypen Rezitation solcher Formeln, die ausdrücklich die Unveränderlichkeit und unverbrüchliche Stetigkeit der Kirche und ihres Glaubensgutes beschwören: «Wie es war im Anfang, jetzt und immerdar und von Ewigkeit zu Ewigkeit.» – «Jesus Christus, derselbe gestern, heute und in Ewigkeit» (Hebr. 13, 8). «Ein Herr, ein Glaube, eine Taufe» (Eph. 4, 5).

Wer also die Unterschiedlichkeit und Widersprüchlichkeit der christlichen Glaubenssätze aufdecken will, darf sich nicht vom Gleichklang vieler Formulierungen blenden lassen, sondern muß zum Sachgehalt vorstoßen.

Auch gilt es die gegenseitige Abhängigkeit der einzelnen Glaubensaussagen im Auge zu behalten. Je nach der Umgebung können derselbe Gedanke und dieselbe Handlung einen völlig verschiedenen Stellenwert erhalten. So könnte man beispielsweise naiv sagen: Protestanten und Katholiken glauben doch alle an Jesus Christus, und das verbindet sie im tiefsten. In der Tat glauben beide Konfessionen an Jesus Christus.

Aber ob man sagt «allein Christus» oder ob zusätzlich Maria als «Mittlerin zum Mittler» und eine unübersehbare Schar von Heiligen den Himmel bevölkern, macht einen beträchtlichen Unterschied.

Auch das Vaterunser bedeutet trotz gleichlautenden Textes für einen Protestanten und für einen Katholiken etwas Grundverschiedenes. Stilisiert: ein römischer Christ spricht *ein* Vaterunser; ein Lutheraner betet *das* Vaterunser. Der Katholik kann als Bußübung mehrere Vaterunser hintereinander sprechen. Das Gebet wird zum frommen Werk. Die protestantische Grundhaltung äußert sich in den Worten Gerhard Ebelings: «Jesus wollte nicht ein Gebet lehren, sondern beten lehren, und das heißt ja zugleich auch: frei machen von ängstlichem und abergläubischem Gebrauch von Formeln.»[80]

Für einen modernen Protestanten ist die Taufe nichts als eine Verlegenheit, für einen unbedarften Katholiken dagegen fester Bestandteil einer umfassenden sakramentalistischen Weltsicht. Außerdem wandelt sich das Sakramentsverständnis je nachdem, wer die Gnadenmittel spenden darf: ob nur der geweihte Priester oder jeder Christ.

Nun können allerdings auch die rigorosesten Vertreter der christlichen Losung – ein Herr, ein Glaube, eine Taufe – die Tatsache nicht übersehen, daß verschiedenartige christliche Auffassungen miteinander konkurrieren und sich gegenseitig ihre Berechtigung bestreiten. Bereits im 2. Jahrhundert bildeten daher großkirchliche Theologen ein Schema aus, das diesen peinlichen Tatbestand erklären sollte. Dieses Schema, das auch heute noch weithin das kirchliche Bewußtsein bestimmt, lautet – mit den Worten des verstorbenen Göttinger Neutestamentlers Walter Bauer:

«1. Jesus offenbart die reine Lehre seinen Aposteln, teils vor seinem Tode, teils in den vierzig Tagen vor der Himmelfahrt.

2. Nach seinem endgültigen Scheiden teilen die Apostel die Welt unter sich, und jeder bringt dem Lande, das ihm zugefallen, das unverfälschte Evangelium.

3. Auch nach dem Tode der Jünger breitet sich dieses weiter aus. Doch erwachsen ihm jetzt Hemmungen innerhalb der Christenheit selbst. Der Teufel kann es nicht lassen, Unkraut in das göttliche Weizenfeld zu säen; und er hat Erfolg damit. Von ihm verblendet, geben gewisse Christen die echte Lehre preis. Die Entwicklung vollzieht sich in folgender Weise: Unglaube, Rechtglaube, Irrglaube ...

4. Natürlich ist der rechte Glaube unüberwindlich. Trotz aller Bemühungen des Satans und seiner Werkzeuge drängt er Unglauben und Irrglauben zurück und greift siegreich immer weiter um sich.»[81]

Dieses Schema, das eine ideale Urzeit annimmt, in der alle noch «ein Herz und eine Seele» waren – mit welcher Formulierung bereits die Apostelgeschichte die erste Gemeinde verklärte (4, 32) –, hat sich längst als harmonistische Illusion entpuppt. Von Anfang an wütete in der Christenheit Streit in den zentralen dogmatischen Fragen, wie vor allem das bedeutende Werk «Rechtgläubigkeit und Ketzerei im ältesten Christentum» des eben zitierten Forschers Walter Bauer zeigt. Daneben trug der Schweizer systematische Theologe und Dogmengeschichtler Martin Werner mit seinem Buch «Die Entstehung des christlichen Dogmas» dazu bei, die traditionelle Sicht des kirchengeschichtlichen Verlaufes zu erschüttern.

Beide Arbeiten zeigen, daß diejenige Lehre, die sich schließlich in der alten Kirche als die rechtgläubige durchsetzte, das Produkt eines erbitterten Kampfes verschiedener Vorstellungen ist, wobei die unterlegenen Lehrmeinungen zu Ketzereien gestempelt wurden. «In Wahrheit ist die neue werdende Großkirche, gemessen an dem nämlichen Maßstab, nach welchem sie andere Gruppen und Richtungen als häretisch verurteilt, selber nichts anderes als eine Häresie, aber nun eben die erfolgreichste Häresie, die schließlich alle andern siegreich aus dem Felde schlägt.»[82]

Die peinlichste Tatsache, auf die das Buch Walter Bauers hinweist, besteht darin, daß das Jerusalemer Urchristentum – die historische Basis jeder Form von Christentum – vom später siegreichen hellenistischen Heidenchristentum sehr bald als häretisch verfemt wurde. Bereits Paulus schleuderte gegen den konservativen Flügel der Jerusalemer den Bannfluch, weil sie die Heidenmission ablehnten. Später wurde dieser Tatbestand verschleiert. Die Judenchristen wurden als «Ebioniten» in die Ketzerkataloge einsortiert und verteufelt: Sie seien vom wahren Evangelium abgefallen. Obwohl sie nur das ursprüngliche bewahrten.

Selbstverständlich zerfiel auch das Heidenchristentum gleich zu Beginn in verschiedene Gruppierungen. Walter Bauer schreibt: «Durchgesetzt hat sich die von der stärksten Organisation getragene, einheitlichste und für den Massengebrauch am besten geeignete christliche Glaubens- und Lebensform, trotzdem m. E. noch lange nach Abschluß des nachapostolischen Zeitalters die Gesamtheit der bewußt rechtgläubigen und antihäretischen Christen der Summe der ‹Ketzer› zahlenmäßig unterlegen gewesen ist.»[83]

Ein wichtiges Instrument zur Formierung der Orthodoxie war der neutestamentliche Kanon. In der zweiten Hälfte des 2. Jahrhunderts sammelte man die Schriften, die angeblich von Aposteln, Augenzeugen, verfaßt waren, um sie als Norm für die rechte Lehre und den rechten Glauben benutzen zu können. Verständlicherweise schlichen sich in diese Dogmatisierung etliche historische und systematische Fiktionen ein, deren eine hier näher beleuchtet werden soll: die harmonistische Auffassung, die neutestamentlichen Schriften sagten auch nur in Hauptfragen der Dogmatik dasselbe oder ähnliches.

Ernst Käsemann hat in einer berühmt gewordenen These die Ergebnisse der historisch-kritischen Bibelerklärung bündig zusammengefaßt: «Der n[eu]t[estament]liche Kanon begründet als solcher nicht die Einheit der Kirche. Er begründet als solcher, d. h. in seiner dem Historiker zugänglichen Vorfindlichkeit dagegen die Vielzahl der Konfessionen.»[84]

Aus der Fülle der Widersprüchlichkeiten, die das Neue Testament enthält und die übersichtlich in den Kanonsaufsätzen von Käsemann[85] und Herbert Braun[86] zusammengestellt sind, greife ich drei Beispiele heraus.

Das Matthäus- und das Lukasevangelium lassen Jesus von einer Jungfrau geboren sein (1, 18 ff und 1, 26 ff). Nach Paulus (Phil. 2, 6 ff) und Johannes (1, 1 ff) dagegen war er ein präexistentes Himmelswesen, das auf die Erde hinabstieg, Menschengestalt annahm und nach seinem Heilswerk wieder in die ewige Welt zu Gott zurückkehrte. Beide Vorstellungen schließen sich aus. Im ersten Fall wurde Jesus erst Gottes Sohn bei seiner Geburt nach einer wunderbaren Zeugung durch den Heiligen Geist. Im zweiten Schema lebte er bereits als göttlicher Sohn von Ewigkeit an beim Vater. Eine dritte Auffassung stellt das Markusevangelium dar. Es kennt weder eine Jungfrauengeburt noch eine Präexistenz Jesu. Für den ältesten Evangelisten wurde Jesus erst zu Lebzeiten, und zwar bei seiner Taufe durch Johannes, zum Gottessohn geweiht (1, 9 ff). Eine vierte Form von Christologie schimmert im Neuen Testament nur noch in wenigen alten Bruchstücken durch. So zitiert Paulus (Röm. 1, 3 f) eine traditionelle Formel, die erkennen läßt, daß in der ältesten Gemeinde die Messianität Jesu erst von seiner Auferstehung ab datiert wurde.

Schlechterdings unvereinbar sind die Eschatologien des Johannesevangeliums und der Johannes-Apokalypse. Im Evangelium wird gemäß dem gnostischen Vorbild das jüdisch-apokalyptische Enddrama völlig preisgegeben. Gericht und Heil vollziehen sich bereits jetzt in der Gegenwart (5, 24 f). Unmittelbar nach dem Tode steigt die Seele jedes Gläubigen in die Herrlichkeit der himmlischen Lichtwelt empor (12, 32; 14, 2 f; 17, 24). Die Apokalypse dagegen weidet sich an den Phantasmagorien einer massiv vorgestellten Endkatastrophe mit furchtbaren Plagen: satanischen Heuschrecken (9, 3 ff), einem Kampf zwischen dem Erzengel Michael und dem großen Drachen im Himmel (12, 7 ff), blutigen Massakern, bei denen Christus auf einem weißen Pferd die Ungläubigen tötet und die Vögel ihre Leichen auffressen (19, 11 ff), einem tausendjährigen Friedensreich auf Erden (20, 1 ff), einer endgültigen Vernichtung des Teufels und seiner Anhänger im Feuersee (20,7 ff), und der Herabkunft des himmlischen Jerusalems auf die Erde (21, 1 ff).

Ein unüberbrückbarer Unterschied, auf den bereits Luther hinwies, besteht auch zwischen der Rechtfertigungslehre des Paulus und der des Jakobusbriefes. Paulus lehrte (Röm. 3, 28): «So halten wir nun dafür, daß der Mensch durch den Glauben gerecht gesprochen werde ohne Werke des Gesetzes.» Im Jakobusbrief (2, 24) steht: «Ihr seht, daß der Mensch aus Werken gerecht gesprochen wird und nicht aus Glauben allein.» Lächerlicherweise berufen sich Paulus (Röm. 4,3) und der unbekannte Autor des Jakobusbriefes (2, 23) für diese gegensätzlichen Aussagen auf dieselbe Stelle im Alten Testament (1. Mose 15, 6): «Abraham aber glaubte Gott, und es wurde ihm zur Gerechtigkeit angerechnet.»

Zusammenfassend läßt sich mit Käsemann sagen: Der neutestamentliche Kanon bietet «die Möglichkeit, das Christentum bald als glühende Apokalyptik, bald als Mysterienreligion, bald als eine Art von Popularphilosophie, bald nomistisch, bald frühkatholisch zu verstehen, wenn man es nicht gar wieder mit relativem Recht einfach als synkretistisches Konglomerat aus diesen verschiedenen Bestandteilen betrachten will. All diese Möglichkeiten sind denn auch tatsächlich im Laufe der Kirchengeschichte praktiziert und – wie sollte es anders sein? – auf protestantischem Boden bis in die Gegenwart hinein wiederholt worden.»[87]

In dieser fatalen Situation stellt sich die Frage nach dem, was man den «Kanon im Kanon» genannt hat. Käsemann und Braun zeigen zwar historisch-kritisch die Unterschiedlichkeit und Widersprüchlichkeit des neutestamentlichen Stoffes auf, können sich aber selbstverständlich als kirchlich gebundene Forscher nicht mit einem rein destruktiven Ergebnis abfinden. Beide greifen daher eine der Positionen im Kanon heraus – die paulinische Lehre von der Rechtfertigung des Sünders allein aus Glauben – und behaupten in der Nachfolge Luthers, sie sei die eigentliche Mitte der Bibel. Käsemann nennt dies die «Prüfung der Geister auch in der Schrift» und räumt redlicherweise ein, daß dies eine Frage der «Entscheidung» sei.[88] Bereits ein Katholik würde sie willkürlich nennen. Was ist sie auch anderes als ein verzweifelter Salto mortale aus dem biblischen Chaos in das eigene reformatorische Dogma?!

Braun streicht zwar heraus, sein Sachkriterium für den Kanon im Kanon sei begründet im Neuen Testament selber, aber – so gesteht er – «begründet freilich nicht im *Ganzen* des Kanons»[89], sondern nur in den Hauptteilen, Jesus, Johannes und Paulus. Inwiefern sollen Jesus, Johannes und Paulus die Hauptteile des Neuen Testaments sein? Über Jesus können wir nichts wissen. Und zahlenmäßig – sofern Zahlen in der Wahrheitsfrage überhaupt erheblich sind – sind Johannes und Paulus zweifellos *nicht* die Hauptteile. Wie dem auch sei: so oder so bleibt das Neue Testament ein Sammelsurium von Unvereinbarkeiten.

Wie konfus die religiöse Lage der christlichen Gruppen in der alten Kirche war, geht allein daraus hervor, daß Juden und Heiden – wie Clemens Alexandrinus (um 200) beklagte – den Übertritt ablehnten mit dem Hinweis, «daß man angesichts des verwirrenden Dogmenstreits unter den christlichen Parteien nicht wissen könne, welche von ihnen nun wirklich die Wahrheit vertrete»[90]. Origenes (gestorben 254) gestand, daß «so viele unter denen, die an Christum zu glauben bekennen, *nicht nur in nebensächlichen und geringfügigsten Dingen uneinig sind, sondern auch in den bedeutenden und gewichtigsten Hauptpunkten*»[91].

Um 200 konkurrierten allein innerhalb der frühkatholischen Großkirche – trotz Glaubensregel und trotz neutestamentlichen Kanons – drei große Parteien miteinander, deren jede eine andere Vorstellung von Christus hatte: die Logos-Lehre, die Jesus zwar als göttliches Wesen glaubte, ihn aber deutlich dem Vater unterordnete; der Adoptianismus, der Jesus von einer unpersönlichen göttlichen Kraft erfüllt dachte, durch die er vergottet (von Gott adoptiert) worden sei; schließlich der Modalismus, der Christus zu einer Erscheinungsweise (modus) Gottes erklärte und damit die spätere orthodoxe Trinitätslehre vorbereitete.

Im 4. Jahrhundert, als die römischen Kaiser die katholische Kirche privilegierten, gewannen die Dogmenkämpfe einen neuen Charakter, insofern das Imperium eine religiöse Einheitsideologie benötigte und keine in sich zerrissene Reichskirche dulden konnte. Die Kaiser selber griffen in die Theologie ein, Reichssynoden unter kaiserlichem Vorsitz formulierten die großen Dogmen mit Rechtscharakter. Diese Konzilien glichen nicht immer heutigen Kirchensynoden, sondern oft eher Saalschlachten im NS-Stil, wo Knüppel und aufgehetzte Mönchstrupps Argumente ersetzen sollten. Der Glaube an die beschlossenen Dogmen galt als unmittelbar heilsnotwendig. Die Beschlußgegner wurden mit dem Bann verflucht (den sie erwiderten) und galten fortan als Ketzer und Gotteslästerer.

Das Konzil von Nicäa (325) entschied gegen Arius (und damit gegen weite Passagen des Neuen Testaments), daß Christus Gott wesensgleich sei. In Konstantinopel (381) erlangte der Heilige Geist die gleiche Würde. 451 wurde in Chalcedon die sogenannte Zweinaturenlehre festgelegt, die besagt, daß Jesus Christus wahrer Gott und wahrer Mensch zugleich sei – unvermischt und ungetrennt. Diese Dogmen konnten die bestehenden religiösen Differenzen, in die machtpolitische und kulturelle Faktoren mit eingingen, wesensgemäß nicht beenden. Im Gegenteil, oft traten die Unterschiede noch deutlicher hervor und wurden noch leidenschaftlicher bekämpft. Im Extremfall bildeten sich neue kirchliche Organisationen: selbständige Nationalkirchen.

Das Mittelalter war nie jene geschlossene Einheit, die sich ein naives Geschichtsbild gerne erdichtet. Zwar traten erst im Hochmittelalter die christlichen Dissidenten in Massen auf, dennoch haben immer einzelne Theologen dem herrschenden katholischen Dogma widersprochen.

Folgende Namen und Tatbestände sind zu nennen: die arianischen Ost- und Westgoten, Burgunder und Langobarden. Bonifatius erwähnte in seinen Briefen einen Bischof Clemens und einen Prediger Aldebert, die im katholischen Frankenreich «Irrlehren» verbreiteten. Unter Karl dem Großen wurden theologische Lehren des Erzbischofs Elipandus von Toledo und des Bischofs Felix von Urgel verurteilt. Der Mönch Gottschalk (gestorben 868) vertrat – wie Augustin – die Lehre von der doppelten Prädestination und wurde wegen dieser «Häresie» von zwei Synoden verurteilt.

In der ersten Hälfte des 11. Jahrhunderts traten «Ketzer» schon zahlreicher auf. Ähnlich den alten Manichäern lehnte eine Reihe von Klerikern, Bauern und Adligen ab: die Kreuz- und Heiligenverehrung, die Ehe, die Taufe und andere Sakramente, Fleischgenuß und das Töten von Tieren überhaupt. Die in Arras 1025 verhörte Gruppe gestand schließlich, daß sie nicht nur Taufe, Abendmahl, Ehe, sondern auch Beichte und Buße, Kirchen und den gesamten Klerus für überflüssig hielt; statt dessen glaubte sie an individuelle Inspiration.

1054 brachen die lateinische und die griechische Kirche endgültig auseinander (das sogenannte große abendländische Schisma). Beide Parteien verfluchten und exkommunizierten sich gegenseitig. (Die Bannflüche wurden erst in unseren Tagen zurückgenommen.)

In Tours bestritt der Kanonikus Berengar (gestorben 1088) die traditionelle Abendmahlslehre, leugnete jede Wandlung der Elemente und deutete die Eucharistie symbolisch-spiritualistisch. Auf der Fastensynode 1079 wurde er zum Widerruf gezwungen. Andere Häupter von religiös oppositionellen christlichen Gruppen waren: Tanchelm von Antwerpen und Seeland (um 1110), der Priester Petrus von Bruis (gestorben 1132/33), der Mönch Heinrich in der Provence um 1140 und Arnold von Brescia in der Lombardei und in Rom.

Tanchelm beschimpfte die Kirchen als Bordelle und lehrte, die Wirkung der Sakramente sei abhängig von der Heiligkeit ihrer Spender. Der Mönch Heinrich polemisierte gegen die kirchliche Taufpraxis, da Kinder noch nicht glauben könnten. Arnold von Brescia gab die «häretischen» Parolen der folgenden Jahrhunderte aus, indem er den feudalen Prunk der Hierarchie geißelte und die Rückkehr zur «apostolischen Armut» forderte. 1155 wurde Arnold vom päpstlichen Präfekten in Rom gehängt und verbrannt, seine Asche in den Tiber gestreut.

Von den einzelnen großen Theologen, die zu Lebzeiten oder nach ihrem Tode verketzert wurden, sei nur die überragende und faszinierende Gestalt des Abtes Joachim von Fiore (gestorben 1201/02) genannt, dessen Dreizeitalterlehre weite geistesgeschichtliche Wirkungen (Lessing, deutscher Idealismus) hatte. Er lehrte, daß mit dem Jahre 1260 das Zeitalter des Heiligen Geistes anbreche und alle bisherigen Formen des Christentums abstürben. Das zweite Weltzeitalter, die Periode Christi, sei dann beendet und eine freie Gemeinschaft des Heiligen Geistes entstehe: ohne Papst, ohne Klerus, ohne Sakramente, ohne Bibel, ohne Theologie. Gott selbst werde alle Menschen unmittelbar erleuchten, so daß sie keine Vermittler mehr brauchten und auch das Liebesgebot erfüllen könnten.

Die beiden umfangreichsten «häretischen» Gruppen des Mittelalters, die zeitweise den Bestand der Feudalkirche ernsthaft bedrohen konnten, waren die Katharer (Albigenser) und die Waldenser. Die Katharer, deren Hauptverbreitungsgebiete Südfrankreich und Oberitalien waren, standen in der Tradition des Manichäismus. Sie verwarfen die kirchlichen Sakramente, die Ehe, den Heiligen- und Reliquienkult, den Genuß tierischer Nahrung (außer Fisch). Die Waldenser, genannt nach ihrem Gründer, dem Lyoner Kaufmann Petrus Waldes, lehnten Kriege und jede Blutsgerichtsbarkeit ab, bekämpften die Vorstellung vom Fegefeuer und bestritten die Wirksamkeit der Sakramente unwürdiger Priester.

Weitere Christengruppen, die gegen den Katholizismus rebellierten, seien nur noch dem Namen nach genannt: die franziskanischen Spiritualen, die sich auf Joachim von Fiore beriefen, die Apostelbrüder, die Amalrikaner, die Brüder und Schwestern des freien Geistes, die Beginen und Begarden.

Am Ende des Mittelalters brach der abendländische Katholizismus zeitweilig auseinander. 37 Jahre lang (1378–1415) residierten ein Papst in Rom und ein Papst in Avignon. Beide Stellvertreter Christi auf Erden belegten sich und die ihnen anhangenden Gebiete gegenseitig mit schauerlichen Bannflüchen und stürzten die unwissenden Massen in peinvolle Angst um ihr ewiges Heil. Die Synode von Pisa (1409), die das Schisma beenden sollte, setzte beide Päpste ab und wählte einen neuen. Da die beiden anderen Oberhirten sich weigerten, auf ihre Würde zu verzichten, waren die Kinder Gottes auf einmal mit drei Päpsten gesegnet.

Reformationszeit

Die Reformation spaltete den einen Leib Christi aufs neue und fügte die Protestanten hinzu, die sich sofort auch in Lutheraner, Zwinglianer und Kalvinisten aufspalteten. Neben diesen drei Hauptgruppen, die sich untereinander heftig befehdeten – für Luther war Zwingli wegen seiner abweichenden Abendmahlslehre ein «Schwarmgeist» und ein «Unchrist» –, bestanden sofort reformatorische Nebenströmungen, die man in Täufer, Antitrinitarier und spekulative Mystiker unterteilen kann.

Diese Gruppen berührten sich untereinander in mancherlei Hinsicht, zeigten aber auch viele Gegensätze. Keinesfalls lassen sie sich pauschal abhandeln. Die Täufer, zu denen auch Thomas Münzer gehörte, lehnten die Kindertaufe ab und betonten die Freiwilligkeit und Mündigkeit des Christseins, weshalb sie jedem Staatskirchentum mißtrauten, dabei allerdings einer schwärmerischen Gemeinschaftsideologie verfielen. Die Antitrinitarier leugneten, wie ihr Sammelname schon andeutet, die klassische Trinitätslehre. Ihre Schriften, in denen sich naiver Bibelglaube und rationale Dogmenkritik verquickten, bereiteten geistesgeschichtlich die Religionskritik der Aufklärung vor (besonders die Sozinianer in ihrem Bündnis mit den Arminianern). Zu den spekulativen Mystikern sind Einzelgänger wie Sebastian Franck und Kaspar Schwenkfeld zu zählen sowie die Gruppe der Familisten, die die «Familie der Liebe» zu sein beanspruchten. Sebastian Franck vertrat einen radikalen Individualismus, der auf jeden Kult verzichtete. Katholiken, Lutheranern, Zwinglianern und Täufern stand er gleich ablehnend gegenüber. Das «innere Licht» galt als einzige Quelle der Glaubensgewißheit.

Neuzeit

Das buntscheckige Bild des Christentums in der Neuzeit kann im Rahmen dieser Arbeit nicht gezeigt werden. Ich beschränke mich daher auf eine simple alphabetische Aufzählung einiger christlicher Gruppen, die in der Neuzeit zu den bereits bestehenden hinzukamen, wobei ich aus vorher erklärten Gründen nicht – wie die großkirchliche Theologie – zwischen Sekten und Freikirchen unterscheide.

Adventisten, Altkatholiken, Altlutheraner, Anthroposophen, Apostel Christi, Baptisten, Bekenntnisbewegung «Kein anderes Evangelium», Bund der Kämpfer für Glaube und Wahrheit, Christengemeinschaft, Christliche Wissenschaft, Darbysten, Deutsche Christen, Episkopalisten, Freie Bibelgemeinde, Gemeinde Christi, Gralsbewegung, Heiligungsbewegung, Heilsarmee, Herrnhuter Brüdergemeine, Jehovas Zeugen, Katholisch-Apostolische Gemeinde (‹Irvingianer›), Kirche Jesu Christi der Heiligen der letzten Tage (Mormonen), Kongregationalisten, Lorber-Gesellschaft, Mennoniten, Methodisten, Neuapostolische Kirche, Oxfordbewegung, Pfingstbewegung, Philadelphia-Gemeinde, Presbyterianer, Quäker, Theosophen, Unitarier.

Den bisherigen Ausführungen könnte man – vor allem protestantischerseits – entgegenhalten, ich verkenne die wesenhafte Geschichtlichkeit des Evangeliums und damit dessen berechtigte Wandelbarkeit.

Die Verkündigung des Evangeliums sei wandelbar, «weil die Kirche in die Welt gesandt ist und der Welt das Zeugnis von Jesus Christus schuldet, die Welt aber dauernd in Bewegung ist, vor immer neue Situationen stellt, in immer neuen Sprachen redet, sich in dauernder geistiger Wandlung befindet»[93]. Deshalb müsse, «damit *dasselbe* gesagt wird, um der geschichtlichen Differenz willen es *anders* gesagt werden»[94]. Dieses «Beieinander von Beharrung und Veränderung, von Identität und Variabilität»[95] sei der Inhalt der Kirchengeschichte und bedeute den «Aufweis des unendlichen Reichtums des Wortes Gottes in seiner Auslegung in die Welt hinein bei seinem Gang durch die Geschichte»[96].

Eine solche Betrachtungsweise, auf die gesamte Geschichte aller christlichen Gruppen und aller Theologien angewandt, verkennt die Weite der Wandelbarkeit. Vielfach handelt es sich gar nicht um die Wandelbarkeit des Gleichen, sondern um die Unausgeglichenheit des Gegensätzlichen. Statt von dem unendlichen Reichtum des Wortes Gottes zu schwärmen, wäre es endlich an der Zeit, die unendliche Manipulierbarkeit des «Wortes Gottes» zu begreifen. Es gibt nicht einen Christus, sondern Dutzende. Die Einheit der Kirche ist eine offenkundige Fiktion, wie ich durch ein letztes Beispiel ausführlich belegen will.

Ich wähle die deutschsprachige protestantische Universitätstheologie der Gegenwart. Diese Beschränkung auf die inneren Differenzen ein und derselben Konfession zu ein und derselben Zeit in ein und demselben Kulturbereich bei gleichem Bildungs- und Berufsstand der Befragten verschärft das Problem unüberbietbar. Alle Gründe für eine größere Variationsbreite fehlen.

Doch wie steht es nach den eigenen Aussagen der beteiligten Theologen? Hans Graß spricht zurückhaltend von «theologischem Pluralismus»[97]. Walter Künneth sieht immerhin «die heutige theologische Situation durch ein hohes Maß von Verworrenheit gekennzeichnet»[98]. Gerhard Ebeling nennt das Kind beim Namen: «Chaos»[99]. Er fordert eine «Hermeneutik des innertheologischen [!] Gesprächs», «und zwar nicht etwa nur angesichts der begreiflichen Schwierigkeiten innerhalb der interkonfessionellen, ökumenischen Gesprächsbegegnung oder bei Verständigungsversuchen [!] zwischen Theologen und sogenannten Laienchristen. Vielmehr tritt gegenseitiges Nicht- und Mißverstehen ... im Verkehr von Theologen [!] gleicher [!] Konfession nicht selten [!] am hartnäckigsten [!] auf.»[100] Nach dem Tübinger Professor Hermann Diem ist überhaupt «kaum mehr eine gemeinsame Diskussionsbasis vorhanden, auf der man sich verständigen könnte»[101] – wohlgemerkt, unter protestantischen Universitätstheologen heute.

Ich beabsichtige keineswegs, ein vollständiges Bild der heutigen Lage der evangelischen Theologie zu zeichnen. Das ist weder in der gebotenen Kürze möglich noch notwendig. Unmöglich, weil die Positionen zu vielfältig und zu differenziert sind. Unnötig, weil ich bereits an wenigen Beispielen meine These demonstrieren kann.

Die Uneinigkeit liegt nirgendwo deutlicher zutage als in den beiden zentralen Themen der Gotteslehre (der Theologie im engeren Sinne) und der Christologie. Wer hier Unvereinbarkeiten aufzeigt, zeigt Unvereinbarkeiten in allen Fragen des Glaubens auf.

Ich wende mich zunächst der Christologie zu und stelle als erstes fest:

Die Theologen sind sich bereits uneinig in der elementaren Frage: Was bedeutet es für den christlichen Glauben, wenn die Nichtexistenz des historischen Jesus wahrscheinlich würde? Die überwiegende Zahl antwortet: Das wäre das Ende des christlichen Glaubens. Gollwitzer etwa sagt: «Der christliche Glaube steht und fällt damit, daß Jesus gelebt hat. Man kann nicht mit *Albert Schweitzer* sagen, daß die christliche Theologie ‹in der Persönlichkeit Jesu zwar viel, aber bei weitem nicht alles verlöre und das freisinnige Christentum dann eben aus den Erkenntnissen und Energien der unmittelbaren, von jeder historischen Begründung unabhängigen Religion weiterleben würde›. Dieser Unabhängigkeit von der Historie kann sich ein zur Mystik oder idealistischen Gnosis gewordenes Christentum rühmen, nicht aber der christliche Glaube, weil für ihn Jesus nicht nur Vehikel oder Symbol allgemeiner Wahrheiten ist, sondern der Gegenstand von Glauben und Liebe selbst.»[102]

Im selben Sinne lesen wir bei Gerhard Ebeling, dem führenden Systematiker der Bultmann-Schule: «Hätte Jesus nicht gelebt oder würde sich der Glaube an ihn als ein Mißverständnis dessen erweisen, worum es dem historischen Jesus zu tun war, so würde offenbar dem christlichen Glauben der Boden entzogen.»[103]

Ebenso entscheidet Walter Künneth, der konservative Lutheraner, von Ebeling und Gollwitzer sonst jeweils durch Welten getrennt.[104]

Im Gegensatz zu diesen Autoren äußern sich bedeutende andere Theologen, zu denen, wie wir bereits hörten, Albert Schweitzer zählt. Auch Paul Tillich lehrt, «daß die historische Forschung das Fundament des christlichen Glaubens weder geben *noch nehmen* kann»[105]. Er schreibt: «Ein für meine Entwicklung maßgebendes Dokument sind die Thesen, die ich Pfingsten 1911 einer Gruppe befreundeter Theologen vorlegte und in denen ich die Frage stellte und zu beantworten suchte, wie die christliche Lehre zu verstehen wäre, wenn die Nichtexistenz des historischen Jesus wahrscheinlich würde. Ich halte den Radikalismus dieser Frage gegenüber Kompromissen, wie sie mir schon damals begegneten und jetzt von Emil Brunner wieder versucht worden sind, auch heute aufrecht. Nicht der historische Jesus, sondern das biblische Christusbild ist das Fundament des christlichen Glaubens.»[106] Wie dieser letzte Satz bereits andeutet, sieht Tillichs Lösung des näheren so aus, daß er die biblische Mythologie als Symbole deutet, die auch ohne Bezug auf eine historische Gestalt Jesus von Nazareth wahr und wirksam bleiben.

Ist also bereits die Vorfrage gegensätzlich beantwortet: die Widersprüche und Unvereinbarkeiten häufen sich in den ausgeführten Christologien selber. Was Albert Schweitzer in seiner bekannten Geschichte der Leben-Jesu-Forschung für die vergangenen zwei Jahrhunderte nachwies, gilt auch heute: Es gibt (mindestens) ebenso viele – angeblich wissenschaftliche – Auffassungen von Jesus, wie es Professoren der Theologie gibt.

Karl Barth lehrt eine Christologie «von oben», die von der klassischen Trinitätslehre ausgeht und den Inkarnationsgedanken ins Zentrum stellt. Friedrich Gogarten entfaltet eine Christologie «von unten»: Sie geht vom Menschen Jesus aus und stellt dessen urbildlichen Glauben dar – wobei die Trinitätslehre völlig abgestreift wird. Otto Weber meint einen Standpunkt jenseits dieser Ansätze «von oben» oder «von unten» behaupten zu können.

Für Bultmann gehört der historische Jesus religiös ins Judentum und zählt nur zu den Voraussetzungen der neutestamentlichen Theologie. Allein das nackte Daß seines Lebens ist ihm wichtig. Für Bultmanns Schüler bedeutet der historische Jesus in Wort und Verhalten den eigentlichen Grund und Inhalt des christlichen Glaubens.

Herbert Braun bezeichnet Jesus als «Chiffre», die ein neues Selbstverständnis «signalisiert». Paul Tillich und Fritz Buri verkünden «den Christus», ein Prinzip oder ein Symbol des «Neuen Seins». Ernst Fuchs schließlich glaubt *wie* Jesus, Paul Althaus glaubt *an* Jesus.

Für Karl Barth «gehört zum wirklichen Glauben auch die Bejahung der Lehre von der Jungfrauengeburt»[107]. Nach Paul Althaus gilt die Jungfrauengeburt Jesu «nicht als ein notwendiges und unveräußerliches Stück des Bekenntnisses zu Jesus Christus»[108].

Die Beispiele könnten beliebig fortgesetzt werden. Ein Problem sei noch etwas breiter dargestellt: die Auferstehung Jesu. Hier konkurrieren drei Grundpositionen:

(1) Die radikale Leugnung der Auferstehung als eines historischen Faktums. Bultmann ist «davon überzeugt, daß ein Leichnam nicht wieder lebendig werden und aus dem Grabe steigen kann»[109]. «Das Osterereignis als die Auferstehung Christi ist kein historisches Ereignis; als historisches Ereignis ist nur *der Osterglaube der ersten Jünger* faßbar.»[110] *«Der Auferstehungsglaube ist nichts anderes als der Glaube an das Kreuz als Heilsereignis.»*[111]

(2) Die genaue Gegenthese verficht Wolfhart Pannenberg. Für ihn ist die Auferstehung Jesu ein historisches Faktum, das die profane Geschichtswissenschaft mit ihren Methoden aufweisen kann.[112] In seinem System ist – man höre und staune – «dem Historiker die Beweislast zuzumuten dafür, daß in Jesus von Nazareth Gott sich offenbart hat»[113].

(3) Zwischen diesen Extremen siedeln eine Reihe vermittelnder Theologen. Ihnen gilt die Auferstehung Jesu zwar als ein wirkliches Ereignis in Raum und Zeit. Aber es ist nicht historisch zu erheben, sondern nur zu glauben. Paul Althaus formuliert: Die Auferstehung Jesu «freilich ist kein historisches Datum wie die Züge der Person und Geschichte Jesu, von denen wir sprachen. Daß die Daten, die der Historiker fassen kann, die Berichte von ‹Erscheinungen› und doch wohl auch das leere Grab (vgl. v. Campenhausen), historische ‹Zeichen› sind, hinter denen das Mysterium der Auferweckung steht, weiß nur der Glaube.»[114]

Die angedeuteten Standpunkte sind natürlich oft auch miteinander kombiniert oder vielfach abgewandelt. Meist wird die eigene Christologie als die allein mögliche hingestellt und die der Kollegen bissig verketzert. So bekämpft Ernst Fuchs die Christologie Pannenbergs als eine «Ideologie»[115]. Für Pannenberg selbst steht mit seinem Entwurf nichts weniger als «unmittelbar ... das Fundament des christlichen Glaubens»[116] auf dem Spiel.

Mit den Christologien Rudolf Bultmanns und seiner Schüler ging Walter Künneth hart ins Gericht. Zu Bultmann liest man bei ihm: «Zu bedauern ist, daß in diesem philosophischen Unternehmen noch immer an dem Begriffe ‹Christologie› festgehalten wird, obwohl der sachliche Inhalt damit nichts mehr zu tun hat.»[117] Dem Ketzerfürsten Braun wird bescheinigt: «Der Glaube an Jesus hat sich in nichts aufgelöst. Die übrigbleibenden humanitären Reste haben das Spezificum Christianum weit hinter sich gelassen und werden zu einer kümmerlichen Dokumentation einer anthropozentrischen Moralität.»[118]

Einer der durch Künneth verlästerten Christologen, Gerhard Ebeling, hat ebenso scharf zurückgeschlagen. In Künneths «Pamphlet», randvoll gefüllt mit «pseudo-orthodoxem Pathos», werde der christliche Glaube «in ein weltanschauliches Prinzip verfälscht und – welch überraschende Umkehrung der Fronten! – der Grund des Glaubens in Enthusiasmus aufgelöst»[119].

In der Gotteslehre, dem zweiten Demonstrationsobjekt, wütet der Wirrwarr nicht weniger. Ich beschränke mich auf die Gotteslehre Herbert Brauns und die seiner Gegner. Die Gotteslehre des Mainzer Neutestamentlers, die bisher (in gewisser Richtung) konsequenteste Durchführung von Bultmanns Entmythologisierungsprogramm, hat die theologischen Gemüter heftig erhitzt. Da es mir nur um Brauns Verketzerung geht, erspare ich mir das Referat der verschiedenen und untereinander gegensätzlichen Gegenentwürfe. Auch so wird die innere Zerrissenheit der Theologie deutlich.

Für Braun sind die mythologischen Aussagen der Bibel, wie etwa die «Existenz einer Gottheit», «heute weltanschaulich nicht zu leisten». Nach einer «hermeneutischen» Radikalkur, bei der das Neue Testament durch einen anthropologischen Fleischwolf gedreht wird, lautet dann Brauns Gotteslehre so: «Gott ist also der Ausdruck für das Phänomen des gewissensmäßigen, getrosten, überzeugten Handeln-könnens.» – «Gott wäre dann dort, wo der Augenblick in seiner Gefülltheit genommen und gelebt wird.» – «Der Mensch als Mensch, der Mensch in seiner Mitmenschlichkeit impliziert Gott... Gott wäre dann eine bestimmte Art der Mitmenschlichkeit. Der Atheist verfehlt den *Menschen*. Ja, man wird fragen können: gibt es den Atheisten überhaupt?»[120]

Diese Auslassungen haben einen Sturm der Entrüstung entfacht. Gerhard Petry beklagt sie als das «Ende der Theologie»[121]. Wilhelm Andersen lamentiert über Brauns «totale(n) theologische(n) Ausverkauf»[122]. Für Johannes Schneider hat Braun «die völlige Entleerung der biblischen Aussagen über Gott vollzogen, und die Theologie ist restlos zur Anthropologie geworden»[123]. Im selben Sinne äußern sich Ernst Wolf[124] und Helmut Gollwitzer[125].

Die Verketzerung läuft keineswegs immer nur einlinig. Friedrich Gogarten, dessen Gotteslehre derjenigen Brauns nahe verwandt ist, schleudert seinen lutherischen Gegnern und Kollegen entgegen: «Gott und sein Wort objektivieren heißt ihn leugnen.»[126]

Wie grotesk! Was der eine als weltanschaulich unerschwinglich geringschätzig beiseite schiebt, gilt dem anderen als heiligstes Evangelium. Was der eine als die Quintessenz des Glaubens anbietet, verdammt der andere als totalen theologischen Ausverkauf. Beide sind – wohlgemerkt – ordentliche Professoren der evangelischen Theologie. Beide wurden im Einvernehmen mit den jeweiligen Kirchenleitungen auf die Lehrstühle berufen. Beide sind zugleich ordinierte Pfarrer und bilden junge Pfarrer aus und prüfen sie im kirchlichen Examen.

Diese skandalöse Situation steht in schneidendem Widerspruch zum hochfahrenden Anspruch der Theologie, die wissenschaftliche Besinnung auf das angeblich eindeutige und angeblich so klare und angeblich lebensnotwendige Heilswort zu sein. Da keine andere Universitätsdisziplin ein derartiges Selbstverständnis hat (haben kann), ist der beschönigende Hinweis auf dortige fundamentale Differenzen verfehlt.

II Irrationalität als Lebenselement theologischen Denkens

Obwohl manche Theologieprofessoren freimütig gestehen, daß «Sätze über Gott und göttliche Wirklichkeit nicht als wissenschaftliche Aussage gelten»[127] können, beanspruchen doch die meisten akademischen Gottesgelehrten für ihre Arbeit stolz das Gütesiegel der Wissenschaftlichkeit. Zwar wird meist sofort hinzugefügt, Theologie sei eine «kirchliche Wissenschaft»: die Theologieprofessoren in Deutschland werden vom Kultusminister nur im Einvernehmen mit den zuständigen Kirchenleitungen bestallt. Aber die kirchliche Bindung der Professoren gilt nicht als Verstoß gegen die Lehrfreiheit, sondern wird im Gegenteil angepriesen als die der Theologie eigene Gegenstandsgemäßheit.

Auch auf die Gefahr hin, theologischerseits «naiver Wissenschaftsgläubigkeit» geziehen zu werden, stelle ich hier fest: Das einzig sachgemäße Kriterium für geistige Gebilde mit dem Anspruch auf Wissenschaftlichkeit, die zudem ihr Dasein an einer Universität behaupten, ist die Methode pankritischer Rationalität.

Pankritische Rationalität ist herrschaftsfreies Denken, das prinzipiell jedes Ergebnis, jede Voraussetzung der Kritik offenhält und sich an keinem Punkt dogmatisch einigelt. Insofern sich die Kritik auch gegen die Methode der pankritischen Rationalität selbst kehren kann, wird diese nicht verabsolutiert und gilt dennoch unbegrenzt, da gerade in der Kritisierbarkeit ihr Prinzip triumphiert. Während die Theologie den Zweifel nur als Anfechtung, als etwas zu Überwindendes und im Glauben tatsächlich Überwundenes kennt, zählt der Zweifel an der Richtigkeit der eigenen Voraussetzungen und Behauptungen zu den wesentlichen Elementen wissenschaftlicher Rationalität. Vor diesem Maßstab versagen natürlich auch einige andere heute an der Universität betriebene Disziplinen. Aber nicht notwendig, so daß zwischen der wesenhaften Unwissenschaftlichkeit der Theologie und der «zufälligen» Unwissenschaftlichkeit anderer Disziplinen unterschieden werden muß. Während Theologie wesensmäßig dogmatisch ist, ist Dogmatismus in anderen Sparten stets ein Zeichen von Verfall, der in der Unfähigkeit einzelner Vertreter oder in einem gesellschaftlich bedingten ideologischen Klima wurzelt.

1 Die beiden Strukturprinzipien der Theologie: Bindung an Autorität und maximaler Inhalt

Daß katholische Theologie unwissenschaftlich ist, brauche ich nicht im einzelnen nachzuweisen, da es unmittelbar zutage liegt. Der katholische Theologieprofessor Ratzinger schreibt eindeutig: «Als Glaubenswissenschaft sieht sie in den Aussagen des Glaubens ihren Gegenstand, den sie von sich aus weder hervorbringen noch *aufheben* kann, dem sie vielmehr durch methodisches Denken zu *dienen* hat, indem sie ihn zu vertieftem Verständnis und zu lebendigerer Aneignung führt. Die Aussagen des Glaubens empfängt der katholische Theologe aus dem Mund der Kirche, die sich ihrerseits an das zwiefach-eine Zeugnis von Schrift und Überlieferung gebunden weiß... Theologic sctzt demnach Glauben sowohl im subjektiven Sinn der persönlichen Gläubigkeit des Theologen wie im objektiven Sinn der *vorgegebenen* Glaubensaussagen voraus; sie ist auf diese Weise von der philosophischen Gotteslehre, der sogenannten theologia naturalis, wesensmäßig unterschieden und bezeichnet eine *völlig neue geistige Ebene,* die als ‹übernatürlich› benannt wird.»[128]

Der bekannteste und wichtigste Ausdruck dieser Struktur katholischer Theologie ist das unfehlbare Dogma von der Unfehlbarkeit des Papstes, auf das jeder katholische Theologe vereidigt ist. Wir haben uns leider schon zu sehr mit der Existenz katholisch-theologischer Fakultäten an unseren Universitäten abgefunden, um diesen Verstoß gegen primitive Regeln intellektueller Redlichkeit überhaupt noch zu registrieren. Wie viele Tragödien katholischer Denker wurzeln hier!

Die Irrationalität auch vieler evangelischer Theologien ist auf den ersten Blick zu erkennen: Wenn etwa Walter Künneth sich kritiklos auf die «Augenzeugenschaft in bezug auf die Auferstehung Jesu»[129] beruft oder Karl Barth die Jungfrauengeburt als verbindliches Dogma proklamiert. Auch sie fordern ein Opfer des Verstandes; auch sie huldigen dem Denkverbot.

Nun ertönt allerdings seit einiger Zeit im Protestantismus der Ruf nach einem «undogmatischen Christentum» (von Loewenich[130]). In gewissem Sinn kann die protestantische Theologiegeschichte der vergangenen zweihundert Jahre als unaufhörlicher Prozeß verstanden werden, die alten Dogmen preiszugeben und sich historischem, kritischem Denken zu öffnen. Diese Entwicklung gelangte in Gestalten wie Paul Tillich, Rudolf Bultmann, Friedrich Gogarten zu einem Höhepunkt.

Viele Protestanten hoffen, diese «modernen» Theologen ermöglichten eine Form des christlichen Glaubens, in der man fromm und frei zugleich sein könne. Andere argwöhnen ängstlich das «Ende der Dogmatik»[131]. Ich verfahre nicht unfair, wenn ich mich ausführlich nur mit diesen Vertretern der Theologie auseinandersetze, die die intellektuelle Redlichkeit auf ihre Fahnen geschrieben haben. Es wird sich herausstellen, daß ihr Denken nur das Ende der bisherigen christlichen Dogmatik bedeutet, nicht aber das Ende dogmatischen Denkens überhaupt. Insofern gilt, was ich gleich am Theologiebegriff Bultmanns und Ebelings aufweise, analog auch für alle anderen christlichen Theologen, auch für solche, die die Bindung an den historischen Jesus preisgeben (Paul Tillich [132], die Schweizer Liberalen M. Werner, F. Buri, U. Neuenschwander) und die Gott-ist-tot-Theologen Altizer und Vahamian.

Der Theologiebegriff Rudolf Bultmanns

Rudolf Bultmanns Denken findet seinen prägnantesten Ausdruck in dem bekannten Programm einer radikalen Entmythologisierung der Bibel. Es bedeutet die Destruktion der neutestamentlichen Mythologie durch rationale Wissenschaft, wie Bultmann selber sagt: «In der Tat liegt es so, daß das wissenschaftliche Denken das mythologische Weltbild der Bibel zerstört; in dem Konflikt zwischen dem objektivierenden Denken des Mythos und dem objektivierenden Denken der Wissenschaft bleibt das letztere *selbstverständlich* der Sieger.»[133]

Innertheologisch argumentiert Bultmann: Der Glaube würde zum frommen verdienstlichen Werk verkehrt, müßte man sich ein Opfer des Verstandes abringen. Die christliche Botschaft ist vielmehr «*verständliches* Wort», das «weder durch seine Magie wirkt, noch als Dogma die blinde Unterwerfung, die Annahme von Absurditäten fordert»[134]. «Glaube und Unglaube sind deshalb nicht blinder, willkürlicher Entschluß, sondern verstehendes Ja oder Nein.»[135]

Dieses Programm, so verheißungsvoll es für einen Theologen aussehen mag, hält nicht, was es verspricht. Auch Bultmann bricht einmal die kritische Reflexion unbegründbar ab. Auch er beruft sich auf eine nicht hinterfragbare Autorität. Auch er kippt in Irrationalismus um.

Auffällig genug beschreibt er den Glauben immer wieder als Gehorsam [136]. Das Wort Gottes, das Kerygma (wie er mit Vorliebe sagt), ist «Weisung, *Befehl,* und muß getan, gehalten werden»[137]. Es erlaubt «*keine Diskussion*», sondern «fordert einfach Glauben»[138]. Es darf nicht hinterfragt werden. Es hat «keine Legitimation, sondern fordert Anerkennung»[139]. Das Kerygma ist «durch Menschen vermittelte *autoritative* Anrede, die Glauben fordert»[140].

Diese Aussagen faßt Bultmann in folgendem wichtigen Abschnitt zusammen, der zugleich Theologie und Kerygma gegeneinander abgrenzt: «Es ist also klar, daß *diese Theologie selbst jeweils der Kritik unterliegt,* freilich nur einer Kritik, die ihrerseits im Gehorsam begründet ist;

sonst gilt: ‹Der Geistesmensch beurteilt alles, er selbst aber untersteht dem Urteil keines Menschen› (1. Kor. 2,15). *Keiner Kritik aber unterliegt das Kerygma,* das als Anrede, die ja Gehorsam fordert, nicht von einer neutralen Basis aus beurteilt werden kann, sondern gerade die Preisgabe des eigenen Urteils verlangt. Da aber das Kerygma selbst sich immer nur in der Begrifflichkeit menschlichen Redens ausspricht, ist wohl grundsätzlich genau zwischen Kerygma und Theologie zu unterscheiden, nicht aber ebenso praktisch; d. h. es läßt sich nie eindeutig sagen, was das Kerygma ist, wieviel und welche Sätze es umfaßt.»[141]

Theologie ist also nicht sakrosankt. Sie darf kritisiert werden. Jedoch: sie unterliegt nur gläubiger, gehorsamer Kritik. Ein Nichtchrist – da kein «Geistesmensch» – ist nicht befugt, sie zu kritisieren, da «Theologie und Kirche *absolut sichere Aussagen* fordern müssen»[142]. Das Kerygma ist völlig gegen Kritik immunisiert. Auch Geistesmenschen dürfen es nicht auf seine rationale Legitimation befragen.

Man muß sich ins Bewußtsein heben, was das bedeutet! Während es das Lebenselixier jeder Wissenschaft ist, sich selbst ständig radikal mit allen Prämissen in Frage zu stellen oder stellen zu lassen, jede Aussage der Revision offenzuhalten, keine Autorität anzuerkennen, die Diskussion nie grundsätzlich abzubrechen, stets dem Risiko der Widerlegung ausgesetzt zu sein: ist es nach Bultmann die Basis der Theologie, nur gläubig domestizierte Kritik zu erlauben und den Gegenstand selber, das Kerygma, überhaupt keiner kritischen Prüfung zu unterziehen.

Die Wahrheitsfrage ist von vornherein ausgespart, die Wahrheit des Kerygmas prinzipiell vorausgesetzt. Welch ein Unsinn, was manche moderne Apologetik der Universitätstheologie vorträgt: die theologische Fakultät sei heute nahezu der einzige Ort, wo noch «letzte» Fragen, vor allem die Wahrheits- oder Sinnfragen gestellt würden. Das bei Protestanten so beliebte «sich selbst in Frage stellen» ist fiktiv. Theologie ist und bleibt – auch bei Bultmann – ein dogmatischer Bau.

Der Skandal gipfelt darin, daß das unwidersprechliche Kerygma gar nicht eindeutig bestimmt werden kann: «Es läßt sich nie eindeutig sagen, was das Kerygma ist.» Bultmann bestätigt unfreiwillig die Tatsache der Theologiegeschichte und der heutigen Situation, daß jeder etwas anderes als heiligstes Gotteswort ausgibt.

Damit nicht genug. Es «gehört auch der predigende Apostel mit in das Evangelium hinein mit seiner Autorität, seinem Anspruch auf den Gehorsam der Gemeinde»[143]. Aber nicht nur der verblichene Apostel beansprucht Gehorsam. Nach Bultmann besteht das Wesen des christlichen Glaubens darin: «Echte christliche Verkündigung ist also eine solche, die Ruf Gottes durch Menschenmund zu sein beansprucht und die als Autorität Glauben fordert. Ihr ist eben die Paradoxie eigen, daß in ihr Gottes Ruf im Menschenwort begegnet»[144].

Das von Bultmann so viel beschworene «eschatologische Ereignis» des Glaubens, das mit dieser «Paradoxie» identisch ist, bedeutet nichts anderes als die Verabsolutierung von etwas Relativem. Ein zugegebenermaßen Bedingtes, historisch Gewordenes, eben das Kerygma (mit veränderlichem Inhalt), spreizt sich zum Absolutum auf. Die Katastrophe dieses Denkens manifestierte sich bei Bultmanns Freund Gogarten, der nicht zufällig Faschist war.

Der Theologiebegriff Gerhard Ebelings

Auch Gerhard Ebeling lockt mit dem Pathos der «intellektuellen Redlichkeit»[145]. Selbstbewußt prangt eine seiner «Diskussionsthesen für eine Vorlesung zur Einführung in das Studium der Theologie»: «Die Theologie ist notwendig als Verteidigung der Vernunft gegen die Unvernunft.»[146] Entgegen vielfachen theologischen Bestrebungen, «in erster Linie störende Zwischenfragen auszuschalten»[147], proklamiert Ebeling: «Wir wollen uns ein Herz fassen zu kritischem Denken.»[148]

Doch wie seine Ausführungen über den historischen Jesus bereits zeigten, scheint dieses kritische Denken nicht allzu lange durchgehalten zu werden. Jedenfalls kennt und bejaht auch er gewisse Sätze, die prinzipiell nicht kritisch befragt werden dürfen. Demgemäß, daß der christliche Glaube «schlechthinnige»[149], «unüberbietbare Gewißheit»[150] ist, Gewißheit, die «allen Zweifel»[151] ausschließt, muß auch die wissenschaftliche Selbstbesinnung dieses Glaubens, die Theologie, «zu Aussagen dogmatischen Charakters gelangen»[152].

Wie Ebeling vor allem in seinen langen Artikeln über «Theologie und Philosophie» ausführlich darlegt: Theologie nimmt ihren Ausgang von einem «Fraglosen, Unwidersprechlichen», der «Verkündigung von Jesus Christus» und hat insofern einen «homologisch-assertorischen Grundcharakter». «Autorität» und «Glaube» sind die Merkmale «des vorgegebenen Fraglosen, auf dem Theologie gründet»[153], wie es überhaupt gilt, «das Verständnis von Autorität als im Wesen des Evangeliums selbst verwurzelt, ja als mit ihm identisch zu erkennen»[154].

Gewiß verwirft Ebeling – wie Bultmann – jeden Zwang zum Glauben[155]. Gewiß soll die Autorität «nicht Ersatz für Evidenz»[156] sein. Die Sache der Theologie ist vielmehr «grundeinfach» und «sonnenklar»[157].

Indes: Nicht einmal alle eigenen theologischen Fachkollegen nehmen Ebeling die Evidenz des «Wortgeschehens» ab, «das sich am Gewissen als die Macht des Fraglosen erweist»[158]. Geschweige denn die denkenden Nichtchristen. Vor allem gibt Ebeling die angebliche Evidenz gar nicht erst einer eingehenden Prüfung frei, sondern verkleistert sie dogmatisch. Er behauptet, daß Evidenz immer Evidenz bleibe: Der Glaube ist das «getroste Sichverlassen, das durch kein Geschehen der Zukunft enttäuscht und widerlegt werden kann», «Existenz unter dem großen Ja, das nie enttäuscht». Denn das Wort Gottes, auf dem der Glaube ruht, ist ein «rettendes, durch nichts in seiner Wirksamkeit aufzuhaltendes, endgültiges, ein für allemal gültiges Wort»[159]. Welch bodenlos unverantwortliches «Denken»!

Daß Ebeling die Sache der Theologie als zur Zeit unwiderlegt anpreist, wäre allenfalls zu dulden. Aber wie es mit intellektueller Redlichkeit zu vereinbaren sein soll, ein menschliches Wort – und nur solche Worte kennen wir (gerade auch nach Ebeling) – als ein für allemal gültig auszugeben, ist mir unerfindlich.

Das Dogma von der Unfehlbarkeit des Papstes gehört eben durchaus nicht nur zur katholischen Theologie. In ihm dokumentiert sich vielmehr unübersehbar und idealtypisch das Wesen aller christlichen Theologie. Die Rolle der menschlichen Vernunft ist reduziert auf das, was in der altprotestantischen Orthodoxie der «usus organicus rationis» genannt wurde. Die Vernunft dient lediglich als organon, als Werkzeug, das den vorgegebenen Inhalt der Offenbarung kritiklos aufzunehmen hat und verarbeiten darf.

Überraschend enthüllt sich hier die enge Verwandtschaft zwischen dem theologischen und dem positivistischen Vernunftbegriff. Wie jede Theologie die Wahrheit und Autorität des Wortes Gottes voraussetzt und sie nur nachträglich entfaltet – oder im Extremfall der Scholastik zu beweisen sucht –, so ordnet sich auch die positivistisch beschnittene Vernunft leicht vorgegebenen Zusammenhängen ein.

Da im positivistischen Denkmodell Sein und Sollen, Tatsachen und Entscheidungen, Erkennen und Werten strikt voneinander geschieden sind, können Normen und Zielvorstellungen nicht rational erörtert werden. Die Vernunft ist formalisiert zum Instrument, das vorgegebene Ziele erreichen hilft (Zweckrationalität).

Positivismus und Theologie stimmen darin überein, daß sie beide die Orientierung des Handelns durch Normen und Zwecke einer rationalen Begründung wie auch einer rationalen Kritik entziehen. Werden aber Normen nicht von der Vernunft bestimmt, so werden sie notwendigerweise der Unvernunft ausgeliefert: sie werden heteronom gesetzt – wozu die Theologie den Willen Gottes bereithält. Die beschnittene Vernunft wird komplettiert durch Offenbarung.

Jeder Theologe beruft sich auf autoritative Tradition. Soll er sich beispielsweise über die Frage der lebenslänglichen Einehe äußern, so wird er in der Regel nicht zuerst selber vernünftig überlegen: Was spricht heute dafür? Was spricht dagegen? Sondern: ein Protestant wird als erstes das Gebot «Du sollst nicht ehebrechen» untersuchen, um dann – «vom biblischen Befund aus» – auch heutige Aspekte zu erwägen. Ein Katholik verfährt strukturell nicht anders, auch wenn er sich eher an kirchenamtlichen Verlautbarungen statt unmittelbar an der Bibel orientieren wird.

Der zweite Aspekt des Offenbarungsbegriffes ist der maximale Inhalt. Der Gottesbegriff selbst ist das Grundmodell einer maximalen Aussage, weshalb Anselm von Canterbury (gestorben 1109) Gott als das Wesen definierte, «quo maius cogitari non potest – im Vergleich zu dem ein größeres nicht gedacht werden kann». Gott ist allmächtig, alleinwirksam, allgegenwärtig, allgütig, allheilig und so weiter. Mit Hilfe eines wie immer verstandenen Begriffes von Analogie folgen hieraus anthropologische Bestimmungen: «Ihr sollt vollkommen sein, gleichwie euer Vater im Himmel vollkommen ist.» In jedem theologischen Text lassen sich daher Floskeln finden wie: *völlige* Hingabe an Gott und den Nächsten, *vorbehaltlose* Offenheit für die Zukunft, *unüberbietbare* Heilsgewißheit, *schrankenlose* Vergebung, *bedingungsloser* Gehorsam, *unüberholbares* Geschehen.

Eine Fundgrube solcher Superlative, die von vornherein jeden Widerspruch mundtot machen wollen und denen deshalb etwas unangenehm Propagandahaftes anhängt, ist folgende Passage bei Ebeling. Es sei deutlich – so schreibt er –, daß der «Glaube nur sein kann als die Gewißheit, auf dem zu stehen, was *letztlich* gilt, was sich in *alleräußerster* Hinsicht bewährt; sich auf den zu verlassen, der *unzweifelhaft* das hält, was er verspricht, dem das *letzte* Wort zusteht; auf das zu vertrauen, was *zweifellos* zur Erfüllung kommt, was durch *nichts* an seinem Kommen gehindert werden kann, wogegen *kein* Widerstand möglich ist, was *allem* an Macht überlegen ist, und dem darum sich anzuvertrauen, auf das sich einzulassen und zu verlassen im *wahrsten* Sinne lohnend ist»[160].

Die christliche Theologie ist so narzißtisch besetzt und so von ihrer Unfehlbarkeit überzogen, daß sie jede andere Auffassung nur in ihrem eigenen absolutistischen Schema wahrnehmen kann. Wie der Teufel von Gott nicht loskommt und auch eine Messe feiern muß – freilich eine greulich pervertierte, eine schwarze Messe –, so kann auch der vermeintliche Atheist sich von Gott nicht lösen, muß notwendig einem Ersatzgott verfallen.

Der Dogmatismus-Vorwurf an die Theologen kehrt regelmäßig als Bumerang zurück: in Form des beliebten Auch-du-Argumentes. Auch du, der du kritisch zu sein vermeinst und die christliche Dogmatik aus den Angeln zu heben wähnst, auch du bist ja (unbemerkt) in eine Dogmatik verstrickt. Auch du gehst von undiskutierbaren Grundsätzen aus. Auch du hast dich letztlich in ein rational nicht mehr zu erörterndes Engagement eingelassen. Niemand kann eines solchen entbehren, und wir Theologen können deshalb billigerweise nicht kritisiert werden. An drei aktuellen Beispielen sei dieses «Argument» illustriert: Auf den Aufsatz des Stuttgarter Philosophen Max Bense «Warum man Atheist sein muß» antwortete Karl Barth, Theologe in Basel, mit dem Aufsatz «Denken heißt Nachdenken». Er stellt darin an Bense die Gegenfrage: «Müßte er also nicht sehr vorsichtig sein, wenn er sich als Atheisten ausgeben und bezeichnen will? Schreibt nämlich nicht auch er jenem denkenden Wesen eine höchste Würde und einen höchsten Wert zu, die nur einem Gott – dem, den nun eben er für seinen Gott hält – zukommen kann?»

Barth mißversteht Benses Rede vom Menschen als dem höchsten Wesen sofort theologisch. Er unterstellt die Meinung, der Mensch sei das absolut höchste Wesen, obwohl er von Bense nur als das relativ höchste gemeint ist: das höchste, verglichen mit allen übrigen relativen, endlichen Wesenheiten, die wir kennen. So fährt Barth fort: «Ob sie es ‹Gott› nennen, wie die verschiedenen alten und neuen Heidentümer es getan haben und noch tun, tut nichts zur Sache.» Deshalb will der Philosoph «in der Macht seines besonderen Glaubens und im Namen seines besonderen Gottes gerade den christlichen Glauben angreifen und den, den er als Gott bekennt, leugnen». Aber vergeblich. Atheismus ist undurchführbar. Der Mensch gehört dem christlichen Gott, «der von Haus aus nicht ohne den Menschen, nicht gegen ihn, sondern für ihn – der eines jeden, auch des als Atheist sich aufspielenden Menschen Gott ist»[161].

In seiner Broschüre «Atheismus – eine Selbsttäuschung?» schreibt der protestantische Theologe Gunther Backhaus gegen den Atheisten Gerhard Szczesny: «Auch er gibt für Wissenschaft aus, was nichts weniger als das ist. Es steht also nicht ‹Wissenschaft› gegen ‹Dogmatik› oder ‹Offenbarung›. Hier steht Dogmatik gegen Dogmatik – deswegen auch ist der Kampf so hart. Überzeugung steht auf gegen Überzeugung.» Und: «Es gibt überhaupt keine Gegenposition zur Wahrheit Gottes, die nicht ihrerseits *dogmatisch* wäre. Jede Gegenposition *muß* vielmehr dogmatisch sein. Sie wird notwendigerweise aus sich selbst heraus zu einer *Gegen*religion ... Man will *nicht* religiös sein, aber man *muß* religiös sein!»[162]

Nicht viel anders tönen die ohnmächtigen Deklamationen eines Gogarten-Epigonen. Unter dem bezeichnenden Titel «Glaubt ihr nicht so bleibt ihr nicht» schreibt der protestantische Pfarrer Eberhard Leppin über Szczesny: «Er gebraucht die Wissenschaft nicht zur Erhellung der Wahrheit, sondern zur Verblendung.» – «Szczesny sieht nicht, daß seine nachchristliche Weltanschauung eine Entscheidung des Un-Glaubens ist, mit der sich der Mensch selbst aufs Spiel setzt und deren Wahrheit oder Unwahrheit nicht mit allgemeinen Gründen der Vernunft bewiesen oder widerlegt werden kann.» Es gelte zu begreifen, daß zwischen der christlichen und der atheistischen Position «eine Alternative vorliegt, die sich nicht durch rationale Argumente schlichten läßt»[163].

Worauf lassen sich diese christlichen Forderungen, die autoritär Reflexion und Kommunikation abbrechen und statt dessen von «Entscheidung» faseln, stützen? Backhaus nennt sein Urteil «theologisch und empirisch zugleich»[164] begründet. Theologisch ist es insofern, als es unmittelbar theologischen Denkschablonen entspringt. Empirisch ist es teilweise zumindest auch, da viele Menschen sich unbestreitbar Ersatzreligionen und Ersatzgöttern verschrieben haben. Logisch ist es nicht. Max Horkheimer: «Gegen die philosophischen Diener der Religion sei gesagt, daß die Notwendigkeit, aus der Religionslosigkeit eine Religion zu machen, eine faktische und keine logische Notwendigkeit ist. Es gibt keinen logisch zwingenden Grund, an die Stelle des gestürzten Absoluten irgendein anderes Absolutes, an die Stelle der gestürzten Götter andere, an die der Anbetung die Leugnung zu setzen. Die Menschen könnten selbst heute schon die Religionslosigkeit vergessen. Aber sie sind zu schwach dazu.»[165]

Diese Schwäche ist begründet in dem erschreckenden Zustand dieser Welt, der die Flucht in imaginäre Tröstungen immer wieder nahelegt. Deshalb kann Theologiekritik nur als Bestandteil einer umfassenden Ideologiekritik erfolgreich durchgeführt werden – und auch dies nur, sofern die Ideologiekritik anleitet zu einer demokratischen Praxis, die jene Zustände abschafft, die ergänzender Illusionen bedürfen. «Die Kritik des Himmels verwandelt sich damit in die Kritik der Erde, die *Kritik der Religion* in die *Kritik des Rechts, die Kritik der Theologie* in die *Kritik der Politik.*»[166]

2 Das Programm der Entmythologisierung – der romantische Versuch einer Ehrenrettung des christlichen Glaubens

So unauflöslich das Stichwort «Entmythologisierung» mit dem Namen des Marburger Neutestamentlers Rudolf Bultmann verknüpft ist, so wenig ist die gemeinte Sache das Problem eines einzelnen Theologen. Über Bultmanns hermeneutisches Programm kann sinnvoll nur geurteilt werden in einem Horizont, der die gesamte Theologie und Theologiegeschichte umfaßt. Denn Entmythologisierung ist – wie im folgenden gezeigt werden soll – nichts als eine aktuelle Spielart dessen, was die Theologen von jeher berufsmäßig trieben: die Manipulation autoritativer Texte für den gegenwärtigen Gebrauch oder, um ein Wort Franz Overbecks über die «Kirchenschriftstellerei» zu zitieren: die «organisierte Unehrlichkeit und Zweideutigkeit»[167].

Enthüllt sich im Entmythologisierungsprogramm aufs neue das Wesen aller christlichen Theologie, so drängen vier aktuelle Gründe dazu, diesem Konzept besondere Aufmerksamkeit zu widmen.

(1) Die gesamte protestantische Theologie ist heute durch die Fragestellungen und Antworten Rudolf Bultmanns und seiner Schüler geprägt, wie die Rede von einer «Generation post Bultmann natum»[168] oder von einer «nachbultmannianischen» Phase der Theologie[169] schlagwortartig andeutet.

(2) Auch die katholische Dogmatik kann Bultmann nicht ignorieren. Eins der aufregendsten theologischen Werke der letzten Zeit ist das Buch Gotthold Hasenhüttls «Der Glaubensvollzug. Eine Begegnung mit Rudolf Bultmann aus katholischem Glaubensverständnis», das – pointiert formuliert – Bultmann als guten Katholiken deutet, der nur noch in Fragen Kirchenlehre inkonsequent denkt.

(3) Im Unterschied zur liberalen Theologie des 19. Jahrhunderts, die weitgehend eine Professorenangelegenheit blieb, sind Bultmanns Gedanken einem breiteren Publikum bekannt geworden. Volkstümliche Schriften wie «Gott ist anders – Honest to God» (J. A. T. Robinson), Kirchentage, die junge Garde der unverblümt entmythologisierenden Pfarrer, nicht zuletzt die Bekenntnisbewegung «Kein anderes Evangelium» wirkten popularisierend.

(4) Zwar verdammen viele Christen, Fundamentalisten wie Theologieprofessoren, die existentiale Interpretation als Partisanentum des Atheismus oder vornehmer als Heterodoxie. Unzählige andere aber hat sie zu neuem Glauben und zu neuer Hoffnung für das Christentum ermuntert. An diese anderen vor allem wende ich mich, um zu zeigen, daß ihnen eine ekklesiogene Illusion den Blick verstellt: eine Illusion, die aus dem Willen erwächst, unbedingt an der Kirche festzuhalten.

Folgende zwei Hauptfragen leiten die Analyse.

(1) Können sich die Entmythologisierer vor der Bibel legitimieren? Oder vergewaltigen sie eher die Texte? Muß die Bibel nicht gegen die Theologen unter ihren Verächtern in Schutz genommen werden?

(2) Was ist das Ergebnis der Entmythologisierung? Wird die christliche Botschaft für denkende Nichtchristen annehmbarer? Oder werden sie nicht gerade in deren Überflüssigkeit und Gefährlichkeit erneut bestätigt?

Das Verfahren: Wie man mißliebige Texte und Begriffe einer «hermeneutischen» Gehirnwäsche unterzieht

Das Entmythologisierungsprogramm lebt von der Überzeugung: Christlicher Glaube und wissenschaftliches Denken schließen sich nicht gegenseitig aus. Sie können so miteinander koexistieren, daß beide zu ihrem vollen Recht gelangen. Die berühmte Frage Schleiermachers: «Soll der Knoten der Geschichte so auseinandergehen: Das Christentum mit der Barbarei und die Wissenschaft mit dem Unglauben?» wird entschieden verneint.

Wie Bultmann selber bestätigt[170], liegt seinem Denken dieses doppelte Motiv zugrunde. Einmal möchte er mit dem modernen wissenschaftlichen Denken Schritt halten, das «selbstverständlich»[171] die biblische Mythologie zerstört. Zum andern leitet ihn das apologetisch-theologische Interesse, das Evangelium auch heute glaubwürdig und verständlich verkündigen zu können. Beides ist so miteinander verquickt, daß die Kritik an der Mythologie in den Dienst der Evangeliumsverkündigung selbst gestellt ist. «Indem die Entmythologisierung durch ihre Kritik am Weltbild der Bibel den Anstoß beseitigt, den dieses für den modernen Menschen notwendig bietet, legt sie gerade den *echten Anstoß* frei, der dem modernen wie jedem Menschen in der Bibel begegnet.»[172]

Wie geht Bultmann vor, den unversöhnlichen Widerspruch von Wissen und Glauben zu versöhnen? Er bedient sich einer altbewährten Methode, die auch Politiker lieben, wenn sie Widersprüche verschleiern wollen. Er bedient sich der «Interpretation». Werden die Mythen des Neuen Testaments in ihrem objektiven Vorstellungsgehalt auch völlig verneint, sollen sie doch nicht «eliminiert», sondern «interpretiert» (nicht beseitigt, sondern gedeutet) werden.[173]

Die Möglichkeit der «Interpretation» ergibt sich nach Bultmann daraus, daß die Bibel zwar Mythologie enthält, aber nicht nur Mythologie[174]. Die Tatsache, daß das Neue Testament zugleich hartnäckig an dem wirklichen historischen Menschen Jesus von Nazareth festhalte, zeige deutlich, daß keine reine, sondern nur geschichtlich gebrochene Mythologie vorliege: «*Historisches und Mythisches sind hier eigentümlich verschlungen*; der historische Jesus, dessen Vater und Mutter man kennt (Joh. 6,42), soll zugleich der präexistente Gottessohn sein, und neben dem historischen Ereignis des Kreuzes steht die Auferstehung, die kein geschichtliches Ereignis ist... So wird die Frage dringlich, *ob die mythologische Rede nicht einfach den Sinn hat, die Bedeutsamkeit der historischen Gestalt Jesu und seiner Geschichte*, nämlich ihre Bedeutung als Heilsgestalt und Heilsgeschehen, *zum Ausdruck zu bringen.* Darin hätte sie ihren Sinn, und ihr objektivierender Vorstellungsgehalt wäre preiszugeben.»[175]

Mit diesem Theatertrick, der die Problematik aufs eleganteste zu lösen scheint, ist bereits der Kern des rettenden Verfahrens beschrieben. Der Mythos ist nicht die Sache selbst, sondern lediglich (entbehrliches und austauschbares) Interpretament. Die eigentliche Sache des Neuen Testamentes, die «Intention» des Mythos, ist nicht sein «objektivierender Vorstellungsgehalt» – also das, was er wörtlich beschreibt –, sondern «das in diesen Vorstellungen sich aussprechende Existenzverständnis»[176]. Alles, was der Mythos wörtlich sagt, wird als uneigentlich disqualifiziert. Eigentlich will er «von der Wirklichkeit des Menschen selbst reden»[177]. Mit einem Wort: «Der Mythos will nicht kosmologisch, sondern anthropologisch – besser: existential interpretiert werden.»[178]

Diese verblüffende «Interpretation», die nur denjenigen zu betören vermag, der sich genötigt sieht, die biblische Mythologie sowohl kritisch zu zerstören wie auch pietätvoll zu bewahren: was ist sie anderes als ein geistreichelndes Dementi wesentlicher biblischer Inhalte?

Drei Argumente führt Bultmann für seine Forderung nach existentialer Interpretation im einzelnen an.

(1) Im Neuen Testament stehen, «gedanklich unausgeglichen, ja einander widersprechend», die verschiedensten Mythologeme nebeneinander. «So stehen nebeneinander die Auffassung des Todes Christi als eines Opfers und als eines kosmischen Ereignisses, die Deutung seiner Person als des Messias und als des zweiten Adam. Es stehen sich widersprechend nebeneinander die Vorstellung von der Kenosis des Präexistenten (Phil 2,6 ff) und der Bericht von seinen Wundern, durch die er sich als der Messias erweist; ebenso widerspricht die Vorstellung von der Jungfrauengeburt dem Gedanken seiner Präexistenz.»[179] Aus diesem exegetischen Befund, den vor allem Herbert Braun durch drastische Beispiele illustriert, wird gefolgert: Da die Aussagen «untereinander nicht in Einklang zu bringen sind», zeigen sie «schon durch ihre Disparatheit», daß es «in ihnen nicht um das gehen» kann, «was sie, expressis verbis, nun widersprüchlich zueinander sagen»[180].

Hier wird eine (mythologische) Not zu einer (existentialen) Tugend umfrisiert. Wie soll aus den Widersprüchen der biblischen Autoren untereinander folgen, daß sie – jeder für sich genommen – ihre Vorstellungen nicht ernst genommen hätten? Die Mythologeme konkurrieren vielmehr miteinander und wurden auch lebhaft als konkurrierend empfunden – wie die Redaktionsgeschichte der Evangelien beweist, die anstößige oder ungenügende Aussagen über Jesus durch hoheitsvollere Prädikate ersetzt. Erst die alte Kirche, die den Kanon zusammenstellte – der also ein sekundäres Phänomen und für den Sinn der Einzelschriften unerheblich ist –, hat die Widersprüche entweder übersehen oder aber harmonisiert (das heißt: als lästige Widersprüche empfunden).

Wer die Mythologeme in ihren Unvereinbarkeiten gegeneinander ausspielt und auf existentiale Strukturen zurückführt, nimmt die biblischen Schriftsteller nicht ernst. Das hermeneutische Prinzip, man müsse einen Autor besser verstehen, als er sich selbst verstanden hat, ist – in dieser Weise angewandt – Zynismus, geboren aus apologetischer Notwendigkeit. Nicht zu Unrecht erklärte Franz Overbeck die Schriften des Neuen Testaments für besonders schutzbedürftig gegen die «Attentate ungewaschner Subjektivität ihrer Ausleger»[181].

(2) Das zweite Argument, das für die existentiale Interpretation ins Feld geführt wird, ist der angebliche Beginn des Entmythologisierungsprozesses im Neuen Testament selber. Danach soll Paulus ansatzweise, der unbekannte Verfasser des Johannesevangeliums radikal entmythologisiert haben. Inwiefern?

«Den entscheidenden Schritt machte Paulus, indem er den Wendepunkt von der alten Welt zur neuen nicht in der Zukunft sah, sondern im Gekommensein Jesu Christi.»[182] Bultmann meint: indem der Apostel die Heilszeit für den Glaubenden bereits angebrochen sein läßt – «hier ist die Zukunft vorweggenommen»[183] –, sei die Apokalyptik prinzipiell überwunden, da das Heil nicht mehr übernatürlich, sondern geschichtlich gedacht werde.

Das ist ein Irrtum. Inwiefern soll Paulus entmythologisieren, wenn er den Beginn der Heilszeit als bereits erfolgt glaubte? Vor allem hat er – wie Bultmann zwar einräumt, aber fälschlich glaubt ignorieren zu können – die apokalyptische Zukunftsperspektive ja nicht im geringsten preisgegeben. Der Apostel erwartete für die allernächste Zeit ein kosmisches Drama mit Totenauferstehung bei Posaunenschall, Herabkunft Christi auf den Wolken des Himmels, das Fliegen der Gläubigen auf Wolken ihrem Herrn entgegen und das Jüngste Gericht (1. Kor. 15; 1. Thess. 4,13 ff).

Wie einst Franz Overbeck und heute Ernst Käsemann und sein Schüler Peter Stuhlmacher eindringlich gezeigt haben[184], durchzieht die Erwartung des nahen Weltendes das gesamte paulinische Denken. Alle wesentlichen theologischen Begriffe sind durch sie bestimmt. Auch die hastigen Missionsreisen sind einzig apokalyptisch motiviert: Bevor der Herr wiederkommt, noch schnell möglichst viele Menschen für das Evangelium gewinnen.

Overbeck: «Heutzutage hat kein Mensch den Paulus wirklich verstanden, der noch seiner Ansicht sein zu können meint. Dafür sind auch die Gegner dieser Behauptung unwillkürliche Zeugen durch die Art, wie sie seine Worte verdrehen, um sie sich mundgerecht zu machen.»[185]

Auch Bultmann stutzt sich Paulus zurecht, indem er weite Partien als unerheblich abtut.

Für Johannes, das Lieblingsevangelium des Marburger Professors, gilt ähnliches. «Während Paulus ... die Hoffnung auf die ‹Ankunft› Christi und das Ende dieser Welt festgehalten hat, hat Johannes sie preisgegeben und hat den Gedanken von der Gegenwart des durch Jesus schon gebrachten Lebens radikal durchgeführt. Für ihn bedeutet das (erste) Kommen Jesu das Gericht über die Welt, und dieses Gericht ist zugleich die Scheidung.» – «Für Johannes sind die Auferstehung Jesu, Pfingsten und die Parusia Jesu ein einziges Ereignis, und die Glaubenden haben schon jetzt das ewige Leben.»[186] Damit sei die alte kosmologische Vorstellung vergeschichtlicht.

Auch hier ist es verfehlt, von einem Modell der Entmythologisierung im Neuen Testament zu sprechen. Selbst wenn man mit Bultmann die auch vorhandenen apokalyptischen Elemente bei Johannes für harmonisierende Einsprengsel einer späteren kirchlichen Redaktion erklärt: der mythologische Charakter der Vorstellung bleibt bestehen. Das vierte Evangelium ersetzt lediglich die jüdische Mythologie durch gnostische Mythologie, wie Bultmann selber wieder einräumt, aber dann ignoriert. Johannes erwartete, «daß die geretteten Menschenseelen nach und nach jeweils nach ihrem Tode in die Lichtwelt emporsteigen werden, bis schließlich diese unsere Erde in Finsternis und Chaos versinkt»[187].

Wie absurd es ist, den Austausch von veränderlichen, weil irrationalen Größen als den Anfang der Entmythologisierung im Neuen Testament selbst zu drapieren, ergibt sich vollends aus nachfolgender grundsätzlicher Erwägung.

Gewiß enthält das Neue Testament nicht nur Mythologie – solange jedenfalls die historische Existenz eines Menschen Jesus wahrscheinlicher ist als ihr Gegenteil. Jedoch – und dieses Jedoch ist entscheidend, wie alle konservativen Dogmatiker und einige kritische Exegeten durchaus sehen –: dieser wirkliche Mensch wird sofort mythisiert und nur als solcher (!) zählt er für die neutestamentlichen Autoren. Nirgendwo kennt die Urchristenheit einen historischen Jesus, sondern nur ein wunderbar über die Erde schreitendes mythisches Christuswesen. Bei allem, was Paulus und Johannes über Jesus sagen, setzen sie stillschweigend oder ausdrücklich voraus: Hier agiert der ewige präexistente Gottessohn, der als solcher sündlos ist. Christus ist kein menschliches Individuum, sondern ein Makroanthropos, ein Himmelswesen von kosmischen Ausmaßen, das nur vorübergehend in einem irdischen Intermezzo menschliche Gestalt annahm. Mythos und Historie sind nicht nur «eigentümlich verschlungen» – wie Bultmann sagt –, sondern untrennbar verwoben.

Tausend Fäden verknüpfen das Urchristentum mit der Antike. Tausend Fäden verknüpfen das Neue Testament mit der Religionsgeschichte des Judentums und des Hellenismus. Bultmann kappt sie alle, wie er einmal bemerkenswerterweise zugibt. Auch für den entmythologisierenden Prediger sei die Bibel «wie vom Himmel gefallen»; ihre «historisch-kritisch zu ergründende Entstehung geht ihn offenbar in diesem Momente nichts an»[188].

Daß die urchristlichen Autoren massiv realistisch meinten, was sie sagten, läßt sich an dem zentralen Mythos, der Auferweckung Jesu von den Toten, überprüfen. Denn glücklicherweise polemisieren sie bereits selber gegen ein solches Verständnis der Auferstehung, wie Bultmann es empfiehlt. Bekanntlich reduziert sich für ihn das «Ostergeschehen» auf «visionäre Erlebnisse» der Jünger, die aus ihrer ehemaligen persönlichen Verbundenheit mit Jesus historisch erklärt werden können.[189]

Dies Ergebnis kritischer Forschung ficht Bultmann nicht an. Denn – so behauptet er –: im Grunde meine die Rede von der Auferstehung gar kein zweites Faktum zusätzlich zum Kreuz, sondern: *«Der Auferstehungsglaube ist nichts anderes als der Glaube an das Kreuz als Heilsereignis»*[190].

Sollten die ersten Christen wirklich dies gemeint haben? Keineswegs. Im gesamten Neuen Testament wird gegenüber jüdischen und gnostischen Gegnern die Auferstehung Jesu in eben dem Sinn verteidigt, den Bultmann verwirft. Das Kreuz erhält erst von der Auferstehung her seinen Heilscharakter, und die Auferstehung selbst gilt *überall* als historisches Faktum, das Augenzeugen beglaubigen. Daß dies die realistischen Ostererzählungen in den Evangelien bezwecken, bestreitet auch Bultmann nicht (außer freilich ohne Grund für das Johannesevangelium). Auch Paulus, der Papst im Neuen Testament, beruft sich auf eine Reihe von Zeugen, die den auferstandenen Herrn gesehen haben und noch danach befragt werden können. Er betont, daß er die Zeugenreihe bereits von den Uraposteln in Jerusalem erhielt (1. Kor. 15,3–8).

Paulus erhält deshalb von Bultmann den vernichtenden Tadel, seine Argumentation mit noch lebenden und befragbaren Augenzeugen sei theologisch «fatal»[191]. Aber nicht für den Apostel ist dieses fatal, sondern für Bultmanns Auslegung. Denn hier zeigt sich, wie apologetische Interessen den historischen Sinn korrumpieren. Dem Heidenmissionar, der massiv mythologisch denkt, sind die intellektuellen und existenzphilosophischen Skrupel Bultmanns völlig fremd. Wilhelm Kamlah kritisiert glänzend, es habe «etwas Halsbrecherisches, schlankweg zu sagen, wir verstünden nun, was Paulus z. B. mit Auferstehung ‹eigentlich meint›. Denn als mythisch denkender Mensch hat er eben keinerlei Schwierigkeiten, die leibhaftige Auferstehung des Herrn und einst aller Toten zu denken, indem er, so gesehen, gerade auch dies alles ‹eigentlich meint› ... Wir unterschätzen noch immer die Schwierigkeit unserer eigenen Situation, wenn wir zwar einerseits die mythische Struktur des urchristlichen Denkens anerkennen, aber andererseits meinen, ‹eigentlich› habe Paulus doch auch schon getan und gemeint, was wir nun tun.»[192]

(3) Bultmanns drittes Argument lautet: Das «Wesen des Mythos» selbst fordere seine Entmythologisierung. «Der eigentliche Sinn des Mythos ist nicht der, ein objektives Weltbild zu geben; vielmehr spricht sich in ihm aus, wie sich der Mensch in seiner Welt ver-

steht.»[193] Bultmann unterstellt: die neutestamentlichen Autoren waren unfähig, das zu sagen, was sie wirklich sagen wollten. Die Mythologeme dienten ihrer eigentlichen Absicht nur unvollkommen und seien darum korrekturbedürftig. Zwar redeten sie von einer «transzendenten Macht», aber «in unzulänglicher Weise», indem sie sich «das Jenseitige als das räumlich Entfernte, als Himmel über der Erde, als Hölle unter ihr Gelegene» vorstellten.[194] So werde eine Wirklichkeit objektiviert, die sich nicht objektivieren lasse.

Hier begeht Bultmann einen doppelten gedanklichen Schnitzer. Woher will er wissen, welche Wirklichkeit der Mythos meine, wenn nicht aus seinen eigenen Worten? Die aber nimmt er, wie ich gezeigt habe und er selber zugesteht, nicht ernst, sondern denunziert sie als unsachgemäß. Vor allem: Woher will Bultmann wissen, daß der Mythologie überhaupt eine Wirklichkeit zugrunde liegt, nachdem er ihren objektiven Vorstellungsgehalt rational aufgelöst hat? Wenn er kühn behauptet, «Mythen geben der transzendenten Wirklichkeit eine immanente weltliche Objektivität. Der Mythos objektiviert das Jenseitige zum Diesseitigen»[195], dann setzt er naiv und undiskutiert voraus, daß es eine solche Wirklichkeit überhaupt gebe.

Diese doppelte Petitio principii gibt er einmal zu, indem er über sein hermeneutisches Programm schreibt: «*Vorausgesetzt* ist dabei, daß der Mythos zwar von einer Wirklichkeit redet, aber in einer nicht adäquaten Weise. *Vorausgesetzt* ist ebenso ein bestimmtes Verständnis von Wirklichkeit.»[196]

Indem Bultmann die neutestamentliche Mythologie von vornherein gemäß seiner eigenen Theologie präpariert, die sich aus einem antiobjektivistischen Vorurteil speist, wärmt er ungewollt die alte allegorische Interpretationsweise auf, die Philo auf das Alte Testament anwandte und Origenes für die Christenheit übernahm. Die Allegorese beruht auf der Vorstellung, daß sich (ein) Gott in tiefsinnigen Rätseln und Orakeln mitteilt, weshalb ein sprachlicher Ausdruck noch etwas anderes meine, als er wörtlich sagt. Der offenkundige buchstäbliche Sinn verhülle noch einen geheimen tieferen Sinn. Auch Bultmann nimmt einen doppelten Schriftsinn an, wenn er behauptet, daß «die mythologischen Aussagen als Ganzes noch tiefere Bedeutung enthalten, die unter der Decke der Mythologie verborgen ist»[197].

Die existentiale Allegorese gestattet es, einerseits kritischem Bewußtsein zu folgen und den Vorstellungsgehalt der Mythen zu leugnen, andererseits biblische Autorität für eine personalistische Philosophie zu beanspruchen. Dieser permanente Frevel an Texten ist Bultmann nicht allein anzulasten. Darin besteht das Metier der Theologen überhaupt.

Im Alten Testament beginnt die Unart. Wie die Überlieferungsgeschichte der alttestamentlichen Geschichtsbücher und der Prophetenworte zeigt, änderten spätere Redaktoren oft überlieferte Worte nach eigenen Wünschen und Bedürfnissen um, verkehrten gar das ursprünglich Gemeinte ins pure Gegenteil. Hatte beispielsweise der historische Prophet Jesaja den Ägyptern sein «Wehe!» entgegengeschleudert und ihren Untergang angedroht (18, 1–6), so hängte ein späterer Redaktor, dem dieser negative Sinn nicht mehr ins Konzept paßte, einfach einen weiteren Vers an (18, 7) und verwandelte den Drohspruch in einen Heilsspruch. In der jetzigen Fassung bringen daher die Ägypter Jahwe ihre Gaben zum Berge Zion. Gerhard von Rad, Professor für Altes Testament in Heidelberg, rechtfertigt derartige Philolügereien als «echte Vollmacht, die sich in einer veränderten geschichtlichen Stunde auch zu einer Umprägung der alten Botschaft ermächtigt weiß»[198].

Nicht anders arbeiteten die neutestamentlichen Autoren. Um Jesus als den verheißenen Messias zu erweisen, deuteten sie alttestamentliche Texte ohne Rücksicht auf den Zusammenhang oder den Wortsinn um und bezogen sie auf Jesus (sogenannter Weissagungsbeweis). So berief sich beispielsweise Matthäus (1, 23), um die Geburt Jesu von einer Jungfrau zu beweisen, auf ein Wort des Propheten Jesaja, der zu dem König Ahas gesagt hatte (7, 14): «Darum wird euch Jahwe selbst ein Zeichen geben. Siehe, die junge Frau ist schwanger und gebiert einen Sohn und gibt ihm den Namen Immanuel.» Obwohl das historische Verständnis dieses Verses in der alttestamentlichen Wissenschaft besonders umstritten ist, steht dennoch zweierlei fest: (1) Jesaja redete von einer jungen Frau, Matthäus von einer Jungfrau, was sprachlich im Griechischen wie im Hebräischen sehr wohl unterschieden wird. (2) Wenn Jesaja dem König Ahas ein Zeichen ankündigte, mußte dieses auf jeden Fall noch zu dessen Lebzeiten eintreten, da es sonst sinnlos wäre. So erscheint der matthäische Gedanke einer Weissagung über Jahrhunderte hinweg als groteske Willkür.

Woher rührt die chronische Misere der Theologen aller Zeiten, von Geheimniskrämerei und plumpem oder raffiniertem Schwindel leben zu müssen? Der Grund ist leicht zu erkennen. Statt sich ihrer eigenen Vernunft zu bedienen und die Wirklichkeit selbständig zu analysieren, stützen sie sich auf autoritative Tradition aus der Vergangenheit, Offenbarung genannt. Da diese Vergangenheit in irgendeinem Sinn als normativ gilt, kann sie meist nur mit Hilfe von «hermeneutischen» Tricks den Erfordernissen der Gegenwart angepaßt werden. So verspielen die Gottesgelehrten beides: die wirkliche Vergangenheit und die wirkliche Gegenwart.

Theologen, die in irgendeiner Weise entmythologisierende Hermeneutik betreiben, verstehen sich selber als ungeheuer modern. Wenn sie Nietzsches «tollen Menschen» oder Jean Pauls «Rede des toten Christus vom Weltgebäude herab, daß kein Gott sei» abdrucken[199] und mit dem Atheismus kokettieren, wähnen sie bereits, unmittelbar den Puls der Zeit zu fühlen. Zwar diagnostiziert Ebeling treffsicher, daß der Atheismus «keineswegs bloß von außen die Christen bedroht, sondern gewissermaßen durch die Wände des Herzens auch schon in unser Innerstes eingedrungen ist als etwas Atmosphärisches, dessen Einfluß sich niemand entziehen kann»[200]. Aber wenn er diesen atmosphärisch gewordenen Atheismus schlankerhand entmächtigen zu können vermeint, indem er ihn als Teil der Gotteslehre entfaltet – als Lehre vom verborgenen Gott[201] –, dann erkennt man: Dies alles sind ahnungslose Träumereien an hermeneutischen Kaminen.

Die Täuschung der modernen Theologen über ihre wahre Situation entspringt einer falschen Optik. Ihre Hauptdiskussionspartner sind und bleiben ja die eigenen Zunftgenossen und die christliche Tradition. Verglichen mit der Konzeption des Erzreaktionärs Walter Künneth wirkt natürlich gegenwartsnah und problembewußt, was Braun, Buri, Ebeling, Tillich, Moltmann treiben. Auch der häufige Seitenblick auf die Seinsmythologie Martin Heideggers, der angeblich die Moderne und die Philosophie verkörpert, vernebelt das Bewußtsein.

Welche Gründe im einzelnen machen auch das entmythologisierte Glaubensärgernis für einen denkenden Zeitgenossen unannehmbar?

(1) Die Theologie der Entmythologisierer ist nicht weniger irrational und nicht weniger autoritär als die Theologie aller Zeiten. Auch sie flüchtet sich in ein blindes Engagement, das sich einer vernunftgemäßen Kontrolle entzieht. Naiv, die Vokabel «Gott» durch andere, vermeintlich brauchbarere Begriffe zu ersetzen: Sein, Liebe, Mitmenschlichkeit, das, was uns unbedingt angeht. Damit wird die Religiosität verdrängt und verlagert. Der Gottesgedanke sowie seine Surrogate müssen völlig preisgegeben werden. Erst dann schwätzt man nicht nur von der «Autonomie des modernen Menschen».

(2) Die heutigen Theologen, wen man auch nimmt, haben den besten Vertretern eines atheistischen Humanismus sachlich nichts Neues zu bieten. Sie arbeiten mit «Bekehrung durch Definition»[202], wie Walter Kaufmann scharfsichtig analysierte.

Herbert Braun definiert Gott bekanntlich als «eine bestimmte Art der Mitmenschlichkeit». Er sagt nicht nur mit dem ersten Johannesbrief «Gott ist die Liebe», sondern auch umgekehrt: «Die Liebe – das ist Gott.» Nachdem er «Gott» in dieser Weise vermenschlicht hat, kommt ihm «die atheistische Position» dagegen «belanglos» vor. Wie viele Theologen kann er sich nicht vorstellen, daß man auch anders als in ihren Schablonen denken kann, und fragt naiv: «Gibt es den Atheisten überhaupt?» Wo doch «der Mensch als Mensch, der Mensch in seiner Mitmenschlichkeit», Gott impliziere[203].

Lange vor Herbert Braun hatte bereits Paul Tillich alle geeigneten Nichtchristen der Vergangenheit und Gegenwart dem christlichen Glauben zugeschlagen. Seine Konzeption von der «latenten Kirche» im Unterschied zur «manifesten Kirche» hat keine andere Aufgabe, als alle bedeutenden ethischen und kulturellen Werte und Errungenschaften der Menschheit für das Christentum, speziell den Protestantismus einzuheimsen. Den geeigneten Nichtchristen wird eingeredet, im Grunde seien sie Christen, sie wollten es nur nicht wahrhaben.

Diese unverschämteste Form des christlichen Monopolismus ist allerdings nicht neu. Bereits die altkirchlichen Apologeten des 2. Jahrhunderts arbeiteten so. Die Lehre vom Logos spermatikos, von der keimhaften Wahrheit, besagte, daß sich der göttliche Logos auch außerhalb der heilsgeschichtlichen Linie der alttestamentlichen Väter und Propheten in einigen Erkenntnissen der Griechen, Inder, Perser und Ägypter geäußert habe. Habe sich die göttliche Wahrheit zwar erst endgültig und vollkommen in Christus geoffenbart, so sei sie doch keimhaft vorgebildet bei den Heiden, weshalb Kirchenvater Justin Sokrates und Heraklit als Christen vereinnahmen konnte. Justins Motto lautete: «Alles Wahre, was je gesagt worden ist, ist christlich» (Apol. II, 13).

Auf die praktischen Schwächen der Position Herbert Brauns wies bereits Helmut Gollwitzer hin. Ebenso wie MacIntyre Tillich lediglich einen «verbalen Triumph über den Atheisten»[204] zugesteht, spricht Gollwitzer von einem «Pyrrhussieg» Brauns. Er läßt einen Atheisten auftreten und ihn Braun fragen, warum er, Braun, «sich denn nicht zu seiner, der atheistischen Redeweise als der viel heutigeren und ehrlicheren bekehren wolle ...» Denn – so schließt Gollwitzer – «um mehr als um Differenzen von Redeweisen handelt es sich offensichtlich nicht mehr»[205].

Wirklich? Sollte ich behaupten: Braun ist ein latenter und ich ein manifester Atheist? Abgesehen davon, daß ich das Einheimsen den Christen überlassen möchte: Inwiefern soll Braun ein Atheist sein? Die unterschiedliche Redeweise kommt nicht von ungefähr. Auch Braun denkt autoritätsgebunden und unterscheidet sich damit fundamental von dem aufgeklärten Atheismus, für den ich einstehe. Eine der «religiös-weltanschaulichen Vorgaben», die Braun fordert, ist beispielsweise «die simple Tatsache, daß der Mensch das Neue Testament braucht»[206]. Wie alle Theologen pumpt Braun seine Aussagen maximal auf und mystifiziert damit die menschliche Realität. Raunend beschwört er den christlichen Glauben als «die unwiederbringliche Einmaligkeit und unabweisbare Andringlichkeit je meines Angesprochen- und Gefordert- und Gehaltenseins im Sinn letzter Gültigkeit»[207].

(3) Einige moderne Theologen – vor allem Paul Tillich, Fritz Buri und Dorothee Sölle – deuten die biblische Mythologie symbolisch. Unbeschadet der Unterschiede ihrer Theorien im einzelnen gilt ihnen die Mythologie der Bibel als «symbolkräftiger Ausdruck des Selbstverständnisses eigentlicher Existenz». «Wie könnten wir ohne Mythen von den letzten Dingen reden? Wir wären ein armes Geschlecht, wenn uns diese Bilderwelt verlorengehen würde. Darum muß es uns, wie um ihre rechte Interpretation, so auch um ihre Überlieferung überhaupt gehen. Von falschen Ansprüchen befreit, kann uns die christliche Mythologie als das dienen, was sie eigentlich ist: als Ausdruck von existentiellem Selbstverständnis – sich bezeugend an uns und weiter zeugend durch unsere Auslegung. Damit ist Sinn und Aufgabe der Predigt und des Kultus bezeichnet.»[208]

Dieser romantische Ästhetizismus überzeugt aus verschiedenen Gründen nicht.

(1) Die biblischen Mythen sind der Absicht ihrer Urheber nach keine Symbole. Wenn Tillich gegen ein buchstabengetreues (literalistisches) Mißverständnis der Mythologie polemisiert – «dieses symbolische Material ist nicht in seinem eigentlichen, wörtlichen Sinn gemeint»[209] –, dann vergewaltigt er sie ebenso wie Bultmann mit der existentialen Interpretation. Beide verschmähen, die Bibel zu verstehen, und ziehen vor, sie auszulegen.

(2) Die biblische Mythologie ist heute längst abgestorben, wie die genannten Theologen mit dem Begriff «Interpretationsbedürftigkeit» schamhaft zugestehen. Interpretation heißt hier: Toten Texten den eigenen Lebensatem einhauchen. Religion dient als Ornament. Adorno: «Nach Abzug des existentialen Brimboriums bleibt übrig die Empfehlung religiösen Brauchtums abgelöst vom religiösen Inhalt; daß, als Gegenstände von Volkskunde, kultische Formen ihr Mysterium als leere Hülsen überdauern, wird nicht durchschaut, sondern mit Hilfe des Jargons verteidigt.»[210]

(3) Wie Bartley und Kaufmann bereits ausführlich zeigten[211], läßt sich Tillichs Symbolbegriff sachlich nicht halten. Tillich nennt das Kreuz Christi das vollkommene und objektiv wahre Symbol, weil es sich nicht verabsolutiere, sondern selbstkritisch auf etwas Höheres verweise. Es drücke die Unbedingtheit des Unbedingten angemessen aus und wehre sich zugleich, selber zum Fetisch gemacht zu werden. Deshalb gelte: «Jede Bejahung Jesu als des Christus, die nicht zugleich die Bejahung Jesu des Gekreuzigten einschließt, ist eine Form von Götzendienst. Das letzte Anliegen des Christen ist nicht Jesus, sondern der Christus in Jesus dem Gekreuzigten.»[212]

Mit diesen formalen Kriterien läßt sich – wie ebenfalls bereits Bartley und Kaufmann zeigten – bequem auch die Wahrheit der faschistischen Ideologie beweisen: Der Führer verstand sich als Werkzeug der göttlichen Vorsehung und gab alles, was nur endlich war in ihm (zu guter Letzt sich selbst), dem einen absolut gültigen Ziel preis. Die Parole «Gemeinnutz geht vor Eigennutz» ermahnte die Volksgenossen zum gleichen Opfer ihrer bedingten und endlichen Wünsche zugunsten des unbedingten Ganzen. Die Soldaten schließlich, die unter dem Symbol des Hakenkreuzes töteten und getötet wurden, dachten nicht daran, das Symbol zu verwechseln mit dem Unbedingten, auf das es verwies.

Das abschließende Fazit kann nur lauten: Die Theologie der existentialen und der symbolischen Bibelinterpretation ist ein altersschwaches Unternehmen. Das eigentlich Skandalöse, das meinen Zorn erregt, ist dies: Mit derlei apologetischen Tricks fristen Teile der akademischen Theologie nun bereits seit mehr als zweihundert Jahren ihr Dasein. Seit Beginn der Aufklärung haben immer wieder Theologen rationales Denken und biblische Mythologie auszugleichen versucht. So gestand beispielsweise Schleiermacher von sich – in seinen «Reden über die Religion an die Gebildeten unter ihren Verächtern», die er 1799 anonym veröffentlichte –, daß schon früh «Gott und Unsterblichkeit dem zweifelnden Auge verschwanden»[213]. Statt redlich die Konsequenz zu ziehen, half er sich mit der üblichen Sophistik und wurde zum Kirchenvater des 19. Jahrhunderts.

Der eigentümliche Stolz mancher Protestanten auf die Theologiegeschichte der letzten zwei Jahrhunderte ist unberechtigt, geradezu lächerlich. Tillich schreibt: «Es war ein Ausdruck des protestantischen Mutes, als die Theologen die heiligen Schriften ihrer eigenen Kirche der kritischen Analyse durch die historische Methode unterwarfen. Es scheint, daß keine andere Religion mit solcher Kühnheit vorging und ein solches Wagnis auf sich nahm: zweifellos nicht Islam, orthodoxes Judentum und römischer Katholizismus. Dieser Mut des Protestantismus wurde belohnt, denn der Protestantismus allein war imstande, in den Strom des allgemeinen historischen Bewußtseins einzutreten und sich nicht in eine geistige Winkelexistenz zwingen zu lassen, die ihm jeden Einfluß auf die schöpferische Entwicklung des geistigen Lebens genommen hätte. Der Protestantismus ließ sich – mit Ausnahme seiner fundamentalistischen Gruppen – nicht in jene unbewußte Unehrlichkeit hineintreiben, die die Ergebnisse der historischen Forschung nicht etwa auf Grund von Evidenz, sondern auf Grund eines dogmatischen Vorurteils verwirft ... Immer mehr setzte sich die Überzeugung durch, daß die christliche Behauptung, Jesus sei der Christus, nicht im Widerspruch steht zu einer kompromißlosen historischen Ehrlichkeit.»[214]

Aber bei wem setzte sich diese Überzeugung durch? Die Theologen, die wirklich kompromißlos historisch dachten, schworen dem Glauben ab, wie David Friedrich Strauß, die Gebrüder Edgar und Bruno Bauer und Franz Overbeck. Die übrigen Theologen, die dem Metier treu blieben, waren gar nicht so kompromißlos ehrlich, sondern lasen ihre eigenen Ideale in die Bibel hinein, wie Albert Schweitzers Geschichte der Leben-Jesu-Forschung erwies.

Jedoch was besagen diese Spätblüten gegen die leider ebenso unbekannte wie erschütternde Tatsache, daß nahezu die gesamte vernichtende historische Bibelkritik der Neuzeit bereits in der Spätantike von den Christentumsgegnern Porphyrius, Celsus und Julian vorweggenommen wurde?

Über die fünfzehn Bücher des Porphyrius «Gegen die Christen» urteilte der protestantische Theologe Adolf von Harnack (gestorben 1930): «Das Werk ist vielleicht die reichste und gründlichste Schrift, die jemals gegen das Christentum geschrieben worden ist. ... *dort, wohin Porphyrius den Streit zwischen religionsphilosophischer Wissenschaft und Christentum versetzt hat, liegt er noch heute; auch heute noch ist Porphyrius nicht widerlegt.*»[215]

Einige Proben sollen dies veranschaulichen. Die neuzeitliche Bibelkritik zeigt, daß angebliche Weissagungen sich meist als «vaticinia ex eventu» erweisen, als «Weissagungen», die erst nach dem Ereignis formuliert und dann einer Autorität der Vergangenheit in den Mund gelegt wurden, um das eingetretene Geschehen (göttlich) zu legitimieren. Diesen Sachverhalt deckte Porphyrius auf, als er am Beispiel des alttestamentlichen Buches Daniel erkannte, die Propheten hätten «nichts Zukünftiges gesagt, sondern Vergangenes erzählt – non... futura dixisse, sed narrasse praeterita»[216]. In der Tat gibt das Buch Daniel vor, von einem Seher Daniel im babylonischen Exil des 6. vorchristlichen Jahrhunderts abgefaßt zu sein und die Geschichte der Weltreiche zu prophezeien. In Wirklichkeit wurde es um 165 vor Christus zur Zeit der Makkabäerkämpfe verfaßt und wollte die verfolgten Gläubigen damit trösten, daß ihr Martyrium als geweissagt vorgetäuscht wurde.

Was Porphyrius über das Neue Testament schrieb, ist nicht weniger aktuell.[217] Die Evangelisten nannte er «Erfinder, nicht Erzähler» der Begebenheiten. (Heute nennt die Formgeschichte denselben Sachverhalt «Gemeindebildung».) Mit Scharfblick erkannte er die Ungereimtheiten in den verschiedenen Kindheitserzählungen bei Matthäus und Lukas. Die zahlreichen Widersprüche in den vier Passionsberichten bewiesen ihm deren legendären Charakter. Die Verfasser hätten alles nur erraten, aus dem Alten Testament erschlossen. Wenn sie aber nicht einmal den Tod Jesu wahrheitsgemäß erzählen könnten, so seien auch ihre sonstigen Berichte unzuverlässig. Aus den unauflöslichen Widersprüchen der

Auferstehungsberichte folgerte er, daß die Christen auch hier «Mythen erzählen».

Wie man sieht, argumentierte Porphyrius historisch, nicht dogmatisch. Die Auferstehung Jesu bestritt er wegen der Unzuverlässigkeit der Quellen, nicht aus einem «irreligiösen» Vorurteil heraus. Die Kritik des Porphyrius an den übrigen Teilen des Neuen Testaments sowie die nicht minder brisante und aktuelle Polemik des Celsus und Julians kann ich hier nicht mehr anführen. Mit Belegen dargestellt und kritisch gesichtet finden sie sich in dem vorzüglichen Aufsatz des Altphilologen Wilhelm Nestle über «Die Haupteinwände des antiken Denkens gegen das Christentum».

Kann es verwundern, daß die alte Kirche diese hochexplosiven Werke rasch verschwinden ließ, sobald sie zur Staatskirche erhoben wurde? Die letzten Exemplare der Bücher des Porphyrius wurden 448 unter Theodosius II. auf dem Scheiterhaufen verbrannt, und zwar mitsamt ihren christlichen «Widerlegungen»: weil in ihnen zu viele Zitate enthalten waren!

Kann es verwundern, daß diese Autoren auch heute offensichtlich von Theologen totgeschwiegen werden? Für die fast sechshundert Seiten starke Geschichte der historischen Erforschung des Neuen Testaments aus der Feder des Marburger Professors Werner Georg Kümmel existieren nicht einmal die Namen, geschweige denn ihre Ergebnisse. Nach Kümmel kann von einer «geschichtlichen Betrachtung des Urchristentums ... vor der Aufklärung nicht die Rede sein»[218]. Auch die parallele «Geschichte der historisch-kritischen Erforschung des Alten Testaments» von dem Hamburger Professor Hans-Joachim Kraus verschweigt Porphyrius völlig.

III Postchristliche Perspektiven: Religionsfreiheit

Die Probleme, die das Christentum mit seinen Mitteln und Impulsen nicht löste, sondern verschleppte, können nur in einer emanzipierten Gesellschaft bewältigt werden: einer Gesellschaft, die sich am Glück aller orientiert.

Ein Aspekt dieser realisierten Mündigkeit soll im folgenden untersucht werden: die Religionsfreiheit. An ihr läßt sich ausschnitthaft zeigen, wie eine humane Gesellschaft überhaupt aussehen könnte.

1 Der Begriff der Religionsfreiheit

Das Menschenrecht der Religionsfreiheit besagt dreierlei:

Freiheit von Zwang.

Gleichberechtigung.

Garantie der Intimsphäre.

Was alle bisherige Geschichte prägte: der Zwang – der Brauch, daß Menschen über andere Menschen herrschen, sie sich ihrem Willen unterwerfen – ist abgeschafft. In religiös-weltanschaulicher Hinsicht kann sich jeder ungehindert zu demjenigen Glauben oder zu demjenigen Unglauben bekennen, den er für richtig hält. Er kann Gott preisen oder Gott leugnen, und zwar durchaus auch im Gegensatz zur überwiegenden Mehrheit der übrigen. Die Freiheit von religiösem Zwang bedeutet, daß das – sonst demokratische – Mehrheitsprinzip nicht gilt.

Um auch verfeinerte Herrschaftsmechanismen auszuschalten, kann mit dem Bekenntnis zu einem bestimmten Glauben oder zu einem bestimmten Unglauben keinerlei Privileg oder Nachteil mehr verbunden sein. Nur so ist die Gleichberechtigung der Menschen gewährleistet.

Der dritte und letzte Aspekt der Religionsfreiheit ist das Recht, seine religiösen oder areligiösen Anschauungen völlig zu verschweigen (die sogenannte negative Bekenntnisfreiheit). Damit soll notdürftig ein Teil der Intimsphäre geschützt werden, die unter heutigen gesellschaftlichen Bedingungen immer mehr dem Zugriff der Manipulation preisgegeben ist.

Das so aufgefächerte demokratische Prinzip konkretisiert sich logisch zwingend in der Forderung, die staatliche Organisation institutionell und ideologisch von jeder religiösen oder areligiösen Gruppe zu trennen. Nur ein weltanschaulich strikt neutraler und paritätischer Staat fungiert als Instrument aller und garantiert die Religionsfreiheit.

Diese Grundsätze sind in der Verfassung der Bundesrepublik Deutschland bereits teilweise fixiert. Das Bundesverfassungsgericht verkündete in einer seiner neueren Entscheidungen (14. Dezember 1965) zu diesem Fragenkomplex: «Das Grundgesetz legt durch Art. 4 I, Art. 3 III, Art. 33 III GG sowie durch Art. 136 I und IV und Art. 137 I WRV in Verbindung mit Art. 140 GG dem Staat als Heimstatt aller Staatsbürger ohne Ansehen der Person weltanschaulich-religiöse Neutralität auf. Er verwehrt die Einführung staatskirchlicher Rechtsformen und untersagt auch die Privilegierung bestimmter Bekenntnisse. ... Aus dieser Pflicht zur religiösen und konfessionellen Neutralität folgt ...»[219]

Die erwähnten Verfassungsartikel lauten:

Art. 4 I Die Freiheit des Glaubens, des Gewissens und die Freiheit des religiösen und weltanschaulichen Bekenntnisses sind unverletzlich.

Art. 3 III Niemand darf wegen seines Geschlechtes, seiner Abstammung, seiner Rasse, seiner Sprache, seiner Heimat und Herkunft, seines Glaubens, seiner religiösen oder politischen Anschauungen benachteiligt oder bevorzugt werden.

Art. 33 III Der Genuß bürgerlicher und staatsbürgerlicher Rechte, die Zulassung zu öffentlichen Ämtern sowie die im öffentlichen Dienste erworbenen Rechte sind unabhängig von dem religiösen Bekenntnis. Niemandem darf aus seiner Zugehörigkeit oder Nichtzugehörigkeit zu einem Bekenntnisse oder einer Weltanschauung ein Nachteil erwachsen.

Die Artikel der Weimarer Reichsverfassung (WRV), die durch Art. 140 dem Bonner Grundgesetz (GG) diesem vollgültig inkorporiert sind, lauten:

Art. 136 I Die bürgerlichen und staatsbürgerlichen Rechte und Pflichten werden durch die Ausübung der Religionsfreiheit weder bedingt noch beschränkt.

Art. 136 IV Niemand darf zu einer kirchlichen Handlung oder Feierlichkeit oder zur Teilnahme an religiösen Übungen oder zur Benutzung einer religiösen Eidesform gezwungen werden.

Art. 137 I Es besteht keine Staatskirche.

Ein wichtiger Artikel, den das zitierte Urteil des Bundesverfassungsgerichtes nicht erwähnt, ist Art. 136 III WRV, der die negative Bekenntnisfreiheit garantiert: *«Niemand ist verpflichtet, seine religiöse Überzeugung zu offenbaren. Die Behörden haben nur soweit das Recht, nach der Zugehörigkeit zu einer Religionsgemeinschaft zu fragen, als davon Rechte und Pflichten abhängen oder eine gesetzlich angeordnete statistische Erhebung dies erfordert.»*

Diese klaren demokratischen Prinzipien sind in der Bundesrepublik

Deutschland bei weitem nicht verwirklicht, und zwar sowohl durch verfassungswidrige Praktiken und Gesetze wie auch durch Widersprüche im Grundgesetz selbst.

Entgegen dem Grundsatz der weltanschaulichen Neutralität leistet der Staat weiterhin einigen Religionsgesellschaften Handlangerdienste. Entgegen dem Grundsatz der religiösen Parität werden den Christen der beiden großen Konfessionen horrende Privilegien eingeräumt.

Als scheindemokratisches Argument für die Deklassierung aller Nichtchristen werden immer wieder die 97 Prozent der Bevölkerung angeführt, die einer christlichen Kirche angehören. Scheindemokratisch ist dieser Hinweis einmal, weil Grundrechte prinzipiell der Arithmetik entzogen sind und gerade die Minderheiten schützen sollen. Zum andern, weil das Zustandekommen dieser 97 Prozent Christen bereits auf einem eklatanten – wenn auch meist verdrängten – Verstoß gegen die Religionsfreiheit beruht: auf der Kindertaufe.

Die Kindertaufe ist verfassungswidrig. Inwiefern? Was geschieht bei der Kindertaufe? Ein Mensch, ein unmündiger Säugling – aber was besagt das? Die Menschenrechte stehen jedem Menschen unabhängig von seinem Alter zu –: ein Mensch, der sich nicht wehren kann, wird ungefragt zu einer religiösen Handlung gezwungen. Schlimmer: er wird zum willenlosen Objekt eines kultischen Aktes anderer gemacht.

So belanglos die äußere Handlung sein mag – auf Verlangen der christlichen Eltern sprengt ein Religionsfunktionär unter religiösen Formeln handwarmes Wasser auf den Kopf eines Babys –: entscheidend ist das Selbstverständnis des Täufers und seiner Handlung und die daraus abgeleitete juristische Folge für den Täufling. Nach Auffassung derjenigen Theologen und Pfarrer, die die Kindertaufe bejahen und praktizieren – seit der Antike sind sie die überwältigende Mehrzahl –, wird in der Taufe eine unauflösliche Beziehung zwischen Gott und dem Täufling hergestellt. «Gott sagt zu dem Kind ein für allemal: Ich habe dich bei deinem Namen gerufen. Du bist mein.» Die Taufe ist ein Gnadenakt Gottes, der nicht widerrufen werden kann. Der getaufte Mensch hat ein unauslöschliches Siegel erhalten, weshalb er nach katholischem Kirchenrecht, das allerdings bürgerlich nicht gilt, nie aus der Kirche austreten kann. Die protestantischen Theologen denken prinzipiell genauso, auch wenn sie sich über den theologisch unmöglichen Kirchenaustritt nicht ganz so eindeutig äußern.

Was also geschieht in der Kindertaufe? Menschen dürfen sich anmaßen, einen hilflosen anderen Menschen, ohne ihn zu fragen, unwiderruflich und unverlierbar für sein ganzes Leben religiös zu vergewaltigen. Nicht zufällig drängt sich der Vergleich mit den mittelalterlichen Kirchensklaven auf, die zeitlebens als unveräußerliches Kirchengut gehalten wurden, da Gottes Eigentum nicht veräußert werden konnte.

Die juristische Folge dieser Praxis besteht darin, daß wir de facto immer noch bei dem System des Augsburger Religionsfriedens von 1555 stehen. Der Augsburger Religionsfriede bestätigte den jahrhundertealten Brauch, daß die Landesherren die Religion ihrer Untertanen bestimmten («cuius regio, eius religio»), liberalisierte aber dahingehend, daß andersgläubige Untertanen auswandern durften («privilegium emigrandi»). Heute werden die Menschen nicht als Untertanen ihrer Landesfürsten zu Protestanten oder Katholiken gemacht, sondern als Untertanen ihrer Eltern: «cuius generatio, eius religio.» Allerdings dürfen sie – wie edel und freiheitlich! – nach bürgerlichen Gesetzen hinterher aus der Kirche wieder austreten.

Zur Rechtfertigung der Kindertaufe könnte auf das heute gültige «Gesetz über die religiöse Kindererziehung»[220] von 1921 hingewiesen werden, wo festgelegt ist, daß das Kind mit vierzehn Jahren religionsmündig wird und bis dahin die Eltern über die religiöse Erziehung bestimmen (Elternrecht). Auf diesen Hinweis ist zunächst grundsätzlich zu entgegnen, daß man mit formulierten Gesetzen rechnen muß, die Grundrechten widersprechen. Solche Gesetze sind nichtig, da die Grundrechte die «Gesetzgebung, vollziehende Gewalt und Rechtsprechung als unmittelbar geltendes Recht» (GG 1 III) binden. Davon abgesehen scheint mir das «Gesetz über die religiöse Kindererziehung» die Kindertaufe keineswegs zu rechtfertigen. Denn wird ein Kind zwar erst mit vierzehn Jahren religionsmündig, bedeutet das nicht, daß ihm vorher das unveräußerliche Menschenrecht auf Religionsfreiheit fehlte! Es kann nur noch nicht artikuliert werden, weshalb die Erziehungsberechtigten es darin schützen müssen. Auf jeden Fall findet das vielbeschworene Elternrecht seine unüberschreitbare Grenze am Kinderrecht: am Recht des Kindes auf Religionsfreiheit, das die Säuglingstaufe und jede einseitige religiöse oder areligiöse Indoktrination seitens der Eltern ausschließt.

2 Trennung von Staat und Kirchen

Eines der wichtigsten und bekanntesten Privilegien, die die beiden großen christlichen Kirchen und wenige andere Religionsgemeinschaften genießen, ist das Recht, von ihren Mitgliedern durch die staatlichen Finanzämter Steuern eintreiben zu lassen. Allen Religionsgemeinschaften, die Körperschaften des öffentlichen Rechtes sind, stellt die staatliche Administration die bürgerlichen Steuerlisten zur Verfügung und zieht automatisch zusammen mit der Lohn- oder Einkommensteuer die Kirchensteuer ein. Die Kirchensteuer ist die wichtigste Einnahmequelle der Religionsgemeinschaften und bringt den beiden großen Kirchen jährlich zusammen mehr als zwei Milliarden DM ein. Obwohl das Kirchensteuerprivileg vom Grundgesetz garantiert wird (Art. 137 WRV in Verbindung mit Art. 140 GG), widerspricht es dem Menschenrecht auf Religionsfreiheit, da der Staat seine religiös-weltanschauliche Parität und Neutralität verletzt. Bereits die Auszeichnung der entsprechenden Religionsgemeinschaften als «Körperschaften des öffentlichen Rechtes» ist undemokratisch. In einer Demokratie können alle religiösen oder weltanschaulichen Gruppen nur privatrechtlich als Vereine organisiert sein.

Ein weit skandalöserer Fall des Bündnisses von Finanzamt und Altar als das Kirchensteuerwesen, das immerhin in der Regel nur die eigenen Gläubigen mit der Macht des weltlichen Armes anzapft, sind die Sonderleistungen, die sogenannten «Staatsleistungen» an die Religionsgesellschaften. Es handelt sich um Geldgeschenke (gewöhnlich ohne Verwendungsnachweis) und um Sachleistungen an wenige privilegierte Religionsgemeinschaften, in der Hauptsache natürlich an die beiden Großkirchen.

Nach einer Aufstellung[221] des statistischen Bundesamtes erhielten im Jahre 1959 die Religionsgesellschaften bei uns 164,579 Millionen DM vom Staat, wobei etwa 150 Millionen auf die beiden großen Konfessionen entfielen. In dieser Summe sind Sonderleistungen des Bundes, der Länder und der Gemeinden nicht enthalten. Beispielsweise überließ die Bundesregierung 1962 den beiden Großkirchen 83 Millionen DM aus dem Fonds für Entwicklungshilfe[222].

Nach einer Aufstellung des Kirchenrechtlers Weber handelt es sich im einzelnen um folgende Leistungen: «a) Aufwendungen zur Unterhaltung der kirchenregimentlichen Behörden (Landeskirchenämter, Oberkirchenräte, Superintendenten, bischöfliche Stühle, Domkapitel, bischöfliche Anstalten); b) Aufwendungen zur Ausbildung, Besoldung und Versorgung der Geistlichen; c) Unterhaltung kirchlicher Bauten in Einzelfällen; d) Leistungen für die Unterhaltung der Geistlichen und den Kultus, ebenfalls jeweils auf Grund besonderer Rechtstitel; e) Leistungen aus stiftungsgebundenen Staatsnebenfonds. Hinzu treten die Leistungen, die der Staat durch die Unterhaltung der theologischen Fakultäten, die Ausbildung von Religionslehrern, Kirchenmusikern und Kirchenjuristen, die Sorge für den Religionsunterricht an den öffentlichen Schulen sowie die Unterhaltung von Anstalts- und Militärseelsorge mittelbar erbringt.»[223]

Diese Privilegien widersprechen dem Gleichheitsgrundsatz und deklassieren die Nichtchristen – zu schweigen von der Heuchelei auf seiten der Kirchen. Während sonntags von der Kanzel der grassierende Unglaube und der wachsende Nihilismus beklagt und verdammt werden, sind die Weltkinder immer noch gut genug, finanziell veranlagt zu werden.

Fadenscheinig werden die Mißstände gerechtfertigt. Die Kirchen betrachten die Gelder als Entschädigung für die Säkularisation von Kirchengut in der Reformationszeit und auf dem Reichsdeputationshauptschluß (1803–1810). Diejenigen Landesfürsten, die im 16. Jahrhundert zum protestantischen Glauben übertraten, zogen gleichzeitig den bisherigen katholischen Kirchenbesitz (Bistümer, Klöster, Stifte) ein, übernahmen aber – auf Intervention der Reformatoren – die finanzielle Sorge für die Kirche ihres Territoriums. Der Reichsdeputationshauptschluß verteilte die rechtsrheinischen geistlichen Gebiete (aber auch Reichsstädte) an die deutschen Fürsten, um sie für die Verluste zu entschädigen, die sie durch die französische Annexion des linken Rheingebietes erlitten hatten. Dabei wurde verfügt, daß die Fürsten zum finanziellen Unterhalt der Kirche beitragen sollten.

Wie will man aus der politisch bedingten Auflösung anachronistischer Kirchenstaaten vor hundertfünfzig und vor vierhundert Jahren noch heute Gelder verlangen? Weshalb greifen die Kirchen nicht gleich auf die karolingischen Säkularisationen im 8. und 9. Jahrhundert zurück?

Jedenfalls bestimmte bereits die Weimarer Reichsverfassung, daß die Staatsleistungen «abgelöst» werden sollen (Art. 138 I). Dieser Artikel ist auch ins Grundgesetz übernommen worden. Da aber ein klares Gebot der Verfassung für viele Politiker offensichtlich keinerlei Verbindlichkeit hat – sofern etablierte Machtpositionen betroffen sind –, wurden die notwendigen Ausführungsgesetze bis heute nicht erarbeitet.

Die Kirchenverträge einzelner Bundesländer können nicht ernsthaft als «Ablösung» der Staatsleistungen genannt werden. Nach dem Loccumer Vertrag (1955) zahlt das Land Niedersachsen jährlich an beide Großkirchen je 7,7 Millionen DM Zuschüsse für die Pfarrbesoldung, wobei dieser Betrag laufend den steigenden Beamtengehältern anzupassen ist. Außerdem erhielten beide Konfessionen eine einmalige Abfindung von je 5,5 Millionen DM. Am weitesten ging bisher Hessen mit dem Vertrag, den es 1960 mit den evangelischen Landeskirchen abschloß. Danach wird den Protestanten jedes Jahr ein Gesamtzuschuß von acht Millionen DM überwiesen, wobei eine Wertsicherungsklausel die Anpassung an die Beamtenbesoldung vervollkommnet.

Damit diese Privilegien, die sich dem Klassencharakter unserer Gesellschaft nur zu gut einfügen, auch genügend nach außen geschützt werden, begingen Staat und Kirche einen weiteren Verfassungsbruch und schlossen 1957 einen Militärseelsorgevertrag. Die Militärgeistlichen sind Staatsbeamte und werden vom Staat besoldet. Dem Staat obliegt auch die gesamte Organisation und Finanzierung der Seelsorge. Dieser Verstoß gegen das Neutralitätsprinzip ist durch keine Ausnahmevorschrift im Grundgesetz gedeckt.

Nicht anders steht es mit den theologischen Fakultäten an den Universitäten. Ihr Fortbestand ist grundgesetzwidrig. Zwar hatte die Weimarer Reichsverfassung ihre Erhaltung garantiert (Art. 149 III). Da aber dieser Artikel im Unterschied zu anderen Religionsartikeln der Weimarer Verfassung (136, 137, 138, 139, 141) *nicht* ins Grundgesetz übernommen wurde, ist – wie der Verfassungsjurist Erwin Fischer formuliert – «nur der Schluß möglich, daß sie [die theologischen Fakultäten] mangels einer entsprechenden Ausnahmevorschrift im Grundgesetz nicht mehr zulässig sind»[224].

Aus der grundgesetzlichen Garantie des Religionsunterrichtes (Art. 7 III) folgt dic Garantie der theologischen Fakultäten nicht, wie man argumentiert hat. Denn einmal dienen diese ja nur zum weit geringeren Teil der Ausbildung von Religionslehrern. Die meisten Theologiestudenten gehen ins Pfarramt. Zum andern würde der Staat die grundgesetzlich garantierte innere Autonomie der Religionsgesellschaften (Art. 137 III WRV mit Art. 140 GG) verletzen, wollte er die Vorbildung der Religionslehrer bestimmen. Weshalb ja auch Pfarrer und Katecheten den Religionsunterricht an Schulen erteilen können, also solche Leute, die nicht die sonst staatlich vorgeschriebene Lehrerausbildung erhalten haben. Schließlich kann auf die Freireligiösen hingewiesen werden, die in einigen Bundesländern (Hessen, Bayern) zwar auch an staatlichen Schulen ihren Religionsunterricht erteilen, aber deshalb noch längst keine freireligiöse Fakultät an den Universitäten haben.

In dieser Diskussion um die theologischen Fakultäten brachte kürzlich der katholische Theologe Karl Rahner folgendes pfiffige Argument vor. «Will der Staat der Religion seiner konkreten Bürger nicht so ‹neutral› gegenüberstehen, daß diese Neutralität in Wirklichkeit eine Feindschaft ist, weil sie selbst eine bestimmte Weltanschauung unter anderen darstellt, dann muß der Staat die theologischen Fakultäten an seinen Universitäten bestehen lassen. Er ist dadurch neutral, daß er jeder bedeutsameren ‹Religion› im weitesten Sinn eine solche Möglichkeit einräumt und einräumen soll. Wenn ein ‹atheistischer Humanismus› die bekenntnismäßig formierte Meinung einer beträchtlichen gesellschaftlichen Gruppe eines solchen Staates wäre und sich nicht in bloßer Verneinung der anderen Religionen erschöpfte und so von sich selbst her gar keinen Gegenstand einer wissenschaftlichen Reflexion hätte, dann könnte und müßte der Staat auch eine ‹theologische Fakultät eines atheistischen Humanismus› auf seinen Universitäten errichten.»[225]

Dieser Gedankengang läßt sich nicht halten. Die Neutralität des Staates in religiösen und weltanschaulichen Dingen ist kein Rechenexempel. Die Proporzfeilscherei, in die Rahner auch die Nichtchristen hereinziehen will, steht in eklatantem Widerspruch zum Grundgesetz[226]. *Niemand*, kein einzelner, darf wegen seiner Religion und seiner Weltanschauung bevorzugt oder benachteiligt werden. Daß die Grundrechte wesenhaft jeder Arithmetik entzogen sind, bekräftigte vor kurzem der hessische Staatsgerichtshof im Schulgebetsurteil.

Noch ein weiterer Einwand muß gegen Rahner vorgebracht werden. Ist die Universität ein Jahrmarkt, auf dem jeder jeden beliebigen Artikel feilbieten kann, sofern nur eine genügend große Zahl von Interessenten dahintersteht? Auf einer Universität behaupten nur wissenschaftliche Disziplinen zu Recht ihren Ort. Daß aber die christlichen Theologien unwissenschaftlich sind, habe ich gezeigt. Daß alle anderen Theologien (auch die Theologie eines atheistischen Humanismus) als dogmatische Denkgebäude nicht weniger unwissenschaftlich sind, versteht sich von selbst.

Damit ist nicht gesagt, daß der Bereich der Religion kein Gegenstand wissenschaftlicher Forschung wäre. Der Satz «Religion ist Privatsache und geht den Staat nichts an» muß dahin präzisiert werden, daß nur das individuelle Bekenntnis Privatsache ist, nicht aber das objektivierbare Phänomen der Religion überhaupt.

Deshalb sollte zwar die theologische Fakultät abgeschafft, aber gleichzeitig eine religionswissenschaftliche Abteilung in der philosophischen Fakultät neu errichtet werden.

Eine arbeitsfähige religionswissenschaftliche Abteilung sollte mindestens folgende Seminare umfassen:

(1) Seminar für allgemeine und systematische Religionswissenschaft: ein Lehrstuhl; (2) Seminar für Christentumskunde: ein Lehrstuhl für Neues Testament, ein Lehrstuhl für die Geschichte des Christentums; (3) Seminar für Judentumskunde: ein Lehrstuhl für Altes Testament, ein Lehrstuhl für die Geschichte des Judentums; (4) Seminar für Islamkunde: ein Lehrstuhl; (5) Seminar für asiatische Religionen: ein Lehrstuhl für Buddhologie, ein Lehrstuhl für Hinduismuskunde; (6) Seminar für die Geschichte der Religionskritik: ein Lehrstuhl; (7) Seminar für Religionssoziologie und -psychologie: ein Lehrstuhl; (8) Seminar für Religionspädagogik und Didaktik der Religionskunde: ein Lehrstuhl.

Die religionswissenschaftliche Abteilung innerhalb einer kritischen Universität könnte die Ergiebigkeit interdisziplinärer Forschung und Lehre demonstrieren. Mannigfache Querverbindungen zu anderen Disziplinen liegen auf der Hand: Geschichte, Altertumskunde, Völker- und Volkskunde, Philosophie, Philologie, Rechtsgeschichte, Geschichte der Naturwissenschaften.

Wer würde hauptsächlich Religionswissenschaft in diesem Stile studieren? Einmal vermutlich die christlichen Theologen, deren Hauptausbildung an eigenen kirchlichen Instituten erfolgen würde. Zum anderen die Pädagogen, die religionskundlichen Unterricht erteilen möchten. Denn die bisher bei uns übliche christlich-konfessionelle Glaubensunterweisung an öffentlichen Schulen muß ersetzt werden durch eine obligatorische Religionskunde.

Wer Religionswissenschaft für den Lehrberuf studiert, sollte sich einen Gesamtüberblick über die Disziplin verschaffen und – je nach persönlichen religiösen oder antireligiösen Interessen – einzelne Schwerpunkte bilden. Auf jeden Fall sollte er über fundierte Kenntnisse in Christentumskunde, Judaistik und Geschichte der Religionskritik verfügen, womit keinesfalls einem abendländischen Provinzialismus das Wort geredet sein soll.

4 Trennung von Schule und Kirchen

Das Schulwesen ist eine bedeutende Einbruchstelle undemokratischer Prinzipien. Wenn einerseits der Staat religiös und weltanschaulich neutral ist und andererseits das gesamte Schulwesen unter seiner Aufsicht steht und zugleich allgemeine Schulpflicht angeordnet ist, dann folgt daraus: Als Regelschule muß eine religiös und weltanschaulich neutrale Schule gefordert werden (Gemeinschaftsschule).

Gegen diesen Grundsatz wird im Schulwesen der Bundesrepublik Deutschland oft verstoßen. Um nur ein Beispiel zu nennen. Zwar lautet Art. 56 II der hessischen Landesverfassung: «An allen hessischen Schulen werden die Kinder aller religiösen Bekenntnisse und Weltanschauungen in der Regel gemeinsam erzogen (Gemeinschaftsschule).»[227] Im Gesetz zum Vertrag des Landes Hessen mit den evangelischen Landeskirchen (10. Juni 1960) liest man dagegen: «Die öffentlichen Schulen sind Gemeinschaftsschulen auf christlicher Grundlage» (Art. 15 I)[228].

Daß hier dreist die Verfassung gebrochen wurde, stellte zuletzt der hessische Staatsgerichtshof im Schulgebetsurteil fest: «Für die Annahme, daß die hessische Schule eine christliche Gemeinschaftsschule sei, bietet die Hessische Verfassung keinen Anhalt.»[229]

Wie unbekümmert sich manche Regierungen und manche Kirchenleitungen über Grundprinzipien der Demokratie hinwegsetzen! Die staatliche Gemeinschaftsschule kann weder auf einer christlichen noch selbstverständlich auf einer atheistischen Grundlage beruhen. In einem Gemeinwesen, das sich zum Recht auf Religionsfreiheit bekennt, hat sie neutral zu sein.

Ein weiterer Verstoß gegen das Recht auf Religionsfreiheit, den allerdings das Grundgesetz deckt, ist der konfessionell gegliederte christliche Religionsunterricht. Indem das Grundgesetz (Art. 7 III) den «Religionsunterricht in Übereinstimmung mit den Grundsätzen der Religionsgemeinschaften» als «ordentliches Lehrfach» garantiert, wird hier dem Staat eine Aufgabe zugeschrieben, die zu den elementaren Angelegenheiten der Religionsgemeinschaften zählt. Obwohl die Teilnahme an diesem Fach für Schüler und Lehrer fakultativ ist – es ist «Pflichtfach für den Lehrplan der Schule, dagegen persönliches Wahlfach für den einzelnen Schüler und Lehrer»[230] – wird das Trennungsprinzip verletzt.

Der einzige Religionsunterricht, der an öffentlichen Schulen erteilt werden kann und soll, ist eine wissenschaftliche Religionskunde, die in alle Weltreligionen und ihre Kritik einführt. Dieser obligatorische Unterricht dient der Religionsfreiheit der Kinder. Er soll sie befähigen – unabhängig von den Schranken und Vorurteilen ihrer Eltern –, die Religion zu wählen, die sie überzeugt, oder auch religionslos zu bleiben.

Diese Forderung einer Religionskunde, die in der Oberstufe durch Philosophieunterricht ergänzt werden sollte, überholt die Apologetik mancher Protestanten. Die Ordinarien für praktische Theologie in Mainz und Göttingen, Gert Otto und Martin Stallmann, um nur zwei Namen zu nennen, erkennen deutlich die Schwächen der bisherigen Regelung. Sie wollen die Sonderstellung der religiösen Unterweisung in der Schule möglichst abbauen, das Selbstverständnis der weltlichen Schule zum Maßstab erheben und einen Unterricht ohne «dogmatische Bindung»[231] durchführen. Gert Otto will großzügig auf Schulgebet, Schulandachten und Schulgottesdienste verzichten und propagiert einen bikonfessionellen Unterricht, einen obligatorischen christlichen Religionsunterricht für beide Konfessionen zusammen. Aber diese Vorstellungen sind leicht als lahme Zwittergebilde zu erkennen, die nicht weiterhelfen und qualitativ nichts verändern.

Was bleibt abschließend zu sagen? Der einfachste und für die Kirchen zugleich der honorigste Weg wäre natürlich der, daß sie freiwillig ihre unrechtmäßigen Machtpositionen räumten. Jedoch offenbar verheißen der staatliche Dukatenesel, das staatliche Tischlein-deck-dich und der staatliche Knüppel-aus-dem-Sack mehr Sicherheiten als der eigene Gott. Die Predigt von der «unbedingten Selbstpreisgabe» und dem Verzicht auf irdische Garantien, deren der Glaube nicht bedürfe, demaskiert sich aufs neue als Phrase.

IV Das christliche Abendland – Ideologie und Wirklichkeit

Wie einst das Volk Israel die kärglichen Berge Palästinas verklärte zum «Lande, wo Milch und Honig fließt», so preist das Gottesvolk des Neuen Bundes das christliche Abendland als die Erfüllung aller menschlichen Sehnsüchte.

«O christliches Rom ... Du bist ein Leuchtturm der Gesittung, und das zivilisierte Europa und die Welt verdanken dir das Höchste, was an Weihe und Heiligkeit, an Weisheit und Sittlichkeit ihre Völker und deren Geschichte verklärt. Du bist eine Mutter der Liebe, deine Annalen, deine Denkmäler, deine Schulen und Universitäten sind Triumphzeugen deiner Liebe, die alles umfaßt, alles leidet, alles hofft, alles unternimmt, um allen alles zu werden und alle zu der Freiheit aufzurufen, die Christus den Menschen geschenkt hat, um sie zu jener Ruhe und jenem Frieden zu führen, der die Völker zu Brüdern und die Menschen aller Zonen, so verschieden sie auch sein mögen in Sprache und Sitte, zu einer einzigen Familie, die Welt zu einem einzigen Vaterland macht.»[232] So Papst Pius XII. in seiner Weihnachtsbotschaft 1941.

Die katholische Spielart der Vorstellung von einem christlichen Abendland orientiert sich gewöhnlich an dem – als religiöse Einheit und kulturelle Blütezeit vorgestellten – Mittelalter, das sich in den gotischen Kathedralen sinnfällig verkörpert. Die protestantische Fassung rückt naturgemäß Gegebenheiten der Neuzeit mehr in den Vordergrund und führt alle modernen Errungenschaften auf eine «letztlich christliche Wurzel» zurück: etwa das mathematisch-naturwissenschaftliche Denken, die Technik, die historische Kritik. Kurz: die vielberufene Entgötterung und Säkularisierung der Welt wird als «legitime Folge» des Evangeliums verbucht.

Aber das ist eine Geschichtsklitterung größten Ausmaßes, wie bereits die Sammlung von Leitfossilien im ersten Teil dieses Buches erkennen ließ. Nahezu alles, was anfangs in erbittertem Kampf gegen das Christentum erstritten wurde, wird nachträglich für dieses vereinnahmt.

Wie sah es in Europa aus, als das Christentum auf dem Höhepunkt seiner Macht stand, also im Mittelalter? Als fast nichts geschehen konnte ohne den Segen der heiligen Mutter Kirche? Als christlicher Geist alles durchdrang und alles formte: das private und das öffentliche Leben, die Familie, die Bildung, die Ökonomie und die Politik? Als die Päpste so mächtig waren, daß sie Kaiser und Könige nach ihrem Gutdünken ein- und absetzen konnten?

Was geschah? Eine endlose Kette von Kriegen verwüstete die Länder. Päpste und Bischöfe erschienen als Heerführer in Rüstung und Helm.

Unzählige Bauern – Leibeigene, denen oft nichts gehörte als ihr Kleid – mußten in dumpfer Fron die riesigen Ländereien der weltlichen und geistlichen Feudalherren beackern.

Das geistige Leben hatte einen Tiefstand erreicht. Die weitaus überwiegende Mehrzahl der Bevölkerung konnte weder lesen noch schreiben und lebte in den Formen primitiven Aberglaubens, den die Kirche bewußt förderte (Reliquien, Amulette, Weihwasser). An den Universitäten herrschte die Scholastik, die vornehmlich diejenige These als gültig ansah, für die sich am meisten Zitate bei den Kirchenvätern und aus der Bibel beibringen ließen – eine Methode, der der leiseste Hauch von Wissenschaftlichkeit abgeht.

Der leibliche und psychische Gesundheitszustand der Menschen war erbärmlich. Krankheit galt als Folge von Sünde, weshalb auf dem IV. Laterankonzil (1215) jedem Arzt unter Androhung der Exkommunikation untersagt wurde, einen Kranken zu behandeln, der nicht vorher gebeichtet hatte. Handauflegen, Exorzismus (Teufelsaustreibung) und Gebet waren die probaten Mittel der christlichen Ärzte. Pestepidemien wurden mit Bittgottesdiensten und Prozessionen bekämpft. (Noch 1829 verbot Papst Leo XII. die Pockenschutzimpfung, da die Pocken ein Strafgericht des Himmels seien. Die ansteigende Sterblichkeitsziffer kümmerte ihn nicht.)

Die als sündig verfemte und verdrängte Sexualität führte jahrhundertelang zu exzessiven Ausbrüchen von Massenpsychosen, Perversionen, Sadismus, Neurosen, wie sie sonst kaum eine Epoche der Menschheitsgeschichte kennt.

Dies alles war eingehüllt in den Qualm und die Flammen der Scheiterhaufen, auf denen Menschenopfer unter priesterlichem Gebet verkohlten.

Und die prächtigen romanischen und gotischen Dome mit ihren feierlichen Hochämtern voll liturgischer Schönheit? Sollen sie unterschlagen werden? Nicht im geringsten. Was für die Apologeten des Nationalsozialismus die Reichsautobahnen, das sind für die Lobredner des christlichen Mittelalters die Kathedralen. Beidemal wird übersehen, daß die vermeintlichen Prunkstücke nicht im geringsten von den übrigen Bestandteilen des unmenschlichen Systems isoliert werden können. Wie der Bau der Autostraßen von Anfang an im Dienste der Aufrüstung zu imperialistischen Beutezügen stand, so dienten die Kirchen und Dome im Feudalsystem des Mittelalters einzig als ideologische Agenturen der herrschenden Adelsschicht. Von den Kanzeln wurden die Untertanen zum Gehorsam und zur Demut gegenüber Gott und den weltlichen Herren aufgerufen. Von den Altären wurden ihre Blicke auf ein illusionäres

Jenseits gerichtet: ein Jenseits, das einst – aber nur bei genügendem Gehorsam jetzt – für alle Leiden und Entsagungen der irdischen Misere entschädigen sollte.

Nichts charakterisiert die Wirklichkeit des christlichen Abendlandes prägnanter als die Tatsache, daß bei «Gotteslästerung» den Menschen im Mittelalter die Zunge herausgeschnitten wurde und noch heute mit dem Kadi gedroht wird – während die ständige Menschenlästerung, die das Christentum darstellt, meist als solche nicht einmal erkannt wird.

Wie steht es mit der vorwiegend protestantischen Behauptung, die «Weltlichkeit der Welt» sei eine Konsequenz des christlichen Glaubens, weshalb beispielsweise nur das christliche Abendland die Technik habe hervorbringen können?

Diese These scheitert bereits an der absurden Folgerung, das Christentum habe tausendachthundert Jahre unaufhörlich im Widerspruch zu seinen eigentlichen Absichten gelebt. Denn unabweisbar taten während dieser langen Periode die Kirchen alles andere, als die Welt zu verweltlichen. Die Natur und das gesellschaftliche Leben wurden nicht entdämonisiert, sondern im Gegenteil von okkulten und sakralen Mächten durchwaltet gedacht. Massiver Geister- und Teufelsglaube durchzog sämtliche christliche Jahrhunderte und ist auch heute noch verbreitet. Leugner des Hexenwesens galten als Atheisten, weil Gottesglaube und Dämonenglaube untrennbar miteinander verfilzt waren. Gegner der Monarchie galten ebenfalls als Atheisten, weil Gottesglaube und Feudalismus unscheidbar verquickt waren.

Alle wahrhaft entgötternden Erkenntnisse und Bewegungen wurden bekämpft. Giordano Bruno starb am 2. Februar 1600 den Feuertod. Galileo Galilei wurde 1633 gezwungen, auf Knien und im Büßerhemd seiner Lehre, die der biblischen Kosmologie widersprach, abzuschwören. Sämtliche Bücher, die das neue Weltbild lehrten, wurden auf den Index gesetzt. Erst 1822 bequemte sich das Heilige Offizium in Rom dazu, die Verbreitung des Kopernikanischen Weltbildes zu erlauben.

Die Lehre Darwins wurde leidenschaftlich abgelehnt. Noch 1925 wurde im nordamerikanischen Staat Tennessee auf Betreiben protestantischer Kreise der sogenannte Affenprozeß geführt, in dem ein Lehrer verurteilt wurde, weil er in der Schule die Evolutionstheorie verbreitet hatte. Das Gesetz, auf Grund dessen er verurteilt wurde, gilt heute noch.[233] Auch Papst Pius XII. reiht sich in die christlichen Gegner der Deszendenztheorie ein (Enzyklika «Humani Generis» 1950).

Das chronische Bildungsdefizit des Christentums spricht entscheidend gegen die Säkularisierungsthese. Gewiß mag man sagen, das europäische Schul- und Universitätswesen sei dem Schoße der Kirche entsprungen. Aber entgegen dem Sinn, den christliche Apologeten diesem Sachverhalt beilegen, ist dies kein Ruhmestitel für die Kirche. Im Gegenteil wird sie damit unmittelbar als schuldig überführt an dem erschreckenden Ausmaß von Unwissenheit und Unbildung, das die Geschichte des Abendlandes kennzeichnet. Während in Griechenland und Rom auch die Unterschichten des Volkes im allgemeinen lesen und schreiben konnten [234] und an Akademien wissenschaftlich gearbeitet wurde, war – wie ich schon erwähnte – der weit überwiegende Teil der Christen Analphabeten.

Eine allgemeine Volksbildung tauchte mehr als tausendfünfhundert Jahre lang nicht einmal als erstrebenswertes Ideal am Horizont auf, geschweige denn, daß sie verwirklicht wurde – wie ja auch heute noch viele Christen in Italien, Spanien, Portugal weder lesen noch schreiben können. Wollte man formulieren: «Die Zwergschule ist die Regelschule des christlichen Abendlandes», so verharmloste dieser Satz noch den wirklichen Sachverhalt.

Auch die vielgepriesenen Universitäten des Mittelalters (Paris, Bologna) können das armselige Bild nicht korrigieren, wenn man bedenkt, daß der christliche Geist immerhin tausendzweihundert Jahre benötigte, um sie hervorzubringen.

Die These von der Verdummung der Menschen durch das Christentum ist nicht die freche Lüge einiger platter Freigeister, sondern eine historisch belegbare bittere Tatsache, begründet nicht in dem zufälligen Versagen einer fatal langen Reihe bornierter Päpste und bildungsfeindlicher Theologen, sondern in dem unversöhnlichen Widerstreit des Glaubens gegen das Denken.

Ein indirektes Argument gegen die Behauptung, die neuzeitliche Profanität sei wesentlich im christlichen Glauben verwurzelt, ergibt sich aus der meist übersehenen Tatsache, daß es ja nicht nur ein christliches Abendland gegeben hat und gibt, sondern auch ein christliches Morgenland. In Ägypten, Äthiopien, Syrien, Rußland entstand offenkundig keine Technik, keine historische Kritik, keine Naturwissenschaft. Wäre wirklich der Glaube an Jesus Christus der Motor zur Weltlichkeit, hätte er sich auch dort bewähren müssen. Da dies nicht der Fall ist, kann – im Zusammenhang mit den bisherigen Erwägungen – nur gefolgert werden, daß nicht das Christentum, sondern andere Mächte die Welt entheiligt haben.

Dafür spricht, daß es nicht nur ein christliches, sondern auch ein nichtchristliches Abendland gibt. Allen Menschen- und Bücherverbrennungen zum Trotz, die die ausschließlich christliche Kultur herbeiführen sollten, lassen sich geistesgeschichtlich mindestens noch folgende fünf Traditionsströme in Europa feststellen:

das kontinentale germanische Erbe,
die jüdische Geistigkeit,
das Erbe der römischen und griechischen Antike,
die arabisch-sarazenische Kultur,

die Aufklärung mit ihren Folgeerscheinungen (Liberalismus, Marxismus).

Hier finden wir die wirklichen Wurzeln der säkularen Welt von heute. Bereits die Griechen und Römer verfügten über erstaunliche Kenntnisse in Physik und Astronomie und wußten sie auch technisch zu verwerten. Die griechische Aufklärung brachte etliche konsequent atheistische Philosophen hervor, bei denen sich sämtliche Motive der neuzeitlichen Gottesleugnung finden (Protagoras, Demokrit, Prodikos, Kritias, Euhemeros, Trasymachos, Diagoras).

Der Einfluß der arabisch-sarazenischen Kultur auf Europa ist nicht weniger bedeutsam, wenn auch leider fast völlig unbekannt (siehe dazu Sigrid Hunke «Allahs Sonne über dem Abendland. Unser arabisches Erbe»). Den Arabern verdankt Europa nicht nur das heutige Zahlensystem, sondern auch grundlegende Kenntnisse der Mathematik, der Astronomie, der Medizin sowie der Philosophie (Avicenna).

Die vielgeschmähte Aufklärung schließlich verhalf – in stetem Kampf gegen die Kirchen – dem Walten der Vernunft erneut zum Zuge und führte jenen Begriff von Humanität herauf, den auch viele Christen heute nicht mehr missen mögen.

Was als Abschluß und als Auftakt zu sagen bleibt, sei formuliert mit Worten, die Karl Marx in der Einleitung zur Kritik der Hegelschen Rechtsphilosophie schrieb: «Die Kritik der Religion endet mit der Lehre, daß der Mensch das höchste Wesen für den Menschen sei, also mit dem kategorischen Imperativ, alle Verhältnisse umzuwerfen, in denen der Mensch ein erniedrigtes, ein geknechtetes, ein verlassenes, ein verächtliches Wesen ist, Verhältnisse, die man nicht besser schildern kann als durch den Ausruf eines Franzosen bei einer projektierten Hundesteuer: Arme Hunde! Man will euch wie Menschen behandeln!»[235]

Den Christen des Mittelalters . . .

... war das Zinsnehmen schlicht und strikt verboten. Sie durften nicht Geld verleihen, nicht Kapital investieren, wenn sie daraus einen Gewinn zogen. Das kanonische Zinsverbot drohte jedem Christen, der Geld «arbeiten» ließ, mit Exkommunikation.

Es war Hieronymus von Stridon, der Kirchenvater und Vulgata-Schreiber, der das Zinsveto bei Lukas (6,36) fand: «Leihet, daß ihr nichts dafür hoffet.» Die Gläubigen durften nicht Gläubiger werden. Das Verbot galt, wenigstens theoretisch, vom 9. bis ins 13. Jahrhundert. Erst danach verlor der Zins seinen höllischen Ruf; seine Berechtigung wurde nun wissenschaftlich untersucht und begründet.

Aber es dauerte noch bis weit ins 18. Jahrhundert, ehe auch der gewöhnliche Bürger in der Lage war, sein Erspartes in kleinen Summen und ohne Risiko zinsbringend anzulegen. Die Pfandbriefe, die Friedrich der Große in Preußen einführte, waren eine der ersten Möglichkeiten dazu.

Anhang

Literaturnachweise

Die hier abgekürzt zitierte Literatur ist im folgenden Literaturverzeichnis ausführlich genannt.

1 Zitiert bei Nigg, Overbeck 67.
2 Ebeling, Hauptprobleme 125.
3 Overbeck, Christentum 265.
4 Neben den Gesamtdarstellungen der Kirchengeschichte von Heussi, Schmidt, Loewenich stütze ich mich vor allem auf die Arbeiten der Autoren Deschner, Dobschütz, Heer, Knoll, Kupisch, Overbeck, Wendland, Witte. Dort sind alle bei mir erwähnten Fakten mit Belegen nachzuprüfen.
5 Zitiert und übersetzt in Anlehnung an Overbeck, Sklaverei-Aufsatz 194.
6 Overbeck, Sklaverei-Aufsatz 215.
7 Nach Schmidt 256 f.
8 Deschner, Barbarei 38.
9 Zitiert nach Bekenntnisschriften 510 f; Orthographie von mir modernisiert; Hervorhebung von mir.
10 In den kirchenhistorischen Partien stütze ich mich, außer auf die Gesamtdarstellungen von Heussi, Loewenich und Schmidt, auf Benz (Religionsgeschichte), Beumann, Blanke, Deschner, Erdmann, Holl, Kühner (Tabus), Las Casas.
11 Zitiert nach Deschner, Kirchengeschichte 512.
12 Kühner, Tabus 42.
13 So formuliert Blanke 92 den Inhalt.
14 Zitiert nach Blanke 111 A 46.
15 Zitiert nach Blanke 126.
16 Literatur: Bienert, Deschner, Ekkert, Heer, Gamm, Grässer, Huss, Kühner (Tabus, Papstlexikon), Kraus (Kirche), Schultz (Juden).
17 Ein Aufsatz, der nicht eigens im Literaturverzeichnis aufgeführt ist, steht im Sammelband von Eckert.
18 Grässer 90.
19 Grässer bei Eckert 164, 168, 170.
20 Zitiert nach Heer, Gottes erste Liebe 67; dort auch das vorhergehende Zitat.
21 Zitiert nach Kraus, Kirche 45 f.
22 Heer, Gottes erste Liebe 406.
23 Zitiert nach Deschner, Kirchengeschichte 461 f.
24 Vgl. dazu Hirschauer 60 ff.
25 Literatur: Deschner, Grundmann (Ketzergeschichte), Heussi, Kühner (Tabus), Nigg (Ketzer), Pfister, Schmidt.
26 Zitiert nach Deschner, Kirchengeschichte 474 f.
27 Nigg, Ketzer 199.
28 Ebendort 210.
29 Kühner, Tabus 59.
30 Rossa 9.
31 Zitiert nach Kühner, Papstlexikon 119.
32 Literatur: Althaus (Ethik), Baschwitz, Deschner, Glaser, Gottschick, Hansen, Heer (Mittelalter), Heussi, Knoll (Katholische Kirche), König, Marsch, Morus, Pfister, Nigg (Ketzer), Schmidt, Seeberg, Taylor, Zscharnack, Zurhellen.
33 Zitiert nach Heer, Mittelalter 527.
34 Marsch, Frau 1071.

35 Zitiert nach Loofs 306.
36 Zitiert nach Taylor 40 f.
37 Zitiert nach Heer, Mittelalter 526 f.
38 Nigg, Ketzer 280.
39 Zitiert nach Seeberg 114.
40 Zitiert nach Althaus, Ethik 100 A 82.
41 Zitiert nach Knoll, Katholische Kirche 78.
42 Backhaus 21.
43 Jedin 48 f.
44 Heer, Gottes erste Liebe 197.
45 Fries 146 f.
46 Rahner 192 f.
47 Blankes Rezension ist abgedruckt bei Deschner, Faschisten 270 ff; die Zitate auf S. 273 und 274.
48 Nigg, Ketzer 271.
49 Ebendort 287.
50 Overbeck, Christentum 274.
51 Vgl. Deschner, Kirchengeschichte 136 f.
52 Käsemann, Versuche II, 55.
53 Der ungeschichtliche Jesus (bei Deschner, Jesusbilder 343 ff).
54 Bultmann, Jesus 15.
55 Bultmann, Geschichte der synoptischen Tradition 396.
56 Conzelmann, Jesus Christus 620.
57 Vgl. Nigg, Overbeck 119, 120.
58 Vgl. z. B. Kümmel, Einleitung 23; Dibelius, Formgeschichte 9, 11 f.
59 Graß, Ostergeschehen 95 f; Hervorhebung von mir.
60 Ebeling, Wort und Glaube 309.
61 Harenberg 94.
62 Bornkamm, Jesus 13; Hervorhebung von mir.
63 Käsemann, Versuche I, 234; Ausrufezeichen von mir.
64 Ebendort 203.
65 Bultmann, Glauben und Verstehen IV, 30.
66 Käsemann, Versuche I, 205 f.
67 Ebendort 206.
68 Bultmann, Geschichte der synoptischen Tradition 174.
69 Conzelmann, Jesus Christus 623.
70 Bultmann, Glauben und Verstehen I, 265.
71 Käsemann, Versuche II, 100 f.
72 Bultmann, Urchristliche Christusbotschaft 11.
73 Ebendort 11 und 12; Hervorhebung original.
74 Bultmann, Jesus 26.
75 Bultmann, Urchristliche Christusbotschaft 12.
76 Bultmann, Kerygma und Mythos I, 46.
77 Bröcker 61 ff.
78 Buhr 87 ff.
79 Carmichael, passim, vor allem 142 ff; vgl. das Referat über ihn und Eisler bei Deschner, Jesusbilder 181 ff (Friedrich Pzillas).
80 Ebeling, Vom Gebet 20.
81 Bauer, Rechtgläubigkeit 3 f.
82 Werner 35.
83 Bauer, Rechtgläubigkeit 233.
84 Käsemann, Versuche I, 221.
85 Ebendort 214 ff.
86 Braun, Studien 310 ff; vgl. 325 ff.
87 Käsemann, Versuche I, 231.
88 Ebendort 232.
89 Braun, Studien 323; Hervorhebung original.
90 Werner 32.
91 Zitiert nach Werner 34; Hervorhebung original.
92 Vgl. zum Folgenden die Arbeiten Grundmanns.
93 Ebeling, Geschichtlichkeit 82 f.
94 Ebeling, Tradition 983; Hervorhebung original.
95 Ebeling, Geschichtlichkeit 81.
96 Ebeling, Wort Gottes 27.
97 Graß, Der theologische Pluralismus 146 ff.
98 Künneth, Glauben 7.
99 Ebeling, Hermeneutische Theologie 484.
100 Ebendort 485; Ausrufezeichen von mir.
101 Diem, Dogmatik 5.

102 Gollwitzer, Glaube an Jesus Christus 111 f; Hervorhebung original.
103 Ebeling, Wesen 51.
104 Künneth, Glauben 121 ff.
105 Tillich, Theologie II, 123; Hervorhebung von mir.
106 Tillich, Auf der Grenze 30.
107 Barth, Kirchliche Dogmatik I, 2, 198.
108 Althaus, Jungfrauengeburt 1069.
109 Bultmann, Zur Frage der Entmythologisierung 51.
110 Bultmann, Neues Testament und Mythologie 46 f; Hervorhebung original.
111 Bultmann, Neues Testament und Mythologie 46, Hervorhebung original.
112 Pannenberg, Christologie 85 ff, besonders 95 und 107.
113 Heilsgeschehen 278.
114 Althaus, Christologie 1780.
115 Fuchs, Theologie oder Ideologie.
116 Pannenberg, Christologie 79.
117 Künneth, Glauben 129.
118 Ebendort 301 A.
119 Ebeling, Theologie und Verkündigung 128, 132, 139.
120 Braun, Studien 325, 331, 338, 339, 341; Hervorhebung original.
121 Petry 17.
122 Andersen 58.
123 Schneider, Zur Entmythologisierung Gottes, in Augustin 143.
124 Szczesny, Antwort 98.
125 Gollwitzer, Existenz Gottes 63 ff, Post Bultmann Locutum I und II.
126 Gogarten, Entmythologisierung 112.
127 Loewenich, Glaube 17 f.
128 Ratzinger 775; Hervorhebungen von mir; Abkürzungen aufgelöst.
129 Künneth, Glauben 323 A 15.
130 Loewenich, Glaube 158 f.
131 Diem, Dogmatik 37.
132 Für Tillich haben dies Bartley und Weischedel nachgewiesen.
133 Bultmann, Zum Problem der Entmythologisierung 184; Hervorhebung von mir.
134 Bultmann, Glauben und Verstehen I, 282; Hervorhebung original.
135 Bultmann, Neues Testament und Mythologie 46.
136 Bultmann, Glauben und Verstehen I, 34, 107, 109, 142, 169, 181, 183, 184, 186, 288; III, 27; IV, 159, 160; Theologie des Neuen Testamentes 315, 318.
137 Bultmann, Glauben und Verstehen I, 280; Hervorhebung von mir.
138 Ebendort III, 123; Hervorhebung von mir.
139 Ebendort I, 282.
140 Ebendort III, 124; Hervorhebung von mir.
141 Ebendort I, 186; Hervorhebungen original; vgl. Theologie des Neuen Testamentes 586–589.
142 Bultmann, Glauben und Verstehen I, 123; Hervorhebung von mir.
143 Ebendort I, 179 f.
144 Ebendort III, 124.
145 Ebeling, Wort und Glaube 104 ff.
146 Ebendort 448.
147 Ebeling, Wesen 150.
148 Ebendort 13.
149 Ebendort 229 f.
150 Ebeling, Was heißt Glauben 17.
151 Ebeling, Wort Gottes 151.
152 Ebeling, Theologie und Verkündigung 11.
153 Ebeling, Theologie und Philosophie 822, 823.
154 Ebeling, Wort Gottes 171.
155 Ebeling, Wesen 142 f.
156 Ebeling, Theologie und Philosophie 823.
157 Ebeling, Wesen 161; vgl. 113, 153, 237, 242, 247; Wort und Glaube 448; Vom Gebet 84.
158 Ebeling, Theologie und Philosophie 824 f.
159 Ebeling, Wesen 235, 170, 236.

160 Ebendort 170; Hervorhebungen von mir.
161 Barth, Denken 203 f.
162 Backhaus 59, 61; Hervorhebungen original.
163 Leppin 130, 127, 70.
164 Ebendort 61.
165 Regius 131 A.
166 Karl Marx, Zur Kritik der Hegelschen Rechtsphilosophie, Einleitung; Hervorhebungen original; zitiert nach Lenk 106.
167 Zitiert nach Nigg, Overbeck 101.
168 Gollwitzer, Post Bultmann Locutum I, 17.
169 James M. Robinson 10.
170 Bultmann, Glauben und Verstehen III, 179 f.
171 Bultmann, Zum Problem der Entmythologisierung 184.
172 Bultmann, Zum Problem der Entmythologisierung 188; Hervorhebung original.
173 Vgl. z. B. Bultmann, Neues Testament und Mythologie 24, 26.
174 Vgl. z. B. ebendort 22, 26.
175 Ebendort 41; Hervorhebungen original.
176 Ebendort 23.
177 Bultmann, Glauben und Verstehen IV, 134.
178 Bultmann, Neues Testament und Mythologie 22.
179 Ebendort 23.
180 Braun, Studien 325.
181 Overbeck, Christentum 76.
182 Bultmann, Glauben und Verstehen IV, 154; vgl. III, 89; Neues Testament und Mythologie 30.
183 Bultmann, Glauben und Verstehen IV, 155.
184 Overbeck, Christentum 53 ff; Käsemann, Versuche II, 23 f, 125 ff, 192 f, 244 ff; Stuhlmacher 203 ff.
185 Overbeck, Christentum 54.
186 Bultmann, Glauben und Verstehen III, 89; IV, 155.
187 Ebendort III, 83.
188 Ebendort I, 100.
189 Bultmann, Neues Testament und Mythologie 47.
190 Ebendort 46; Hervorhebung original.
191 Ebendort 45, 130.
192 Kamlah 346.
193 Bultmann, Neues Testament und Mythologie 22.
194 Bultmann, Zum Problem der Entmythologisierung 183.
195 Bultmann, Glauben und Verstehen IV, 146.
196 Ebendort IV, 128; Hervorhebung von mir.
197 Ebendort IV, 145 f.
198 Rad II, 59.
199 Z. B. Bornkamm, Aufsätze II, 245 ff (Jean Paul); Ebeling, Wesen 93 ff (Nietzsche).
200 Ebeling, Wort und Glaube 360.
201 So in Ebelings Vorlesung «Gotteslehre» SS 1964 in Zürich; vgl. auch seinen Aufsatz «Existenz zwischen Gott und Gott».
202 Kaufmann 104.
203 Braun, Studien 341, 298; Post Bultmann Locutum I, 31 f; Existenz 408.
204 MacIntyre 68.
205 Gollwitzer, Existenz Gottes 73, 75.
206 Braun, Post Bultmann Locutum I, 35.
207 Braun, Studien 339.
208 Buri, Entmythologisierung 99.
209 Tillich, Symbol 4.
210 Adorno, Jargon 24.
211 Kaufmann 136–139, Bartley 82–96.
212 Tillich, Wesen 113 f.
213 Schleiermacher 8.
214 Tillich, Theologie II, 118.
215 Harnack, Mission 353; Hervorhebung original.
216 Porphyrius, Fragment 43, Zeile 14 f; Harnack, Porphyrius 67.

217 Die folgenden Zitate Porphyrius Fragmente 15, Zeile 1; 11 und 12; 15, Zeile 19; 16, Zeile 1; 15, Zeile 20 f; 64, Zeile 15 – bei Harnack 49 ff, 85.
218 Kümmel 3.
219 Zitiert nach Fischer in Vorgänge 1966, 1.
220 Text bei Fischer, Trennung 323 f.
221 Abgedruckt in Vorgänge 1963, 109 f.
222 Vorgänge 1963, 129 A 2.
223 Weber 317.
224 Fischer, Trennung 252.
225 Szczesny, Antwort 295.
226 Vgl. Fischer, Trennung 88 ff.
227 Zitiert nach Fischer, Trennung 331.
228 Gesetz- und Verordnungsblatt 57.
229 Zitiert nach Vorgänge 1965, 483.
230 So der Verfassungsjurist Klein, zitiert bei Fischer, Trennung 232.
231 Stallmann 199.
232 Zitiert nach Hugo Rahner 19.
233 Vgl. Benz, Schöpfungsglaube 181 ff.
234 Vgl. Weniger 1283.
235 Zitiert nach Marx/Engels 38.

Literaturverzeichnis

Adorno, Theodor W.: *Negative Dialektik.* Frankfurt/M. 1966.

Eingriffe. Neun kritische Modelle. 26.–32. Tsd. Frankfurt/M. 1966.

Erinnerungen an Paul Tillich, in: Werk und Wirken Paul Tillichs. Ein Gedenkbuch. Stuttgart 1967.

Jargon der Eigentlichkeit. Zur deutschen Ideologie. Frankfurt/M. 1964.

Minima Moralia. Reflexionen aus dem beschädigten Leben. 7.–9. Tsd. Frankfurt/M. 1964.

Offenbarung oder autonome Vernunft, in: Frankfurter Hefte Jg. 13, 1958, 397 ff, 484 ff.

Adorno, Theodor W. u. a.: *The authoritarian personality.* New York 1950.

Adorno, Theodor W., und Max Horkheimer: *Dialektik der Aufklärung.* Philosophische Fragmente. Amsterdam 1947.

Sociologica II. Reden und Vorträge. Frankfurt/M. 1962.

Albert, Hans: *Die Idee der kritischen Vernunft,* in Szczesny (Hg.): Club Voltaire I.

Tradition und Kritik, in Szczesny (Hg.): Club Voltaire II.

Althaus, Paul: *Christologie.* Dogmatisch. In RGG.

Die letzten Dinge. Lehrbuch der Eschatologie. 9. Aufl. Gütersloh 1964.

Die Ethik Martin Luthers. Gütersloh 1965.

Jungfrauengeburt. In RGG.

Luthers Haltung im Bauernkrieg. Darmstadt 1962.

Die Theologie Martin Luthers. Gütersloh 1962.

Andersen, Wilhelm: *Selbstpreisgabe der Theologie?* in: Deutsches Pfarrerblatt, Jg. 62, 1962.

Andresen, Carl: *Logos und Nomos.* Die Polemik des Kelsos wider das Christentum. Berlin 1955.

Appel, Nikolaus: *Kanon und Kirche.* Die Kanonkrise im heutigen Protestantismus als kontroverstheologisches Problem. Paderborn 1964.

Augustin, Hermann W. (Hg.): *Diskussion zu Bischof Robinsons «Gott ist anders».* 2. Aufl. München 1965.

Backhaus, Gunther: *Atheismus – eine Selbsttäuschung?* München/Basel 1962.

Barth, Karl: *Denken heißt Nachdenken,* in: Kirche in der Zeit, Jg. 21, 1966, 203 ff.

Die Kirchliche Dogmatik. Zürich: Bd. I, 1: 8. Aufl. 1964; Bd. I, 2: 5. Aufl. 1960.

Die protestantische Theologie im 19. Jahrhundert. Ihre Vorgeschichte und ihre Geschichte. 3. Aufl. Zürich 1960.

Bartley, William W.: *Flucht ins Engagement.* Versuch einer Theorie des offenen Geistes. München 1964.

Bartsch, Hans Werner (Hg.): *Ehrlich gegenüber Gott.* Eine Diskussion über die Gottesfrage. 2. Aufl. Hamburg 1964.

(Hg.): *Kerygma und Mythos.* Hamburg-Bergstedt, Bd. I: 4. Aufl. 1960; Bd. II: 1952; Bd. III: 2. Aufl. 1957.

(Hg.): *Post Bultmann Locutum.* Eine Diskussion zwischen Professor D. Helmut Gollwitzer-Berlin und Professor D. Herbert Braun-Mainz. Bd. II. Hamburg-Bergstedt 1965.

Baschwitz, Kurt: *Hexen und Hexenprozesse.* Geschichte eines Massenwahns. München: dtv 1966.

Bauer, Walter: *Aufsätze und Kleine Schriften.* Tübingen 1967.
Rechtgläubigkeit und Ketzerei im ältesten Christentum. 2. Aufl. Tübingen 1964.

Bäumer, Rudolf (Hg.): *Kein anderes Evangelium.* Bericht über die Bekenntniskundgebung am 6. März 1966 in Dortmund. Wuppertal 1966.

Bekenntnisschriften der Evangelisch-Lutherischen Kirche, Die. 4.Aufl. Göttingen 1959.

Bense, Max: *Warum man Atheist sein muß,* in Szczesny (Hg.): Club Voltaire I.

Benz, Ernst: *Ecclesia spiritualis.* Kirchenidee und Geschichtstheologie der franziskanischen Reformation. 1934, Nachdruck Darmstadt 1964.
Ideen zu einer Theologie der Religionsgeschichte. Mainz/Wiesbaden 1961.
Nietzsches Ideen zur Geschichte des Christentums und der Kirche. Leiden 1956.
Schöpfungsglaube und Endzeiterwartung. München 1965.

Beumann, Helmut (Hg.): *Heidenmission und Kreuzzugsgedanke in der deutschen Ostpolitik des Mittelalters.* Darmstadt 1963.

Beutler, Werner: *Toleranz als Staatsprinzip.* Dargestellt am Schicksal der Juden im maurischen Spanien. In: Werkhefte. Zeitschrift für Probleme der Gesellschaft und des Katholizismus Jg. 16, 1962, 180 ff, 235 ff.

Bienert, Walter (Hg.): *Das Christentum und die Juden.* Arbeiten der Melanchthon-Akademie Köln, Bd. 1. Köln 1966.

Blanke, Fritz: *Missionsprobleme des Mittelalters und der Neuzeit.* Zürich/Stuttgart 1966.

Bonhoeffer, Dietrich: *Widerstand und Ergebung.* Briefe und Aufzeichnungen aus der Haft. 11. Aufl. München 1962.

Bornkamm, Günther: *Das Ende des Gesetzes.* Paulusstudien. In: Gesammelte Aufsätze Bd. I. 3. Aufl. München 1961.
Evangelien. Formgeschichtlich. In RGG.
Jesus von Nazareth. 4.–5. Aufl. Stuttgart 1960.
Studien zu Antike und Urchristentum. In: Gesammelte Aufsätze Bd. II. 2. Aufl. München 1963.

Bornkamm, Heinrich: *Toleranz II.* In der Geschichte des Christentums. In RGG.

Braun, Herbert: *Christentum. Entstehung.* In RGG.
Gottes Existenz und meine Geschichtlichkeit im Neuen Testament. Eine Antwort an Helmut Gollwitzer. In: Dinkler (Hg.): Zeit und Geschichte.
Gesammelte Studien zum Neuen Testament und seiner Umwelt. Tübingen 1962.
Post Bultmann Locutum, siehe Bartsch (Hg.) und Symanowski (Hg.).

Bröcker, Walter / Heinrich Buhr: *Zur Theologie des Geistes.* Pfullingen 1960.

Bronder, Dietrich: *Christentum in Selbstauflösung.* 2. Aufl. Hannover 1959.

Buhr, Heinrich: *Der Glaube – was ist das?* Pfullingen 1963.

Bultmann, Rudolf: *Briefwechsel mit Dvoracek zur Eschatologie,* in: Kirche in der Zeit Jg. 18, 1963, 31 f.
Das Evangelium des Johannes. 17. Aufl. Göttingen 1962.

Zur Frage der Entmythologisierung, in Bartsch (Hg.): Kerygma und Mythos III.
Geschichte und Eschatologie. Tübingen 1958.
Die Geschichte der synoptischen Tradition. 5. Aufl. Göttingen 1961.
Glauben und Verstehen. Gesammelte Aufsätze. Tübingen, Bd. I, 4. Aufl. 1961, Bd. II, 3. Aufl. 1961, Bd. III 1960, Bd. IV 1965.
Ist die Apokalyptik die Mutter der christlichen Theologie? Eine Auseinandersetzung mit Ernst Käsemann. In: Apophoreta, Festschrift für Ernst Haenchen. Berlin 1964.
Jesus. 22.–24. Tsd. Tübingen 1961.
Marburger Predigten. Tübingen 1956.
Mythos und Mythologie im NT. In RGG.
Neues Testament und Mythologie, in Bartsch (Hg.): Kerygma und Mythos I.
Zum Problem der Entmythologisierung, in Bartsch (Hg.): Kerygma und Mythos II.
Theologie des Neuen Testaments. 4. Aufl. Tübingen 1961.
Das Urchristentum im Rahmen der antiken Religionen. Hamburg: rde 1962.
Das Verhältnis der urchristlichen Christusbotschaft zum historischen Jesus. 3. Aufl. Heidelberg 1962.
Buri, Fritz: *Entmythologisierung oder Entkerygmatisierung der Theologie,* in Bartsch (Hg.): Kerygma und Mythos II.
Theologie der Existenz, in Bartsch (Hg.): Kerygma und Mythos III.
Theologie und Philosophie, in: Theologische Zeitschrift Jg. 8, 1952, 116 ff.
Campenhausen, Hans von: *Griechische Kirchenväter.* 3. Aufl. Stuttgart 1961.
Lateinische Kirchenväter. Stuttgart 1960.
Carmichael, Joel: *Leben und Tod des Jesus von Nazareth.* 2. Aufl. München 1965.
Comfort, Alex: *Der aufgeklärte Eros.* Plädoyer für eine menschenfreundliche Sexualmoral. München 1963.
Conzelmann, Hans: *Entmythologisierung,* in Schultz (Hg.): Theologie für Nichttheologen I.
Heidenchristentum. In RGG.
Jesus Christus. In RGG.
Randbemerkungen zur Lage im «Neuen Testament», in: Evangelische Theologie Jg. 22, 1962, 225 ff.
Wo steht die Kirche?, in: Blätter für deutsche und internationale Politik Jg. 10, 1965, 1014 ff.
Deschner, Karlheinz: *Abermals krähte der Hahn.* Eine kritische Kirchengeschichte von den Anfängen bis zu Pius XII. 2. Aufl. Stuttgart 1964.
(Hg.): *Das Jahrhundert der Barbarei.* München 1966.
(Hg.): *Jesusbilder in theologischer Sicht.* München 1966.
Mit Gott und den Faschisten. Der Vatikan im Bunde mit Mussolini, Franco, Hitler und Pavelić. Stuttgart 1965.
Dibelius, Martin: *Die Formgeschichte des Evangeliums.* 4. Aufl. Tübingen 1961.
Diem, Hermann: *Dogmatik.* München 1955.
Dinkler, Erich: *Bibelautorität und Bibelkritik.* Tübingen 1950.
Weltbild III. Im NT. In RGG.
(Hg.): *Zeit und Geschichte.* Dankesgabe an Rudolf Bultmann zum 80. Geburtstag. Tübingen 1964.

Dobschütz, Ernst von: *Christentum und Sklaverei*, in: Realenzyklopädie für protestantische Theologie und Kirche, Bd. 18, 3. Aufl. Leipzig 1906.

Ebeling, Gerhard: *Die Botschaft von Gott an das Zeitalter des Atheismus*, in: Monatsschrift für Pastoraltheologie Jg. 52, 1963, 8 ff.

Die Evidenz des Ethischen und die Theologie, in: Zeitschrift für Theologie und Kirche Jg. 57, 1960, 318 ff.

Existenz zwischen Gott und Gott. Ein Beitrag zur Frage nach der Existenz Gottes, in: Zeitschrift für Theologie und Kirche Jg. 62, 1965, 86 ff.

Vom Gebet. Predigten über das Unser-Vater. Tübingen 1963.

Geist und Buchstabe. In RGG.

Die Geschichtlichkeit der Kirche und ihrer Verkündigung als theologisches Problem. Tübingen 1954.

Der Grund christlicher Theologie, in: Zeitschrift für Theologie und Kirche Jg. 58, 1961, 227 ff.

Hauptprobleme der protestantischen Theologie in der Gegenwart, in: Zeitschrift für Theologie und Kirche Jg. 58, 1961, 123 ff.

Hermeneutik. In RGG.

Hermeneutische Theologie?, in: Kirche in der Zeit Jg. 20, 1965, 484 ff.

Theologie. Begriffsgeschichtlich. In RGG.

Theologie und Philosophie. Problemstrukturen. Historisch. Dogmatisch. In RGG.

Theologie und Verkündigung. Ein Gespräch mit Rudolf Bultmann. Tübingen 1962.

Tradition. Dogmatisch. In RGG.

Verantworten des Glaubens in Begegnung mit dem Denken M. Heideggers. Thesen zum Verhältnis von Philosophie und Theologie, in: Zeitschrift für Theologie und Kirche Jg. 58, 1961, Beiheft 2, 119 ff.

Was heißt Glauben? Tübingen 1958.

Das Wesen des christlichen Glaubens. 9.–12. Tsd. Tübingen 1961.

Wort und Glaube. 2. Aufl. Tübingen 1962.

Wort Gottes und Tradition. Studien zu einer Hermeneutik der Konfessionen. Göttingen 1964.

Eckert, Willehad P. / Nathan Levinson / Martin Stöhr (Hg.): *Antijudaismus im Neuen Testament?* Exegetische und systematische Beiträge. München 1967.

Erdmann, Carl: *Die Entstehung des Kreuzzugsgedankens.* 1935, Neudruck Darmstadt 1965.

Erler, Adalbert: *Inquisition.* In RGG.

Erlinghagen, Karl: *Katholisches Bildungsdefizit in Deutschland.* Freiburg/Basel/Wien 1965.

Fischer, Erwin: *Das Bundesverfassungsgericht über Staat und Kirche*, in: Vorgänge Jg. 4, 1965, 351 ff.

Die Entscheidungen über Schulgebet und Religionsunterricht, in: Vorgänge Jg. 4, 1965, 457 ff.

Die Kirchensteuerentscheidungen. Bundesverfassungsgericht beseitigt Verfassungswidrigkeiten. In: Vorgänge Jg. 5, 1966, 1 ff.

Religionsunterricht, in: Vorgänge Jg. 4, 1965, 283 f.

Schulgebet in Hessen, in: Vorgänge Jg. 4, 1965, 342 f.

Staat und Kirche nach dem Grundgesetz, in: Vorgänge Jg. 4, 1965, 178 ff.
Trennung von Staat und Kirche. Die Gefährdung der Religionsfreiheit in der Bundesrepublik. München 1964.

FLAKE, OTTO: *Der letzte Gott.* Das Ende des theologischen Denkens. Hamburg 1961.

FLATTEN, HEINRICH: *Fort mit der Kirchensteuer?* Köln 1964.

FLECHTHEIM, OSSIP K.: *Eine Welt oder keine?* Beiträge zur Politik, Politologie und Philosophie. Frankfurt 1964.

FRIES, HEINRICH: *Ärgernis und Widerspruch.* Christentum und Kirche im Spiegel gegenwärtiger Kritik. Würzburg 1965.

FUCHS, ERNST: *Gesammelte Aufsätze I:* Zum hermeneutischen Problem in der Theologie. Die existentiale Interpretation. Tübingen 1959.
Gesammelte Aufsätze II: Zur Frage nach dem historischen Jesus. Tübingen 1960.
Gesammelte Aufsätze III: Glaube und Erfahrung. Zum christologischen Problem im Neuen Testament. Tübingen 1965.
Zum Rechtsstreit über das «Schulgebet» in der hessischen Gemeinschaftsschule. Hektographiertes Manuskript, Marburg, Februar 1966.
Theologie oder Ideologie. Bemerkungen zu einem heilsgeschichtlichen Programm, in: Theologische Literaturzeitung Jg. 88, 1963, 257 ff.

GAMM, HANS-JOCHEN: *Judentumskunde.* Eine Einführung. 2. Aufl. München/Recklinghausen 1960.

GEIGER, THEODOR: *Ideologie und Wahrheit.* Eine soziologische Kritik des Denkens. Stuttgart/Wien 1953.

Gesetz zu dem Vertrag des Landes Hessen mit den Evangelischen Landeskirchen in Hessen, in: Gesetz- und Verordnungsblatt für das Land Hessen Nr. 10, 1960, 54 ff.

GEYER, HANS GEORG: *Theologie des Nihilismus,* in: Evangelische Theologie Jg. 23, 1963, 89 ff.

GIGON, OLOF: *Die antike Kultur und das Christentum.* Gütersloh 1966.

GILG, ARNOLD: *Weg und Bedeutung der altkirchlichen Christologie.* 2. Aufl. München 1961.

GLASER, HERMANN: *Eros in der Politik.* Eine sozialpathologische Untersuchung. Köln 1967.

GOGARTEN, FRIEDRICH: *Entmythologisierung und Kirche.* 3. Aufl. Stuttgart 1958.

GOLLWITZER, HELMUT: *Die Christen und die Atomwaffen.* München 1957.
Die Existenz Gottes im Bekenntnis des Glaubens. 4. Aufl. München 1964.
Der Glaube an Jesus Christus und der sogenannte historische Jesus, in H. Ristow / K. Matthiae (Hg.): Der historische Jesus und der kerygmatische Christus.
Post Bultmann Locutum, siehe Bartsch (Hg.) und Symanowski (Hg.).
Die marxistische Religionskritik und der christliche Glaube. München/Hamburg: Siebenstern-Taschenbuch 1965.

GOLLWITZER, HELMUT, und WILHELM WEISCHEDEL: *Denken und Glauben.* Ein Streitgespräch. Stuttgart 1965.

GOTTSCHICK, JOHANNES: *Ehe, christliche,* in: Realenzyklopädie für protestantische Theologie und Kirche, 5. Bd., 3. Aufl. Leipzig 1898.

GRASS, HANS: *Ostergeschehen und Osterberichte.* 2. Aufl. Göttingen 1962.

Der theologische Pluralismus und die Wahrheitsfrage, in: Kirche in der Zeit Jg. 20, 1965, 146 ff.
GRÄSSER, ERICH: *Die antijüdische Polemik im Johannesevangelium,* in: New Testament Studies 11, 1964/65, 74 ff.
GRUNDMANN, HERBERT: *Religiöse Bewegungen im Mittelalter.* 2. Aufl. Darmstadt 1961.
Ketzergeschichte des Mittelalters. (Die Kirche in ihrer Geschichte, Bd. 2.) Göttingen 1963.
Kreuzzüge. In RGG.
HABERMAS, JÜRGEN: *Erkenntnis und Interesse,* in Rudolf Sinz (Hg.): Zur Ideologie und Ideologiekritik. Eine Textsammlung. Freiburg/Br. 1967.
Zur Logik der Sozialwissenschaften. Tübingen 1967, Beiheft 5 der Philosophischen Rundschau.
Theorie und Praxis. Sozialphilosophische Studien. Neuwied und Berlin 1963.
Analytische Wissenschaftstheorie und Dialektik. Ein Nachtrag zur Kontroverse zwischen Popper und Adorno, in Max Horkheimer (Hg.): Zeugnisse. Theodor W. Adorno zum sechzigsten Geburtstag. Frankfurt 1963.
HAENSSLER, ERNST: *Der liberale Protestantismus auf Irrwegen.* Bern 1954.
Theologie – ein Fremdkörper in der Universität der Gegenwart. Bern 1960.
HANSEN, JOSEPH: *Quellen und Untersuchungen zur Geschichte des Hexenwahns und der Hexenverfolgung im Mittelalter.* 1901, Neudruck Hildesheim 1963.
HARENBERG, WERNER: *Jesus und die Kirchen.* Bibelkritik und Bekenntnis. Stuttgart/Berlin 1966.
HARNACK, ADOLF: *Kritik des Neuen Testaments.* Von einem griechischen Philosophen des 3. Jahrhunderts. (Die im Apocriticus des Macarius Magnus enthaltene Streitschrift.) Leipzig 1911.
Die Mission und Ausbreitung des Christentums in den ersten drei Jahrhunderten. Leipzig 1902.
(Hg.): *Porphyrius «Gegen die Christen»,* 15 Bücher. Zeugnisse, Fragmente und Referate. Einzelausgabe Berlin 1916.
HARVEY, A. VAN / SCHUBERT M. OGDEN: *Wie neu ist die «Neue Frage nach dem historischen Jesus»?* In: Zeitschrift für Theologie und Kirche Jg. 59, 1962, 46 ff.
HASENHÜTTL, GOTTHOLD: *Der Glaubensvollzug.* Eine Begegnung mit Rudolf Bultmann aus katholischem Glaubensverständnis. Essen 1963.
HEER, FRIEDRICH: *Gottes erste Liebe.* 2000 Jahre Judentum und Christentum. Genesis des österreichischen Katholiken Adolf Hitler. München und Eßlingen 1967.
Mittelalter. Zürich 1964.
HEER, FRIEDRICH, und GERHARD SZCZESNY: *Glaube und Unglaube.* Ein Briefwechsel. 44.–51. Tsd. München 1960.
Heilige Schrift des Alten und des Neuen Testaments, Die. Zürich 1959.
HESSISCHER STAATSGERICHTSHOF: *Das Urteil über das Schulgebet an den hessischen Schulen.* Abgedruckt in: Vorgänge Jg. 4, 1965, 476 ff.
HEUSSI, KARL: *Kompendium der Kirchengeschichte.* 12. Aufl. Tübingen 1960.
HIRSCHAUER, GERD: *Der Katholizismus vor dem Risiko der Freiheit.* Nachruf auf ein Konzil. München 1966.
HOLL, KARL: *Die Missionsmethode der alten und die der mittelalterlichen Kirche,* in: Gesammelte Aufsätze zur Kirchengeschichte, III. Tübingen 1928.

Hoppe, Max: *Fragen eines deutschen Buddhisten an das «christliche Abendland»*, in: Kurt Hutten und Siegfried von Kortzfleisch (Hg.): Asien missioniert im Abendland. Stuttgart 1962.

Horkheimer, Max: *Erinnerungen an Paul Tillich* und *Letzte Spur von Theologie – Paul Tillichs Vermächtnis*, in: Werk und Wirken Paul Tillichs. Ein Gedenkbuch. Stuttgart 1967.
Zur Kritik der instrumentellen Vernunft. Frankfurt 1967.
Siehe auch unter Adorno und Regius.

Huck, Albert / Hans Lietzmann: *Synopse der ersten drei Evangelien*. 9. Aufl. Tübingen 1950.

Hunke, Sigrid: *Allahs Sonne über dem Abendland*. Unser arabisches Erbe. 11. Tsd. Stuttgart 1962.

Huss, Hermann / Andreas Schröder (Hg.): *Antisemitismus*. Zur Pathologie der bürgerlichen Gesellschaft. Frankfurt 1965.

Hutten, Kurt: *Seher Grübler Enthusiasten*. Das Buch der Sekten. 9. Aufl. Stuttgart 1964.

Institut für Sozialforschung: *Soziologische Exkurse*. Nach Vorträgen und Diskussionen. 2. Aufl. Frankfurt 1956.

Jaspers, Karl: *Wahrheit und Unheil der Bultmannschen Entmythologisierung*, in Bartsch (Hg.): Kerygma und Mythos III.

Jedin, Hubert: *Kleine Konziliengeschichte*. Die zwanzig Ökumenischen Konzilien im Rahmen der Kirchengeschichte. 6. Aufl. Freiburg/Br. 1963.

Jeremias, Joachim: *Die Gleichnisse Jesu*. 6. Aufl. Göttingen 1962.

Jüngel, Eberhard: *Paulus und Jesus*. Eine Untersuchung zur Präzisierung der Frage nach dem Ursprung der Christologie. 2. Aufl. Tübingen 1964.

Jungk, Robert, und Hans Josef Mundt (Hg.): *Modelle für eine neue Welt*. München 1964 ff.

Kähler, Martin: *Der sogenannte historische Jesus und der geschichtliche, biblische Christus*, neu hg. von E. Wolf. 3. Aufl. München 1961.

Kamen, Henry: *Intoleranz und Toleranz zwischen Reformation und Aufklärung*. München 1967.

Kamlah, Wilhelm: *Christentum und Geschichtlichkeit*. 2. Aufl. Stuttgart und Köln 1951.

Käsemann, Ernst: *Jesu letzter Wille nach Johannes 17*. Tübingen 1966.
Konsequente Traditionsgeschichte? In: Zeitschrift für Theologie und Kirche Jg. 62, 1965, 137 ff.
Exegetische Versuche und Besinnungen. Göttingen, Bd. I, 2. Aufl. 1960, Bd. II 1964.

Kästner, Erich: *Über das Verbrennen von Büchern*, in Szczesny (Hg.): Club Voltaire I. München 1963.

Kaufmann, Walter: *Der Glaube eines Ketzers*. München 1965.

Kittel, Gerhard / Gerhard Friedrich: *Theologisches Wörterbuch zum Neuen Testament*. Stuttgart 1933 ff.

Klein, Günter: *Wunderglaube und Neues Testament*. Wuppertal-Barmen 1960.

Klohr, Olof: *Naturwissenschaft, Religion und Kirche*. Berlin 1958.
(Hg.): *Religion und Atheismus heute*. Ergebnisse und Aufgaben marxistischer Religionssoziologie. Berlin 1966.

Knight, Margaret: *Erziehung ohne Religion*, in Szczesny (Hg.): Club Voltaire I.

KNOLL, AUGUST M.: *Katholische Kirche und scholastisches Naturrecht.* Zur Frage *der Freiheit.* Wien, Frankfurt, Zürich 1962.

Zins und Gnade. Studien zur Soziologie der christlichen Existenz. Neuwied und Berlin 1967.

KÖNIG, B. EMIL: *Ausgeburten des Menschenwahns im Spiegel der Hexenprozesse und der Autodafés.* Berlin–Schöneberg o. J.

KÖSTER, HELMUT: *Häretiker im Urchristentum.* In RGG.

Häretiker im Urchristentum als theologisches Problem, in Dinkler (Hg.): Zeit und Geschichte.

KRAUS, HANS-JOACHIM: *Geschichte der historisch-kritischen Erforschung des Alten Testaments von der Reformation bis zur Gegenwart.* Neukirchen (Moers) 1956.

Kirche und Synagoge, in: Das Judentum in Geschichte und Gegenwart. Eine Vorlesungsreihe. Hamburg 1961.

KRECK, WALTER: *Die Frage nach dem historischen Jesus als dogmatisches Problem.* In: Evangelische Theologie Jg. 22, 1962, 460 ff.

KÜHNER, HANS: *Index Romanus.* Auseinandersetzung oder Verbot? Nürnberg 1963.

Neues Papstlexikon. Von Petrus bis Paul VI. Frankfurt und Hamburg 1965.

Tabus der Kirchengeschichte. Notwendige Wandlungen des Urteils. 2. Aufl. Nürnberg 1965.

KÜMMEL, WERNER GEORG: *Einleitung in das Neue Testament.* 12. Aufl. Heidelberg 1963.

Jesusforschung seit 1950, in: Theologische Rundschau Jg. 31, 1965/66, 15 ff, 289 ff.

Judenchristentum I. Im Altertum. In RGG.

Das Neue Testament. Geschichte der Erforschung seiner Probleme. München 1958.

Sittlichkeit V. Im Urchristentum. In RGG.

Urchristentum. In RGG.

KÜNNETH, WALTER: *Glauben an Jesus?* Die Begegnung der Christologie mit der modernen Existenz. 2. Aufl. Hamburg 1963.

Von Gott reden? Eine sprachtheologische Untersuchung zu J. A. T. Robinsons Buch «Gott ist anders». Wuppertal 1965.

KUPISCH, KARL: *Kirche und soziale Frage im 19. Jahrhundert.* Zürich 1963.

LAS CASAS, BARTOLOMÉ DE: *Kurzgefaßter Bericht von der Verwüstung der Westindischen Länder.* Frankfurt/M. 1966.

LEESE, KURT: *Die Religionskrisis des Abendlandes und die religiöse Lage der Gegenwart.* Hamburg 1948.

LENIN, WLADIMIR ILJITSCH: *Über die Religion.* Eine Sammlung ausgewählter Aufsätze und Reden. 6. Aufl. Berlin 1965.

LENK, KURT (Hg.): *Ideologie.* Ideologiekritik und Wissenssoziologie. 2. Aufl. Neuwied und Berlin 1964.

LEPPIN, EBERHARD: *Glaubt ihr nicht so bleibt ihr nicht.* Eine Antwort auf Gerhard Szczesnys Buch «Die Zukunft des Unglaubens». Tübingen 1966.

LOEWENICH, WALTHER VON: *Die Geschichte der Kirche.* 5. Aufl. Witten 1957.

Glaube Kirche Theologie. Freiheit und Bindung im Christsein. Witten 1958.

Der moderne Katholizismus. Erscheinung und Probleme. Witten 1955.

Lögstrup, Knud Eiler: *Die ethische Forderung.* Tübingen 1959.
Loofs, Friedrich / Kurt Aland: *Leitfaden zum Studium der Dogmengeschichte.* 6. Aufl. Tübingen 1959.
Löwith, Karl: *Die philosophische Kritik der christlichen Religion im 19. Jahrhundert,* in: Theologische Rundschau Jg. 5, 1933, 131 ff, 201 ff.
Nietzsches antichristliche Bergpredigt, in Szczesny (Hg.): Club Voltaire I.
Ludwig, Gerhard: *Massenmord im Weltgeschehen.* Bilanz zweier Jahrtausende. Stuttgart 1951.
Machovec, Milan: *Marxismus und dialektische Theologie.* Barth, Bonhoeffer und Hromadka in atheistisch-kommunistischer Sicht. Zürich 1965.
MacIntyre, Alasdair: *Gott und die Theologen,* in Augustin, H. W. (Hg.): Diskussion zu Bischof Robinsons «Gott ist anders».
Marsch, Wolf-Dieter: *Ehe.* In der Kirchengeschichte. In RGG.
Frau. In der Kirchengeschichte. In RGG.
Marx, Karl / Friedrich Engels: *Über Religion.* Ausgewählte Texte, hg. vom Institut für Marxismus-Leninismus beim ZK der SED. Berlin 1958.
Marxsen, Willi: *Anfangsprobleme der Christologie.* Gütersloh 1960.
Mauthner, Fritz: *Der Atheismus und seine Geschichte im Abendland.* 1920, Nachdruck Hildesheim 1963.
Mitscherlich, Alexander: *Thesen zu einer Diskussion über Atheismus,* in Szczesny (Hg.): Club Voltaire I.
Morus (Pseudonym für Richard Lewinsohn): *Eine Weltgeschichte der Sexualität.* 61.–70. Tsd. Hamburg 1966.
Müller, Hans (Hg.): *Katholische Kirche und Nationalsozialismus.* München 1965.
Müller-Lauter, Wolfgang: *Zarathustras Schatten haben lange Beine,* in: Evangelische Theologie Jg. 23, 1963, 193 ff.
Müller-Schwefe, Hans-Rudolf: *Der Standort der Theologie in unserer Zeit.* 2. Aufl. Göttingen 1961.
Nestle, Wilhelm: *Die Haupteinwände des antiken Denkens gegen das Christentum,* in: Archiv für Religionswissenschaft, Bd. 37, Leipzig und Berlin 1941/42.
Die Krisis des Christentums. Ihre Ursachen, ihr Werden und ihre Bedeutung. Stuttgart 1947.
Neusüss, Arnhelm: *Ideologische Aspekte der Diskussion über Utopie.* Ungedrucktes Manuskript, Marburg/Lahn 1965.
Nigg, Walter: *Das Buch der Ketzer.* 4. Aufl. Zürich und Stuttgart 1962.
Franz Overbeck. Versuch einer Würdigung. München 1931.
Das ewige Reich. Geschichte einer Hoffnung. 2. Aufl. Zürich 1954.
Noller, Gerhard: *Philosophische und christliche Theologie,* in: Evangelische Theologie Jg. 22, 1962, 650 ff.
Novum Testamentum Graece, hg. von Eberhard Nestle / Kurt Aland. 24. Aufl. Stuttgart 1960.
Otto, Gert: *Zur Frage der Repräsentanz des Christlichen in der Schule der Gegenwart,* in: Kirche in der Zeit Jg. 22, 1967, 517 ff.
Religionsunterricht und politische Situation. Eine Problemskizze. In: Denken – Glauben – Handeln. Almanach auf das fünfzigste Jahr des Furche Verlags. Hamburg 1966.
Schule Religionsunterricht Kirche. Stellung und Aufgabe des Religionsunter-

richtes in Volksschule, Gymnasium und Berufsschule. 2. Aufl. Göttingen 1964.

OVERBECK, FRANZ: *Christentum und Kultur.* Gedanken und Anmerkungen zur modernen Theologie. 2. Aufl. Darmstadt 1963.

Über die Christlichkeit unserer heutigen Theologie. 3. Aufl. Darmstadt 1963.

Selbstbekenntnisse. Frankfurt 1966.

Über das Verhältnis der alten Kirche zur Sklaverei im römischen Reiche, in: Studien zur Geschichte der alten Kirche. Darmstadt 1965.

PANNENBERG, WOLFHART: *Grundzüge der Christologie.* Gütersloh 1964.

Heilsgeschehen und Geschichte, in: Kerygma und Dogma Jg. 5, 1959, 218 ff, 259 ff.

(Hg.): *Offenbarung als Geschichte.* 2. Aufl. Göttingen 1963.

PETRY, GERHARD: *Das Ende der Theologie?* Fragen und Bemerkungen zu einem Aufsatz von Herbert Braun, in: Kirche in der Zeit Jg. 18, 1963, 14 ff.

PFANNMÜLLER, GUSTAV: *Jesus im Urteil der Jahrhunderte.* Die bedeutendsten Auffassungen Jesu in Theologie, Philosophie, Literatur und Kunst bis zur Gegenwart. Leipzig und Berlin 1908.

PFISTER, OSKAR: *Calvins Eingreifen in die Hexer- und Hexenprozesse von Peney 1545 nach seiner Bedeutung für Geschichte und Gegenwart.* Zürich 1947.

Das Christentum und die Angst. Eine religionspsychologische, historische und religionshygienische Untersuchung. Zürich 1944.

PICHT, GEORG: *Die deutsche Bildungskatastrophe.* München: dtv 1965.

PLESSNER, HELMUTH: *Die verspätete Nation.* Über die politische Verführbarkeit bürgerlichen Geistes. 4. Aufl. Stuttgart 1966.

PORPHYRIUS siehe Harnack (Hg.).

PZILLAS, FRIEDRICH: *Die Lebenskräfte des Christentums.* Bad Godesberg 1960.

RAD, GERHARD VON: *Theologie des Alten Testaments.* München: Bd. I, 4. Aufl. 1962; Bd. II, 3. Aufl. 1962.

RAHNER, HUGO: *Abendland.* Reden und Aufsätze. Freiburg/Basel/Wien 1966.

RATZINGER, JOSEPH: *Theologie III.* Kath. Theologie. In RGG.

REGIUS, HEINRICH (Pseudonym für Max Horkheimer): *Dämmerung.* Zürich 1934.

REICKE, SIEGFRIED: *Kirchengut und Säkularisation.* In RGG.

RGG = *Die Religion in Geschichte und Gegenwart.* 3. Aufl. Tübingen 1957 bis 1965.

RISTOW, HELMUT / KARL MATTHIAE (Hg.): *Der historische Jesus und der kerygmatische Christus.* Beiträge zum Christusverständnis in Forschung und Verkündigung. 2. Aufl. Berlin 1961.

ROBINSON, JAMES M.: *Kerygma und historischer Jesus.* Zürich/Stuttgart 1960.

ROBINSON, JOHN A. T.: *Christliche Moral heute.* München 1964.

Gott ist anders – Honest to God. München 1963.

Eine neue Reformation? München 1965.

ROSSA, KURT: *Todesstrafen.* Ihre Wirklichkeit in drei Jahrtausenden. Oldenburg und Hamburg 1966.

RUSSELL, BERTRAND: *Warum ich kein Christ bin.* 2. Aufl. München 1963.

SCHEUNER, ULRICH: *Kirche und Staat* und *Staatkirche.* In RGG.

SCHLEIERMACHER, FRIEDRICH: *Über die Religion.* Reden an die Gebildeten unter ihren Verächtern. Hamburg 1961.

SCHMIDT, KURT DIETRICH: *Grundriß der Kirchengeschichte.* 4. Aufl. Göttingen 1963.

SCHREY, HEINZ-HORST: *Theologie*. II. Ev. Theologie. In RGG.
SCHULTZ, HANS JÜRGEN (Hg.): *Juden Christen Deutsche*. 3. Aufl. Stuttgart, Olten und Freiburg/Br. 1963.
(Hg.): *Theologie für Nichttheologen*. ABC protestantischen Denkens. 1. Folge. Stuttgart 1963.
SCHWEITZER, ALBERT: *Geschichte der Leben-Jesu-Forschung*. 7. Aufl. München/ Hamburg: Siebenstern-Taschenbuch 1966.
SEEBERG, REINHOLD: *Luthers Anschauung von dem Geschlechtsleben und der Ehe und ihre geschichtliche Stellung*, in: Luther-Jahrbuch 7, 1925.
SÖLLE, DOROTHEE: *Stellvertretung*. Ein Kapitel Theologie nach dem «Tode Gottes». Stuttgart 1965.
SPEICHER, GÜNTER: *Doch sie können ihn nicht töten*. Forscher und Theologen auf den Spuren Jesu. Düsseldorf/Wien 1966.
STALLMANN, MARTIN: *Christentum und Schule*. Stuttgart 1958.
STAUFFER, ETHELBERT: *Jerusalem und Rom im Zeitalter Jesu Christi*. Bern 1957.
Jesus. Gestalt und Geschichte. Bern 1957.
STEPHAN, GERHARD: *Der Streit um den historischen Jesus innerhalb der Bultmannschule*, in: Kirche in der Zeit Jg. 20, 1965, 492 ff.
STRECKER, GEORG: *Der Weg der Gerechtigkeit*. Untersuchung zur Theologie des Matthäus. Göttingen 1962.
STUHLMACHER, PETER: *Gerechtigkeit Gottes bei Paulus*. Göttingen 1965.
SYMANOWSKI, HORST (Hg.): *Post Bultmann Locutum*. Eine Diskussion zwischen Professor D. Helmut Gollwitzer-Berlin und Professor D. Herbert Braun-Mainz. Bd. I. Hamburg-Bergstedt 1965.
SZCZESNY, GERHARD (Hg.): *Die Antwort der Religionen auf 31 Fragen*. Lizenzausgabe für den Bertelsmann-Lesering, Gütersloh 1965.
(Hg.): Club Voltaire. Jahrbuch für kritische Aufklärung. München: Bd. I 1963, Bd. II 1965, Bd. III 1967.
Das Gespräch zwischen «Glaube» und «Unglaube». Briefwechsel mit Friedrich Heer, in: Vorgänge Jg. 4, 1965, 203 ff.
Die Zukunft des Unglaubens. Zeitgemäße Betrachtungen eines Nichtchristen. 24.–27. Tsd. München 1960.
Siehe auch unter Friedrich Heer.
TAYLOR, G. RATTRAY: *Wandlungen der Sexualität*. Düsseldorf/Köln 1957.
Theologiestudium. Entwurf einer Reform. München 1965.
THIELICKE, HELMUT: *Über die Angst des heutigen Theologiestudenten vor dem geistlichen Amt*. Tübingen 1967.
TILLICH, PAUL: *Auf der Grenze*. 2. Aufl. München und Hamburg: Siebenstern-Taschenbuch 1965.
Symbol und Wirklichkeit. Göttingen o. J.
Systematische Theologie. Stuttgart: Bd. I, 2. Aufl. 1956, Bd. II 1958, Bd. III 1966.
Wesen und Wandel des Glaubens. Berlin 1961.
TOPITSCH, ERNST: *Hegel und das Dritte Reich*, in: Der Monat Jg. 18, 1966, Heft 213.
Sozialphilosophie zwischen Ideologie und Wissenschaft. Neuwied 1961.
Vom Ursprung und Ende der Metaphysik. Eine Studie zur Weltanschauungskritik. Wien 1958.

ULONSKA, HERBERT: *Ketzer und Zeuge.* Zu den «Exegetischen Versuchen und Besinnungen» Ernst Käsemanns. In: Kirche in der Zeit Jg. 20, 1965, 535 ff.

VAN DER LEEUW, GERARDUS: *Die Bilanz des Christentums.* Zürich 1947.
Phänomenologie der Religion. 2. Aufl. Tübingen 1956.

VIERING, FRITZ (Hg.): *Die Bedeutung der Auferstehungsbotschaft für den Glauben an Jesus Christus.* Gütersloh 1966.

WEBER, WERNER: *Staatsleistungen an die Kirche.* In RGG.

WEEBER, RUDOLF: *Kirchensteuer.* In RGG.

WEIN, HERMANN: *Zum Rationalismus-Irrationalismus-Streit der deutschen Gegenwart,* in Szczesny (Hg.): Club Voltaire I.

WEISCHEDEL, WILHELM: *Philosophische Theologie im Schatten des Nihilismus,* in: Evangelische Theologie Jg. 22, 1962, 233 ff.
Paul Tillichs philosophische Theologie. Ein ehrerbietiger Widerspruch. In: Der Spannungsbogen. Festgabe für Paul Tillich zum 75. Geburtstag. Stuttgart 1961.
Siehe auch unter Helmut Gollwitzer.

WENDLAND, HEINZ-DIETRICH: *Sklaverei und Christentum.* In RGG.

WENIGER, ERICH: *Bildungswesen.* In RGG.

WERNER, MARTIN: *Die Entstehung des christlichen Dogmas.* Problemgeschichtlich dargestellt. Stuttgart 1959.

WITTE, JOHANNES: *Sklaverei und Christentum.* In RGG. 1. Aufl. und RGG. 2. Aufl.

WOLF, ERNST: *Zur gegenwärtigen Lage der evangelischen Theologie in Deutschland,* in: Der evangelische Erzieher Jg. 18. 1966, 161 ff.

WYNEKEN, GUSTAV: *Abschied vom Christentum.* 2. Aufl. München 1964.

ZAHRNT, HEINZ: *Es begann mit Jesus von Nazareth.* Die Frage nach dem historischen Jesus. Stuttgart 1960.
Die Sache mit Gott. Die protestantische Theologie im 20. Jahrhundert. München 1966.

ZSCHARNACK, LEOPOLD: *Frau II.* Im NT und in der Kirchengeschichte. In RGG 1. Aufl.

ZURHELLEN-PFLEIDERER, ELISE: *Frau III.* Im Christentum. In RGG 2. Aufl.

Fachwortverzeichnis

Allegorese – Auslegung, die, entgegen dem wirklichen, einen bildhaften Sinn annimmt
Apologetik – Verteidigung (des christlichen Glaubens)
assertorisch – sicher behauptend, dogmatisch
Christianum – das eigentlich Christliche
Christologie – Lehre von Jesus Christus
Dissidenten – Andersgläubige oder Andersdenkende
Epiphanie – Erscheinung Gottes
Eschatologie – Lehre von den letzten Dingen
Exegese – Auslegung
Exorzist – Austreiber von Dämonen und Teufeln
Hermeneutik – Lehre vom Verstehen
homologisch – bekennend, zustimmend
Indoktrination – Einimpfen von Lehren
Inkarnation – Menschwerdung
Kenosis – Selbstentäußerung des himmlischen Christus, als er Mensch wurde
Kerygma – Botschaft, Predigt, Evangelium
Mariologie – Lehre von Maria
ontologisieren – als Seinsordnung behaupten, verewigen
pankritisch – wer sich jeder (pan) Kritik stellt
Parusia – Wiederkehr Christi
Präexistenz – himmlische Existenz Christi vor seiner Geburt
synkretistische Religion – Mischreligion

Namenregister

rororo aktuell

Herausgegeben von Freimut Duve

Liberalität

Agnoli, Johannes und dreizehn andere
«. . . da ist nur freizusprechen!»
Die Verteidigungsreden im Berliner Mescalero-Prozeß (4437)

Albertz, Heinrich/Böll, Heinrich/ Gollwitzer, Helmut u. a.
«Pfarrer, die dem Terror dienen?»
Bischof Scharf und der Berliner Kirchenstreit 1974. Eine Dokumentation (1885)

Amnesty International
Die Todesstrafe (4535)

Die Anti-Terror-Debatten im Parlament
Protokolle 1974–1978 (4347)

Bölsche, Jochen
Der Weg in den Überwachungsstaat
Mit neuen Dokumenten und Stellungnahmen von Gerhart Baum u. a (4534)

Däubler, Wolfgang/Küsel, Gudrun (Hg.)
Verfassungsgericht und Politik
Kritische Beiträge zu problematischen Urteilen (4439)

Drewitz, Ingeborg (Hg.)
Strauß ohne Kreide. Ein Kandidat mit historischer Bedeutung (4637)

Duve, Freimut/Kopitzsch, Wolfgang (Hg.)
Weimar ist kein Argument oder Brachten Radikale im öffentlichen Dienst Hitler an die Macht? Texte zu einer gefährlichen Geschichtsdeutung. Vorwort: Alfred Grosser (4002)

Duve, Freimut/Böll, Heinrich / Staeck, Klaus (Hg.)
Briefe zur Verteidigung der Republik (4191)

Briefe zur Verteidigung der bürgerlichen Freiheit. Nachträge 1978 (4353)

Kämpfen für die Sanfte Republik (4630)

Esser, Johannes (Hg.)
Wohin geht die Jugend? Gegen die Zukunftslosigkeit unserer Kinder (4538)

Fetscher, Iring/Richter, Horst E. (Hg.)
Worte machen keine Politik. Beiträge zu einem Kampf um politische Begriffe (4005)

Flach, Karl-Hermann/Maihofer, Werner/Scheel, Walter
Die Freiburger Thesen der Liberalen (1545)

Güde, Max/Raiser, Ludwig/ Simon, Helmut/ Weizsäcker, Carl Friedrich von
Zur Verfassung unserer Demokratie
Vier republikanische Reden (4279)

Mit Hammer und Säge
Strauß und seine Karikaturen. Zusammengestellt von Klaus Humann (4641)

Kahl, Joachim
Das Elend des Christentums oder
Plädoyer für eine Humanität ohne Gott. Mit einer Einführung von Gerhard Szczesny (1093)

Klein, Hans-Joachim
Rückkehr in die Menschlichkeit
Appell eines ausgestiegenen Terroristen (4544)

Kleinert, Ulfrid
Seelsorger oder Bewacher?
Pfarrer als Opfer der Gegenreform im Strafvollzug (4116)

rororo aktuell

Herausgegeben von Freimut Duve

Murphy, Detlef/Rubart, Frauke/ Müller, Ferdinand/Raschke, Joachim
Protest. Grüne, Bunte und Steuerrebellen. Ursachen und Perspektiven (4442)

Narr, Wolf-Dieter (Hg.)
Wir Bürger als Sicherheitsrisiko
Berufsverbot und Lauschangriff – Beiträge zur Verfassung unserer Republik (4181)

Perger, Werner A. (Hg.)
Die Verdächtigung oder Wie aus Nachdenken Verrat und aus Personen Spione gemacht werden
Eine Dokumentation (4343)

Russell-Tribunal – pro und contra
Dokumente zu einer gefährlichen Kontroverse (4278)

Thomas, Michael Wolf (Hg.)
Die Verteidigung der Rundfunkfreiheit (4428)

Zülch, Tilman (Hg.)
In Auschwitz vergast, bis heute verfolgt. Zur Situation der Roma (Zigeuner) in Deutschland und Europa (4430)

Soziale Konflikte

Aich, Prodosh (Hg.)
Da weitere Verwahrlosung droht . . .
Fürsorgeerziehung und Verwaltung. Zehn Sozialbiographien aus Behördenakten (1707)

Wie demokratisch ist Kommunalpolitik?
Gemeindeverwaltung zwischen Bürgerinteressen und Mauschelei. Sozialgeschichte aus vertraulichen Kommunalakten (4124)

Buch, Andrea u. a.
An den Rand gedrängt
Was Behinderte daran hindert normal zu leben (1612)

Galtung, Johan
Strukturelle Gewalt. Beiträge zur Friedens- und Konfliktforschung (1877)

Guha, Anton-Andreas
Verschlepptes Recht. Versicherungsgeschädigte Unfallopfer (Arbeitstitel / 4628 – Sommer '80)

Mosler, Peter
Was wir wollten, was wir wurden
Studentenrevolte – zehn Jahre danach (4119)

Umwelt aus Beton oder Unsere unmenschlichen Städte. Hg.: Uwe Schultz, Nachwort: Alexander Mitscherlich (1497)

Wahl, Klaus u. a.
Familienleben (Arbeitstitel / 4636 – Sommer '80)